国家科学技术学术著作出版基金资助出版

相关性范式下的风险管理理论与方法丛书

相关性视角下的国家风险研究

李建平　姚晓阳　孙晓蕾　著

科学出版社

北京

内 容 简 介

当前复杂多变的国际环境给海外投资贸易中的国家风险管理与实践带来了新的挑战。而作为宏观风险管理的重要范畴之一，国家风险呈现出典型的复杂系统特征。本书重点关注国家风险演化机理，深入分析国家风险相关结构。具体而言，本书从相关性建模切入，提出了“多尺度-多要素-多主体”国家风险相关性研究框架，从宏观、中观、微观不同层面为国家风险研究提供新的认识视角，在此基础上将相关结构引入风险测度中，以实现更加科学、灵活的国家风险评价，为国家风险管理实践提供理论及实证支撑。

本书主要面向风险管理从业者、海外贸易参与者及宏观风险管理领域的学者及研究生，以供参考交流。

图书在版编目（CIP）数据

相关性视角下的国家风险研究 / 李建平，姚晓阳，孙晓蕾著. —北京：科学出版社，2021.1

（相关性范式下的风险管理理论与方法丛书）

ISBN 978-7-03-066843-1

Ⅰ. ①相… Ⅱ. ①李… ②姚… ③孙… Ⅲ. 风险分析-研究-世界 Ⅳ. ①C934

中国版本图书馆 CIP 数据核字（2020）第 221218 号

责任编辑：陶 璇 / 责任校对：贾娜娜

责任印制：张 伟 / 封面设计：无极书装

科 学 出 版 社 出版

北京东黄城根北街 16 号

邮政编码：100717

http://www.sciencep.com

北京虎彩文化传播有限公司印刷

科学出版社发行 各地新华书店经销

*

2021 年 1 月第 一 版 开本：720 × 1000 B5

2021 年 1 月第一次印刷 印张：12 1/2

字数：252 000

定价：128.00 元

（如有印装质量问题，我社负责调换）

前 言

本书的主题是“国家风险”，在即将完成之际，迎来了相当不平凡的2020年。当今世界正处于百年未有之大变局中，历史的发展总是充满意外，新型冠状病毒肺炎（以下简称新冠肺炎）疫情的出现，明显加速了这种变局的进程。国际局势风云变幻，“黑天鹅”事件频发，“活久见”的事层出不穷，全球动荡源和风险点急剧增多。在中国企业参与全球化进程“走出去”的过程中，东道国的国家风险始终是难以回避的重要风险范畴。新冠肺炎疫情冲击下，国际局势不确定性进一步增强，这给国家风险管理范式研究与实践带来了新的巨大挑战，同时迫切的现实需求也为国家风险管理理论的发展与完善提供了重要契机。

作为宏观风险管理的重要范畴之一，国家风险呈现出典型的复杂系统特征，影响因素众多且内部演化机理复杂。随着次贷危机、欧债危机、“阿拉伯之春”等的爆发，以及近年来“逆全球化”思潮抬头，美国政府频频“退群”国际组织，全球贸易争端频发，单边主义、保护主义甚嚣尘上，特别是在新冠肺炎疫情全球传染的常态化背景下，国家层面的风险波动与传染成为研究热点和重点。多种风险要素甚至国家主体之间的风险相互影响转化，呈现出复杂的相关性特征。对国家风险复杂的相关性进行准确建模，是科学认识国家风险内在机理及演化规律、有效进行国家风险管理的关键环节，是在抓好疫情防控的同时确保经济社会平稳有序发展的必要条件。

自 2006 年以来，本书课题组一直深耕国家风险研究领域，2014 年在国家科学技术学术著作出版基金资助下，围绕油气资源国的国家风险评价与应用内容，出版了专著《资源国国家风险——理论、评估方法与实证》一书。近年来，本书课题组围绕国家风险的相关性问题，开展了较为系统的研究，提出了“多尺度-多要素-多主体”国家风险相关性研究框架，从相关结构分析和相关性的风险评价应用两个方面出发，层层递进地开展国家风险复杂相关结构研究，形成了较为丰富的研究积累。该框架将国家风险作为一个内在相互关联、动态变化的复杂性系统，从宏观、中观、微观不同层面为国家风险提供新的认识视角，拓展了国家风险研究范畴。

相较于现有出版的国家风险类书籍，我们更加关注国家风险演化背后的复杂相关性。国家风险具有宏观性、多样性、复杂性、多尺度性等特点，这都加大了对国家风险相关性建模的难度。对此，我们考虑国家风险表现形式的多尺度特征，采用分解集成策略，挖掘国家风险长期趋势、中长期脉冲与短期波动三个时间尺度的特征信息。考虑到国家间风险传染的复杂性与不确定性，基于“信息有助于降低复杂性”的信息论的基本论断，引入互信息熵、转移熵等信息熵方法，实现了对政治、经济及金融等多种国家风险要素在不同类型国家主体、不同风险要素及不同时间尺度间的风险联动、传染路径的识别与分析，为国家风险内在规律剖析提供了新的研究思路。进一步，考虑内部相关结构对国家风险进行集成和应用。现有主流评级机构提供的国家风险评价的通用研究框架对风险要素的权重刻画多是基于风险要素独立前提下的主观判断或简单线性相加，我们引入模糊测度替代传统可加测度，对风险要素所有可能的组合进行“赋权”，实现了对国家风险要素复杂交互作用的全面刻画。针对决策过程中的决策者能动性如自身认知及偏好等考虑不足，在模糊测度环境下实现对决策者风险偏好的刻画，并将之应用于国家风险评价与分析过程，有效提高了国家风险评价的灵活性和实用性。

在国家风险研究过程中，我们先后得到了学术界和业界多位前辈和专家的指导和帮助，如徐伟宣研究员、蔡晨研究员、魏一鸣教授、范英教授、汪寿阳研究员、陈建明研究员、杨晓光研究员、余乐安教授、汤铃教授、王稳先生等。本书课题组的老师和同学都给予了本书大量的支持和帮助。吴登生、索玮岚、朱晓谦、谢永佳、包春兵、王军、刘畅等在研究讨论中对本书提出了众多宝贵意见和中肯建议。可以说，本书是课题组集体智慧的结晶，在此一并向他们表示感谢。

本书的部分研究成果已经发表在 *European Journal of Operational Research*、*Computers & Industrial Engineering*、*Knowledge-Based Systems*、*Energy Policy*、《中国管理科学》和《系统工程理论与实践》等国内外学术期刊上。作为近年来最新研究成果的系统性总结，本书由李建平总体规划、组织和统稿，其中第 1 章由李建平、姚晓阳主笔；第 2 章由孙晓蕾、李建平、姚晓阳主笔；第 3 章由姚晓阳、孙晓蕾主笔；第 4 章由李建平、姚晓阳主笔；第 5 章由李建平、姚晓阳主笔；第 6 章由孙晓蕾、刘畅主笔；第 7 章由姚晓阳、孙晓蕾主笔；第 8 章由姚晓阳、李建平、孙晓蕾主笔；第 9 章由孙晓蕾、李建平主笔，王军、刘畅协助完成；第 10 章由李建平、姚晓阳主笔。此外，特别感谢刘畅和冯倩倩在书籍统稿过程中付出的大量的时间和精力。

本书受到国家杰出青年科学基金项目“风险管理理论与方法”（71425002），国家自然科学基金面上项目“国家风险相关性机理与测度研究”（71771206）、青年科学基金项目“基于模糊测度的金融压力交互作用研究”（71801201）的资助，在此表示衷心的感谢！没有以上支持，就没有本书的研究成果及书籍的顺利出版。

特别感谢本书所引用文献的所有著者，向国内外学术同行及业内人士致以深深的敬意。没有他们所展现出来的智慧，本书的写作将无法完成。另外，尽管我们始终注意参考文献的列举和标注，但难免有遗漏，在此向那些可能被遗漏的文献作者表示歉意，并恳请与我们联系，以便将来有机会弥补。最后衷心感谢科学出版社对本书给予的支持和协助。

我们通过对国家风险演化及评价等研究中的风险相关性建模问题进行多层次、系统性的研究分析，希望能够为在国际资本运作过程中的国家风险管理、防范、监测等提供理论基础及技术支撑，也希望能够为海外贸易参与者、风险管理从业者提供一种新的国家风险分析视角。但限于学科背景与理论深度，依旧难以对国家风险这个典型的复杂系统进行完美刻画，只能通过不断的积累逐渐加深对国家风险的认识。本书难免存在疏漏和不足之处，恳请读者批评指正。

本书的修改完善正值新冠肺炎疫情期间，国际关系错综复杂，这给国家风险管理研究带来新的机遇与挑战，我们也深感肩上责任之重。黄沙百战穿金甲，许时光静好，愿国泰民安！

李建平　姚晓阳　孙晓蕾

2020年夏

目　　录

第1章 绪　论

全球化已经成为当今世界经济可持续增长的重要引擎之一。我国提出共建“一带一路”的合作倡议，得到众多国家的积极响应与深度参与，成为新型全球化的“强心剂”，这极大地推动了沿线地区甚至全球的国际资本流动（表 1-1）。经济全球化带来了重大的发展机遇，但风险与机遇共存，潜在的风险冲击也不容忽视。2019 年 1 月 21 日，在省部级主要领导干部坚持底线思维着力防范化解重大风险专题研讨班开班式上，习近平指出，“世界大变局加速深刻演变，全球动荡源和风险点增多，我国外部环境复杂严峻”①。不同社会制度和意识形态的各国家共存依然是当今世界的客观现实，越发激烈的局部地区地缘博弈、差异显著的各国国情及越发凸显的国家利益和国家安全考量，使得国际环境复杂多变：“逆全球化”思潮抬头，美国政府频频“退群”国际组织，全球贸易争端频发，单边主义、保护主义甚嚣尘上。全球治理体系深刻变革，传统安全威胁和非传统安全威胁交织，国际环境不稳定、不确定因素明显增多。作为非传统安全威胁的一种表现，2020 年的新冠肺炎疫情突然暴发成为“国际关注的突发公共卫生事件”，给全球各国经济及社会带来极大的冲击，同时带来的一系列连锁反应进一步增强了国际环境的不确定性。

表 1-1　2019 年中国对“一带一路”沿线国家投资情况

指标	数量	同比增长	占比
非金融类对外直接投资额	150.4 亿美元	−3.8%	13.6%
新签合同	6944 项	23.1%	59.5%
完成营业额	979.8 亿美元	9.7%	56.7%

资料来源：商务部网站

一般来讲，国际资本会更多地流入风险状况良好的国家与地区，但随着全球

① 习近平：提高防控能力着力防范化解重大风险 保持经济持续健康发展社会大局稳定. http://jhsjk.people.cn/article/30582574[2019-01-21].

化的深入与发展，由于廉价劳动力、低生产成本等的吸引力，许多跨国公司也会选择向风险程度较高的国家进行业务转移，在全球范围进行产业布局，完善全球资源配置，开拓国际、国内市场。流入国家风险相对较高的发展中国家的对外直接投资呈现出持续且显著的增长趋势（Feinberg and Gupta，2009）。即使是在整体风险程度很低的发达国家，同样会面临来自国家层面的各种不确定性因素影响，如 2016 年 3 月美国商务部对中兴实施出口限制措施，经过长达两年多的沟通谈判于 2018 年 6 月解除禁令。然而这种来自国家层面的不确定性频繁出现，2016 年 11 月美国外国投资委员会以“国家安全”名义叫停中国的投资基金收购德国半导体设备生产商爱思强（Aixtron）；2019 年 5 月美国将华为列入“实体清单”，开始了对华为的围追堵截；2020 年 7 月以来，美国借口国家安全不断打压 TikTok，多家中国企业被列入“实体清单”。参与国际资本流动的企业成为国家风险的最大承担者和受害者，东道国国家风险管理已经成为各国企业对外投资不可忽视的重要风险之一。

综合来看，一方面，全球化进程中东道国宏观经济变化、政治稳定性、第三国干预风险、东道国限制性政策等国家风险要素的影响日益凸显，东道国国家层面风险已成为国际资本流动、投资、贸易等首先考虑的风险要素；另一方面，全球化成为一国国家风险向别国乃至全世界进行传递的渠道，进一步加大了国家风险的不确定性。这给国家风险管理研究带来了新挑战，同时迫切的现实需求也为国家风险管理理论的发展与完善提供了重要契机。国家风险研究力求把握其内在作用机理及演化特征，试图识别国家层面风险给预期收益带来损失的可能性（Bouchet et al.，2003），以帮助个人、企业投资者、风险管理者、政策制定者等有效地规避跨国资本运作中源于国家层面风险的不确定性损失，确保对外经济活动安全。

1.1　国家风险是什么?

国家风险，相较于银行业中常见的信用风险、市场风险及操作风险等，属于更为宏观的风险范畴，刻画的是来自国家层面的风险。国家风险涉及政治、经济、金融、国际环境等种种复杂因素，其内涵与外延随着国际政治经济环境的变化而不断演化发展，迄今为止并无公认或统一的定义。

对国家风险的关注主要来自 20 世纪 50 年代国际银行的跨境贷款业务风险，银行等出口信贷机构通过承保汇兑限制、战争等政治事件风险以促进全球的贸易和投资。这类政治事件带来的风险通常来源于东道国国家层面且属于非正常风险范畴。针对国际银行的跨境贷款业务，Sargen（1977）将国家风险定义为国家不能生产足够的外汇偿还外债的可能性，Nagy（1979）则更加强调风险来源于国家层面，认为“跨边界贷款中损失是由某个特定国家发生的事件所引起的，而不是由私人企业或个人所引起的”。经济合作与发展组织（Organization for Economic Co-operation and Development，OECD）在出口信贷君子协定（*Gentlemen's Agreement on Export Financing*）中对国家风险的主要来源做出了更为明确的界定。该协定认为，国际贸易与信贷中的国家风险主要来源于五个方面，由债务人的政府或政府机构发出的停止付款命令、政治经济事件导致的贷款被制止转移或延迟转移、法律导致的资金不能兑换成国家通用货币或兑换后不足以达到应还金额、任何来自外国政府组织的还款措施、不可抗力（战争、没收、革命、骚乱、民变、飓风、洪水、地震、火山喷发和核事故等）。随后，国家风险从国际信贷领域进一步扩展至各种国际贸易活动中，Erb等（1996）将其界定为东道国“不能”或“不愿”履行合约的风险。

20世纪八九十年代以后，随着国际金融体系的逐步成熟，海外投资开始从直接投资向间接投资与直接投资相结合的方式转变（Damodaran，2003）。主权信用风险成为国家风险的重要风险范畴（Cantor and Packer，1996）。20世纪80年代的拉美金融危机，又给以海外信贷风险为主的国家风险研究添加了持续的关注热度。《有效银行监管的核心原则》提出国际借贷业务和投资中需要考虑国家风险，主权风险和转移风险依然是其焦点，但同时强调了与贷款国政治、经济、金融环境相关的风险。在随后的研究中，国家风险逐渐区分为主权风险、转移风险和较为宽泛的广义国家风险。这一划分将主权风险与广义国家风险进行了清晰区分，广义国家风险不仅包括主权国家履行其义务的意愿与能力，同时也包括了其他国家层面的政治、社会、经济、金融等国家风险要素诱发经济损失的可能性（Bouchet et al.，2003；Agliardi et al.，2012）。

国内学者对国家风险的研究虽然起步较晚，但也进行了大量的研究，比较一致的界定是“国家风险是由东道国主权行为给当事人可能带来的损失”。但不同学者的关注领域各有不同，如银行信贷（伍伟烨，1992）、国际投资（王巍和张金杰，2007）、油气资源进出口（李建平等，2010，2011，2014）等。随着国际经济政治环境的不断变化，国家风险的外延不断扩大。李建平等（2011）认为国家风险是国际资本流动中当事人面临的、由特定国家层面的事件引发的目标国“不能”或“不愿”履行国际契约，从而造成当事人利益损失的可能性。在该界定中，国际资本流动形式既包括短期流动形式——贸易资本流动、银行资本流动、保值性资本流动和投机性资本流动，也包括长期流动形式——直接投资、证券投资、国际信贷和国际经济援助。王稳等（2017）将国家风险定义为东道国特定的国家层面事件通过直接或间接的方式，导致国际经济活动偏离预期结果造成的损失和可能性。其核心是国家层面的风险事件，外延是一切国际经济活动，这些活动包括且不限于贸易、信贷、直接投资和间接投资，活动主体也不限于政府、银行、企业或私人。李福胜（2006）从广义和狭义两个视角对国家风险进行了界定。广义的国家风险指的是在这个国家或关联国家而发生各种风险（损失或损害）的可能性。这种风险可以是政治上的也可以是经济上的。从活动主体（如企业、投资者）来讲，广义的国家风险可以是外国的国家风险（海外投资贸易时），也可以是本国的国家风险（本国投资贸易时）。狭义的国家风险是由国家某种特定政治、社会、经济、金融、自然环境及突发事件等导致的经济利益损失的可能性，一般特指在国际业务中涉及的外国的国家风险。经济活动主体可以是商品和服务出口商、跨国投资企业、开展国际业务的银行、海外承包公司及劳务人员等。

人们对脆弱性的来源和国家风险的决定因素尚没有明确的认识，但银行业疲软、公共或私营部门外部负担过度、结构性障碍、国家政治制度的低透明度均有可能导致国家风险（Agliardi et al.，2012）。关于国家风险的来源有以下几种不同的分析视角：债务不耐（debt intolerance）、原罪（original sin）和货币错配（currency mismatches）（Borio and Packer，2004）。“债务不耐”视角强调经济管理历史对于借债能力的影响，因为机构惯性、历史危机的持续影响及因此敏感的借贷成本对有经济管理不善历史的国家来说债务与国家风险的权衡要更加困难。“原罪”视角认为，那些无力以本国货币借款的国家本质上更具风险。过去和目前国内体制缺陷可以视为“原罪”和“债务不耐”的共同影响因素，因为人们自然会认为，通胀和违约的历史可能会让外国投资者不愿持有以借款人货币计价的债务，尤其是长期债务。“货币错配”视角着重强调净值或净收入的现值对汇率变动的敏感性。如果发生危机，那些净资产对汇率贬值更敏感的国家应该承受更高的成本。这些视角虽然并不相互排斥，但也各有侧重，正逐渐得到系统的检验。

正如《有效银行监管的核心原则》所指出的“国家风险评估不可能是一门精确的科学，但它却是一门必须承认其中含有高度不可预见性的艺术”。虽然迄今为止对国家风险仍未形成统一的概念，但国内外众多风险评级机构从不同的视角切入，筛选指标对国家风险进行了测度，并定期对外公布其国家风险评级结果。基本做法是将一系列定性与定量的信息整合为一个单独的指数以反映国家风险的高低。全球主要的评级机构包括但不限于政治风险服务机构、欧洲货币机构投资者集团、商业环境风险情报、经济学人智库、鲁宾尼环球经济咨询公司、Maplecroft 及主要评级机构，即标准普尔公司、穆迪公司和惠誉国际信用评级有限公司等（附表 1）。国内机构经营国家风险业务的主要机构及指标简要介绍如附表 2 所示。

1.2 为什么研究国家风险相关性?

国家风险呈现出典型的复杂系统特征：国家风险既不是简单系统，也不是随机系统，而通常是非线性系统。国家风险内部有许多层次和规模不同的子系统，如政治、经济、金融等。子系统之间既相互协同，又相互依赖，还可以共同进化。从全球看，全球治理体系深刻变革，传统安全威胁和非传统安全威胁交织，国际关系复杂程度前所未有。不同国家主体间逐步具备了国家层面风险的强关联性，国家风险通过各种渠道在国际上相互传导，最终可能会造成地区范围风险（如拉美金融危机、亚洲金融危机、欧债危机），甚至全球风险，国家风险的多米诺骨牌效应日益明显。随着次贷危机、欧债危机、“阿拉伯之春”等的爆发，国家层面的风险变化及关联成为研究热点。因此，只有准确认识并合理测度国家风险中的相关性，才能把握国家风险内在结构及演化规律、有效进行风险评价及管理应对，以尽可能降低国际资本流动中因国家风险带来的损失。随着大数据技术的发展及应用，对事物规律的认识由“因果”关系到“相关”关系的转变成为大势所趋。如何科学、准确地对国家风险相关性进行测度是当务之急。

国家风险的风险要素复杂性及易变性使国家风险具有了复杂系统特征，给国家风险管理与应对带来极大的挑战（Hoti，2005；汤铃等，2012）。在日益复杂的国际环境下，国家风险不同风险要素、不同时间尺度甚至不同国家间存在错综复杂的相关关系，相关形式表现多样且不断进行动态调整演化，进一步加大了国家风险评估及分析的难度（汤铃等，2012）。具体来看，国家风险相关性建模主要存在以下难点（姚晓阳，2017）。

第一，国家风险潜在风险要素众多，建模对象多，且层次不一。国家风险是由多种风险要素诱发的综合性风险，呈现出多样性特点。潜在风险要素来源广泛，包括一个国家的经济增长、债务情况、通货膨胀、投资情况、储备情况、政权稳定性、战争冲突、社会文化发展、地理条件及与其他国家之间的相互关系等（Cosset and Roy，1991；Cantor and Packer，1996）。除内部要素影响外，来自外部的不确定性冲击同样会带来一国国家风险的变化。此外，相关性建模层次不一，在同一个国家范畴，不同风险要素之间呈现出复杂的相关关系。即使是不同国家范畴，同一风险要素甚至不同风险要素间的交叉相关关系同样普遍存在。

第二，国家风险相关性表现形式复杂，建模难度大。不同风险要素演化规律各异，呈现出复杂性特点。例如，东道国的社会文化是国际资本流动中面临的潜在风险要素之一，但一个国家的社会文化是一个长期演变的过程，短期内波动程度很低；经济范畴的风险要素则通常呈现出一定的周期性特征，而政治风险范畴极易受到多种突发事件的影响，特别是在战事多发的中东地区，具有显著的易变性特征（Sun et al.，2012；李建平等，2011），给国家风险短期波动带来极大的影响。国家风险之间的相关关系一般是非线性的，表现形式各异，除常见的因果、联动、溢出、转移传染等形式外，在国家风险评价领域，风险之间的相关性还可能呈现出“冗余”“互补”等多属性交互特征。

综上，考虑国家风险的宏观性、多样性和复杂性特征，传统的相关性研究框架不再适用。构建符合国家风险自身特点的相关性分析框架是后续研究的前提与基础，对于国家风险评价、国家风险防范与应对管理等有着重要的理论及应用价值。

1.3 本书结构

全书共分为十章，首先，就国家风险内涵、研究意义及现状等进行了总结梳理；其次，从多个层次对国家风险相关性进行建模分析，同时考察国家风险对外部冲击的响应；再次，将相关性研究纳入国家风险评价范畴，提出更加灵活的国家风险评价框架；最后，给出在石油进口优化中实际应用的实例。各章主要研究内容安排如下。

第 1 章，对国家风险的基本内涵进行界定，同时阐述国家风险研究的必要性，并给出本书的主要架构。

第 2 章，对现有国家风险相关性研究进行文献综述。从国家风险内涵与外延、国家风险多要素相关性、国家风险多主体相关性着手对现有国家风险相关研究进行回顾总结，并进行简要评述。介绍本书课题组前期研究基础，提出了本书所构建的“多尺度–多要素–多主体”国家风险相关性研究框架。

第 3 章，进行国家风险多尺度特征提取。基于复杂系统“分解重构”思想，挖掘分析国家风险的多尺度演化信息。进一步，构建基于相关性、波动性、全局重要度的国家风险多尺度特征识别框架，弥补现有研究仅依据国家风险整体水平作为单一风险判断标准的不足。该章实证选取经济社会发展类似的石油输出国组织（Organization of the Petroleum Exporting Countries，OPEC）国家进行国家风险多尺度特征提取，并据此实现对 OPEC 国家的分类管理。

第 4 章，利用互信息熵构建广义相关系数对国家风险多要素联动进行多层次建模，具体包括国家风险要素联动、国家间风险要素联动及国家间风险要素交叉联动。该章选取同为新兴国家的金砖国家（巴西、俄罗斯、印度、中国和南非，

Brazil，Russia，India，China and South Africa，BRICS）作为实证对象，考察在金砖合作机制下 BRICS 之间的国家风险相关性。

第 5 章，从信息传导角度开展国家风险多国家主体相关性即跨国传导机制研究。该章具体选择政治风险为研究对象，基于转移熵度量多尺度信息传导并识别信息传导方向。在此基础上，绘制区域政治风险传导网络，结合复杂网络分析进行区域性重要国家识别，识别出政治风险传导的“驱动者”及“跟随者”，有助于更具针对性地进行政治风险管理及防范。该章选取“一带一路”沿线政治局势相对动荡不安的中东北非（Middle East and North Africa，MENA）地区国家进行实证研究。

第 6 章，为考察国家风险与外部特定经济变量的关系，引入油价波动变量，借助现有国家风险评级特征分析框架，研究资源国国家风险是否显著受到油价波动的影响、其国家风险是否能够被理性预期，以及考虑油价波动下，资源国国家风险变动是否具有相对稳定的统计特征。

第 7 章，为尽可能考虑风险要素交互作用对国家风险评价的影响，引入模糊测度代替经典可加测度对国家风险要素间交互作用进行全面刻画。结合专家意见法识别模糊测度，引入 Choquet 糊积分对风险要素进行集成，对全球 144 个国家和地区进行综合国家风险评价。与基于线性加权方法得到的国家风险评级进行分析对比，考察风险要素交互作用对国家风险评级的影响。

第 8 章，从国际资本流动的角度出发，尽可能考虑决策者自身认知及偏好对国家风险感知的不同，基于决策者风险偏好提出一种新的国家风险评价方法。具体而言，基于决策者对风险的容忍度偏好，提出一种新的模糊测度识别方法，在此基础上利用模糊测度刻画风险要素间的交互作用并对全球 144 个国家和地区进行国家风险集成。

第 9 章，考虑国家风险冲击进行石油进口组合优化及策略研究。综合考虑进口的经济性、资源国国家风险、进口源的分散化及双方贸易关系因素，通过多目标优化算法进行实证分析，研究我国石油进口组合的优化空间演化，并依据优化结果对原油进口组合与我国实际进口决策进行对比分析，进而识别影响我国实际进口决策的驱动因素。

第 10 章，对全书研究进行总结，对未来工作进行展望。

第 2 章　国家风险“多尺度–多要素–多主体”相关性研究框架

国家风险的复杂性部分来源于不同风险要素或是不同国家主体风险间复杂的相关性：不同风险要素甚至是不同国家主体的风险之间相互关联、相互转化甚至共同演化，加大了国家风险研究的难度。国家风险相关性涉及国家风险各个研究范畴，如国家风险评价及预测、国家风险演化规律分析等。本书从相关性角度切入，对已有研究进行整理回顾。本章内容分为四部分：首先，对国家风险相关性研究的现有文献进行梳理总结，具体从影响特定经济行为、要素国家风险交互及国家风险跨国传染三个视角切入；其次，简要介绍本书的前期研究基础；再次，提出本书的研究框架；最后，总结本书的创新性工作。

2.1　研究进展与评述

相关性研究的必要性在实践中已经得到验证，如研究发现在 2007～2008 年金融危机中，受影响较小的金融机构其风险管理都考虑了风险相关性，反之，没有考虑风险相关性的金融机构都受到了严重影响（Imbierowicz and Rauch，2014）。对国家风险而言，其复杂系统特征、目标导向的研究需求导致风险相关性范围宽泛和表现形式各异，不同风险要素甚至不同国家主体间会相互影响进而使风险呈现放大或缩小的趋势。对于国家风险评价为什么无法很好地实现预测金融危机爆发，Gray（2009）将风险交互关联和传染与风险敞口、资产负债表风险并列，并将其作为金融危机和主权风险分析与评价的重点改进方向。可以说，对国家风险领域中的风险相关性科学度量的缺失，也在一定程度上导致了国家风险分析与评价模型的失效。作为更加系统性的研究，诺贝尔经济学得主 Robert Engle 于 2009 年提出了预见相关性（anticipating correlations）风险管理新范式，着重对金融市场领域的资产收益时间序列之间的关联、波动溢出、结构相依等相关性特征进行了建模。正如前文所强调的，国家风险具有极强的外部性，已成为影响全球投资战略和国际资本流动的重要决定因素。从现有文献来看，国家风险外部性主要表现在：影响特定经济行为、要素国家风险交互、国家风险跨国传染。

2.1.1　影响特定经济行为

国家风险对特定经济行为的影响，是最为直接的一种国家风险外部性表现。已有大量研究显示国家风险显著影响股票价格（Liu et al.，2013；Warnes I and Warnes P E，2014；Suleman et al.，2017）、政府债价格（Huang et al.，2015）、汇率（Liu et al.，2020）、跨国公司进入方式（Tang and Buckley，2020）、对外直接投资（Akhtaruzzaman et al.，2017；Deligonul，2020）及能源消费（Chiu and Lee，2020）等，这也是国家风险分析与评价研究的最初需求动力。

国家风险来源广泛，潜在风险要素众多。经济金融领域风险要素之间的关联更加密切而且已经得到广泛的关注，如债务与经济增长之间的关系（Puente-Ajovín and Sanso-Navarro，2015）、通货膨胀率与股市收益（Moerman and van Dijk，2010）等。围绕政治风险，Drury 等（2006）研究了腐败、民主及经济增长之间的关系，结果显示在民主政治中腐败对经济增长并没有显著影响，但在非民主政治中腐败会对经济增长造成显著影响。Shahbaz 等（2013）指出恐怖袭击与资本市场存在着双向相关关系等。Huang 等（2015）指出，政治风险会负向影响政府债价格，作为一国经济金融风险的主要来源，政府债与政治风险关联密切（Duyvesteyn et al.，2016；Eichler and Plaga，2017）。此外，政治风险对股票市场的影响早已得到广泛验证，政治风险会显著提高股市风险溢价（Hoti，2005；Pástor and Veronesi，2013；Chau et al.，2014），同时频繁的国际资本流动进一步加剧了这种影响。一般来讲，国家风险直接影响一个国家在国际市场上的融资能力，通常国家风险暴露较大的资产面临着较高的国家风险溢价（Erb et al.，1995；Hammoudeh et al.，2013；Liu et al.，2013；Warnes I and Warnes P E，2014），进而影响国际资本流动及国家借贷成本，降低国际竞争力。此外，国家风险也已成为石油价格（Lee et al.，2017；Lee C C and Lee C C，2019）、石油进口区位选择（Yang et al.，2014）、创新（Hoti and McAleer，2006）、旅游（Shareef and Hoti，2005）等的重要影响因素。除常见的国际资本流动出发点外，近年来随着海洋资源的重要性日益突出，海洋相关地缘政治风险研究也逐渐得到关注（Suárez-de Vivero and Rodríguez Mateos，2017）。

针对国家风险对特定经济行为的影响，所依据的理论基础与建模准则因领域不同而有所差异，但是从所采用的数据基础来看，也主要是时间序列与面板数据两大类型，回归模型、向量自回归（vector autoregression，VAR）模型、广义自回归条件异方差（generalized autoregressive conditional heteroskedasticity，GARCH）模型等计量经济模型是最为常见的选择，数据需要满足平稳性条件或特定分布等先期假设。

2.1.2 要素国家风险交互

国家风险对特定经济行为的影响，也可以解读为国家风险要素间的交互机制。从国家风险分析与评价模型构建的视角来看，这直接影响风险权重的设置。国家风险内在的要素复杂性使评价指标体系构建及指标权重设置成为国家风险概念化及度量过程中的重大挑战（Oetzel et al.，2001）。现有研究中，在考虑风险要素相关性和分配阈值上，多是基于主观判断，尚未实现相对准确、客观的度量（李建平等，2014）。

市场间相关性的增加导致了国家风险（或市场风险）的增加（Damodaran，2003）。从跨国企业决策过程来看，有必要考虑自身风险应对能力及决策者风险认知等因素，更灵活地进行风险评级及投资决策（Stevens et al.，2016）。到目前为止，国家风险评价仍然是用数据及方法组合构建研究框架，对决策者认知及偏好未做考虑或简化处理，而且对风险要素内在交互作用的影响缺少认识。

常用的国家风险评估模型虽然对国家风险评价中的要素相关性有所关注，但仍然局限在简单刻画，如通常借助主成分分析或是因子分析对风险要素之间的“冗余”信息进行处理，实质仍然是风险指标筛选的问题。此外，Agliardi 等（2012）引入随机占优方法对多风险要素之间关联关系进行刻画，并在此基础上构建了政治、经济、金融及综合国家风险指标。考虑到国民经济的部门和主权资产负债表通常被认为是资产、负债和担保的关联组合，在 Gray（2009）研究基础上，Gray 和 Jobst（2011）采用多变量方法刻画了金融部门和主权国家之间的相互作用和反馈。

总的来讲，学术研究中对相关性的刻画仍然局限在数据表现层面，未实现对由复杂经济社会环境等导致的相关性的刻画。要实现对其完全定量的刻画，需要借助领域专家的定性判断，有很强的主观性。大数据环境下在依靠大量数据及模型算法的基础上，需要给决策者知识及风险偏好等留有空间。现有国家风险评级给出了通用的国家风险研究框架，但绝大部分国家风险评级并未考虑实际企业风险管理需求或自身背景，无法实现对决策者需求的刻画，因而在应用时实际指导性不足。虽然部分国家风险评级如国际国家风险指南（International Country Risk Guide，ICRG）国家风险评价模型允许决策者根据自身需求“定制”最终的国家风险评级结果，但也仅对风险要素权重进行简单调整，仍不能有效且尽可能定量刻画决策者态度如自身风险偏好，并在考虑决策者偏好下实现对风险要素相关性的刻画。

2.1.3 国家风险跨国传染

现有风险跨国相关性研究多集中在经济、金融领域中某一特定潜在风险源的跨国关联性，如国家间的股市波动溢出效应（Asgharian et al.，2013；Kang et al.，2019；McIver and Kang，2020；Su，2020）、汇率联动（Tamakoshi and Hamori，2014；Kočenda and Moravcová，2019）、主权债市场风险跨国转移（Metiu，2012；Suh，2015；Beirne and Fratzscher，2013；Suh，2015；Wang，2019；马旭平等，2019）、金融压力跨国传导（Dovern and van Roye，2014；Cipollini and Mikaliunaite，2020）甚至通货膨胀率的国际传导（Batten et al.，2017）等。少数研究开始关注不同国家主体的国家层面风险相关性，如 Hoti（2005）发现巴尔干半岛六个国家的国家风险之间存在着显著的溢出关系；Li 等（2009）发现由于相似的发展模式及发展阶段，俄罗斯与哈萨克斯坦的国家风险呈现出显著的双向溢出效应；Aboura 和 Chevallier（2015）利用 DCC-GARCH（动态条件相关系数 GARCH，dynamic conditional correlation GARCH）模型构建跨国国家风险波动指数以帮助投资者进行跨国风险对冲。

危机是风险的极端表现形式，随着 2007 年次贷危机、2010 年欧债危机等的爆发，危机的跨国传染成为新的研究热点。不同于简单相关、联动或是风险溢出，危机的跨国传染一般被定义为危机阶段相关性的显著上升甚至是显著下降（Suh，2015；Metiu，2012）。危机传染途径是重点关注的问题之一，最初的传染理论提出了基于贸易关联、竞争性贬值、金融关联和共同的政策冲击等渠道在内的危机传染途径，其很好地解释了同地区或宏观基本面相似的国家之间的危机传染，如亚洲金融危机向俄罗斯和拉美等国的传染，以及俄罗斯主权债务危机向美国和拉美等国的传染（Eichengreen et al.，1996）。但是，对于危机在宏观经济基本面联系薄弱的国家间传染的解释却显得无能为力。Baig 和 Goldfajn（1999）及 Kaminsky 和 Schmukler（1999）等提出了净传染机制，是指危机的传染无法通过宏观经济基础变量获得解释，即在两个国家间的经济联系十分薄弱，一个国家的危机并没有恶化另一个国家的经济基础，但导致了投机者对另一个国家经济基础的重新评价，从而诱发了金融危机的现象。

自欧洲主权债务危机爆发以来，鉴于欧盟在全球经济中的重要地位，学者从多种角度对欧债危机传染进行研究分析。一些研究致力于监测传染是否存在、度量平均传染效应或是识别导致传染的因素（Segovian Basurto et al.，2010；Favero，

2013；Fernández-Rodríguez et al.，2015）。此外，考虑到传染效应是时变的，仅仅度量平均传染效应并不能为风险管理实际提供足够的信息量（Suh，2015）。Suh（2015）利用预期损失及 VAR 模型，有效将“相关”与“传染”进行区分，并可以灵活识别时变的主权危机传染效应。金融危机表明，金融和实体经济的冲击确实是相互关联的（Giudici and Parisi，2017）。Wu 等（2016）采用多因素风险模型区分全球和区域风险要素，将信用违约互换（credit default swap，CDS）利差的异常跃升定义为主权信用事件，分析了国际主权债务市场中主权风险跨境传播的两种渠道：直接“迅速”传染与长期“慢性”溢出效应。研究发现：主权信用事件在欧债危机中成为系统性问题，显著放大了全球风险要素；在其他时候，特定国家的主权信用事件只会在该地区产生风险溢出效应，而且通常会给全球主权信用投资组合带来多样化收益。

随着利用复杂网络技术研究社会经济网络的复杂相关结构已成为研究共识，从网络视角研究主权风险传染成为新的研究趋势。Chuang 和 Ho（2013）使用国际清算银行的综合外国索赔季度报告和这些报告国家的债务与国内生产总值（gross domestic product，GDP）的比率数据，根据债务信用关系构建一个网络模型，提出了一种衡量金融系统系统性风险的新指标，来刻画主权债务违约风险的程度。León 等（2014）采用了“相关–距离”映射技术和基于最小生成树的相关滤波方法论，利用 36 个主权 CDS 息差时间序列，挖掘主权信息的层次结构，以网络结构实现对主权国家的聚类划分。

综上，对于国家风险的跨国传染，净传染机制的提出较好地回答了危机的跨国传染途径，“溢出”“传染”等不同传染效应刻画了风险相关性的表现形式，全球因素与区域因素的区分解释了跨国传染的风险来源。需要强调的是，国家风险的风险要素复杂性及易变性使国家风险具有了复杂系统特征，风险标的物与利益相关者是多样化的，呈现出多种线性或非线性联动特征，本质上，可视为一种以风险联动为内核的社会经济网络。政治、经济、金融及社会等国家风险要素间存在错综复杂的关联关系，往往造成牵一发而动全身的局面。

现有文献对经济、金融或政治领域内具体风险要素之间的复杂相互关联或跨国溢出、危机传染效应也有诸多研究，可以说，国家风险是由多种风险要素诱发的综合性风险，政治、经济、金融及社会间的潜在关联加剧了风险的连锁反应，而且不同风险要素演化规律各异。国家风险的复杂性给国家风险管理与应对带来极大的挑战。

2.1.4 研究评述

国家风险复杂多样的相关性加大了国家风险评价、分析及实际应用的难度，本节对现有的国家风险相关性研究按照要素相关、跨国相关进行梳理与回顾，发现现有研究仍存在以下问题。

（1）国家风险的复杂系统特征、目标导向的研究需求导致相关性研究范围宽泛和表现形式各异，目前未形成完整的国家风险相关性分析思路。

国家风险相关性建模对象众多，不同风险要素甚至不同国家主体间会相互影响进而使风险呈现放大或缩小的趋势（Imbierowicz and Rauch，2014）。现有研究更多地关注经济、金融或政治领域内具体风险要素之间的复杂相互关联或跨国溢出、危机传染效应，而缺少对宏观国家层面的风险相关性的刻画。此外，国家风险相关性表现形式多样，不同研究需求下表现形式各不相同。例如，在国家风险多要素评价过程中，风险要素之间的相关性呈现出不同于联动等表现形式的、更为复杂的冗余或互补关系。而目前在国家风险评价领域，现有主流评级机构对要素相关性的识别主要依赖主观判断，即使在学术研究中也仅关注线性相关，对内在相关性未能实现有效刻画。

（2）国家风险相关性研究局限于时域分析，对内在多时间尺度特征刻画不足。

现有研究意识到不同风险要素演化尺度各不相同，即不同风险因子的演化呈现出多尺度性，具体表现为国家风险波动的时间维度复杂性，如一国的民主进程通常是一个长期演化的过程，国家经济周期等因素潜移默化地影响国家风险变化，这体现在比较低频的尺度上，而一些风险要素则更多地表现为偶然、突发事件（汤铃等，2012；孙晓蕾等，2015；Li et al.，2012）。尽管现有研究已经开始关注国家风险的多尺度性，但仍然局限在国家风险预测领域，目前就如何全面分析度量国家风险演化及评价过程中的多尺度相关性的研究尚不多见，有必要对其进行深入研究。

（3）现有国家风险评价缺乏对决策者认知与偏好的刻画。

国家风险及不确定性和国际资本运作的作用与经验、认知差异及自身背景密切关联，其内在的动态多项因果及非线性关联决定了演化过程（Liesch et al.，2011）。因此，一方面需要基于国家风险内在复杂相关性来研究国家风险什么时间会上升和其演化特征等，旨在进行及时有效应对、尽可能降低损失；另一方面，需要将风险评价纳入实际决策过程中，考虑自身风险应对能力及决策者风险认知等因素，更灵活地进行风险评级及投资决策（Stevens et al.，2016）。只有将两方面有效结合，才能在国际投资、贸易或是资本流动中形成自身优势（Buckley et al.，2016）。目前，国家风险评价仍然是用数据及方法组合构建研究框架，对决策者认知及偏好未做考虑或简化处理，如根据自身偏好调整线性加权权重。进一步，对于决策者态度和风险要素内在交互作用的影响缺少认识。

2.2　前期研究基础

本书课题组一直致力于风险管理中的前沿科学问题的研究。国家风险研究始终是该课题组的重要研究方向之一，持续跟踪关注国家风险相关理论及实际应用问题。

本书课题组前期以海外油气资源利用为研究背景进行了资源国国家风险的相关理论、方法及实证研究，主要研究成果汇编于2014年出版的《资源国国家风险——理论、评估方法与实证》中。研究将国家风险引入能源安全研究中，构建了油气资源国国家风险理论，并在实际应用问题中对理论进行修正与扩展。着眼于全面的国家风险评价，本书对国家风险的内涵与外延、国家风险的发展脉络、现有国家风险相关评级等进行了翔实全面的总结梳理。在此基础上，首先，结合海外油气资源利用的实际研究背景，对国家风险进行要素识别与刻画，基于支持向量机（support vector machine，SVM）与主成分分析构建了油气资源国国家风险的评估模型；其次，分别基于核回归马尔可夫模型和分解集成方法进行国家风险短期预测；最后，引入国家风险因子模拟不同情境下国家风险变动对石油进口组合的影响，提出极端风险事件发生时的进口组合优化策略。在国家风险约束下，进一步明确海外油气投资合作模式。

随着研究的不断深入，我们发现，由于国家风险的复杂系统特征，国家风险的准确评估及实际应用离不开对其内部结构的把握和研究。不同风险影响因素演化在不同尺度上是否有所差异？是否存在着一定的关联或互补/冗余等交互作用？国家风险在不同国家/地区间是否会转移？在海外贸易实践中，在开展国家风险评价时如何考虑企业异质性？为了回答上述问题，我们继续就国家风险内部结构进行建模及实证分析。

通过多年在国家风险领域的研究积累，本书课题组在国家风险领域的国内外期刊上陆续发表了多篇文章，其中包括国外知名期刊*European Journal of Operational Research*、*Energy*、*Energy Policy*、*Economic Modelling*、*Computers and Operational Research*及国内管理科学领域的重要期刊《管理科学学报》《中国管理科学》《系统工程理论与实践》《管理评论》等期刊，并于2014年出版《资源国国家风险——理论、评估方法与实证》一书。

2.3　研究框架

国家风险相关性研究具有宏观性、多样性、复杂性等特征。在充分认识国家风险相关性、特殊性的基础上，构建一个统一、全面的国家风险相关性研究框架是准确进行国家风险研究的前提与基础。现有研究更多关注具体潜在风险要素之间复杂的相关性，对国家风险相关性的特殊性认识不足，未能从更加宏观的角度将国家风险作为一个内在相互关联、动态变化的整体进行分析（Agliardi et al., 2012）。

本书是课题组近年来最新研究成果的集成，从相关性建模切入，理论、测度、评价三方面着手，对国家风险内在演化特征、相互作用机理及评价实践等进行了系统深入的研究。针对国家风险的特殊性，本书提出“多尺度-多要素-多主体”国家风险相关性研究框架，开展国家风险相关性表现形式差异化背后的内在特征与机理研究；从宏观、中观、微观不同层面为国家风险提供新的认识视角，对相关性进行建模测度及分析，丰富和完善国家风险相关性测度研究。具体思路如下。

（1）针对国家风险的复杂性，从微观视角对国家风险多个演化尺度间的相关性进行测度。

（2）针对国家风险的多样性，从中观视角对国家风险多个风险要素间的相关性进行测度。

（3）针对国家风险的宏观性，从宏观视角对国家风险多个国家主体间的相关性进行测度。

2.3.1　多尺度

国家风险“多尺度”相关，即考虑不同国家风险要素在现实中时间演化尺度各异的特点，基于“分而治之”的思想，利用“先分解，后集成”的思路从不同时间尺度上分析国家风险演化特征，从微观的角度对国家风险相关性进行测度。

国家风险是一个复杂的系统，内在的多尺度特征和固有的异质性加大了直观理解其演化过程、定位风险来源、与外围因素关联及对未来进行预测的难度（Brockmann and Helbing，2013）。不同诱因对国家风险不同尺度的波动影响是有所差异的，表现为国家风险波动的时间维度复杂性。具体而言，在国家风险基本走势的基础上，各方面诱因对其影响会反映在不同的时间尺度上。例如，国家经济周期等因素潜移默化地影响国家风险变化，会体现在比较低频的尺度上；一些偶然、突发事件的影响则比较频繁，会体现在高频尺度上（汤铃等，2012；Li 等，2012）。

在以往相关性研究中，时域与频域方法通常是自成体系的。考虑到现实世界通常是非线性、非平稳系统，内在多尺度性及异质性加大了直观认识的难度（Brockmann and Helbing，2013）。单独在时域或频域内进行相关性分析有一定的局限性。例如，短期突发事件或是结构性变化并不总会通过传统时域模型方法得到体现，在实际应用中，短期波动的影响很可能被“掩盖”，因此人们不能有效识别其即时影响，进而及时做出有效应对。而对单纯的频域方法，如傅里叶变换等，时域信息完全被“放弃”。此外，对于傅里叶变换，平稳性条件至关重要。因而，时域–频域模型方法，如小波分解（wavelet transform）（Torrence and Compo，1998）、经验模态分解（empirical mode decomposition，EMD）（Huang et al.，1998）、奇异值分解（singular value decomposition，SVD）（Vautard et al.，1992）等，逐渐得到广泛的应用（Vacha et al.，2013；Aloui and Hkiri，2014）。时域–频域方法将单维度时间序列转换为时域、频域两个维度，即可以将时间序列分解为多个尺度上的时间序列（Vacha et al.，2013）。因此，可以对短期、长期等演化尺度上的相关性进行具体研究分析，这种方法相较于直接分析整体时间序列可以获得更多、更具体的信息。

针对复杂性系统研究，Wang 等（2005）提出新的 TEI@I 方法论体系，并且这种方法论得到了广泛的应用（余乐安等，2006；孙晓蕾等，2015；沈书立和李祥飞，2018；Sun et al.，2017；Zhang et al.，2019）。TEI@I 方法论基本思想认为，各种时间序列变量一般处于复杂系统中，内部组成要素与外部影响因素相互影响、相互作用、共同转化，使系统呈现出显著的不确定性、非线性与不稳定性。针对这种复杂的系统特征，使用单一的分析方法很难得到令人满意的结果。对此，为达到“化繁为简，各个击破，综合集成”的系统分析目的，TEI@I 方法论提出“先分解，后集成”的核心处理思想。具体地，分解集成模型首先将复杂系统中的时间序列演化过程分解为易于描述、识别并具有特定意义的简单模态；其次，对每个简单模态分量分别进行分析与预测；最后，将各具体模态上的分析、预测结果进行集成，以最终完成对复杂系统总体的分析与建模（Wang et al.，2005）。分解集成模型通过对原序列进行多尺度分解，将复杂系统分解为易于分析的子系统，以有效把握数据内部规律，显著提高复杂系统模型的分析能力，具有良好的分析与预测性能，能得出优于其他单一方法的结果（沈书立和李祥飞，2018；Wang et al.，2011a；Li et al.，2012；Tang et al.，2012）。因此，本书研究工作以“先分解，后集成”思想为核心，在具有良好分析能力的分解集成模型基础上，实现基于相关性的国家风险研究。

本书选取 OPEC 国家为研究样本，以“先分解，后集成”思想为核心，对 OPEC 国家的国家风险的多尺度演化规律进行提取与分析；挖掘在不同尺度上的波动特征、模态特征及全局重要度特征，并通过多尺度特征对国家进行分类管理。多尺度特征识别不仅加深了我们对国家风险多尺度演化规律的认识，也为国家分类管理提供了可供借鉴的思路。

2.3.2　多要素

国家风险“多要素”相关，即全面考虑国家风险影响因素，将国家风险研究从单一风险点扩展至多风险要素研究，对国家风险内部风险结构及差异化背后的内在机理进行深入研究，从中观的角度对国家风险相关性进行测度。

一方面，国家风险是一个规模大、层次多、交叉开放的复杂系统，风险要素来源复杂，通常来讲政治风险、金融风险、经济风险均是国家风险的主要范畴。除内部因素外，外部冲击也会给国家风险带来一定的影响。另一方面，国家风险不是一个静态的、内部相互孤立的系统，各个风险要素除了遵循自身演化发展规律外，彼此间也会存在错综复杂的关联关系，而且往往由于复杂关联造成牵一发动全身的局面，国家风险研究难度大。对国家风险多要素相关性进行分析刻画，有助于更加客观地把握风险演化规律，为国家风险评价、预测及管理实践找到一个新的切入点。

多风险要素相关在不同范畴表现形式有所不同。一类是时间序列演化相关。风险演化是一个随时间推移的过程，不同风险要素或不同国家主体的风险各自演化但又相互关联影响，表现出时间序列上的演化相关特征，如联动、因果关联等。研究不同风险要素间的复杂相关性，有助于把握国家风险形成及演化机理。另一类是多属性相关，或称为多属性交互相关。在进行多属性国家风险评价中，不同风险要素之间相互关联，并共同作用构成国家风险。不同风险要素对整体国家风险状况的影响会呈现出“冗余”或“互补”等相关形式，而且这种“冗余”或“互补”的相互作用通常是不可加的，反映了不同风险要素的相互关联对风险集成过程的影响，这种多属性评价情况下的风险要素相关性更多地被称为多属性交互相关。研究多属性交互性，有助于更加准确地进行国家风险评价及预测。综上，进行多要素相关性研究对于国家风险的内在结构识别、国家风险的评价与预测具有重要意义。

本书从时间序列演化及多属性评价两个视角出发，对国家风险多要素相关性进行刻画。首先，以 BRICS 为例，基于互信息熵对不同风险要素间的相关性及多要素跨国交叉相关性进行了测度，分析了在时间演化尺度上的多要素相关结构。进而，以全球 144 个国家和地区为例，引入模糊测度度量经济、政治及金融风险之间的非可加交互作用，在此基础上对样本国家和地区进行国家风险评价，并首次将决策者容忍度与交互作用纳入国家风险评价框架，为国家风险评价及预测提供更为灵活的评价框架。

2.3.3 多主体

国家风险“多主体”相关，即考虑多个国家主体之间国家风险的相互作用及影响特征，将国家风险相关性研究从单个国家主体扩展至多个国家主体甚至区域相关机制研究，探讨国家风险在多国家主体甚至区域上的演化及相互作用机制，从宏观的角度对国家风险相关性进行测度。

随着全球区域经济及金融一体化进程的加快，政治、经济等领域的密切联系使得国家间具备了风险的强关联性，各国之间的相互依赖性显著提高，国际资本在各国之间的出入更加便利，一国的主权信用风险、重要金融机构及企业风险诱发大规模系统性风险的概率加大，多米诺骨牌效应日益显著，即国家风险具有跨国转移传导特征（Hoti et al.，2007）。国家风险可借助贸易关联、竞争性贬值、金融关联和共同的政策冲击等渠道在国家间传染，最终可能会造成地区范围风险，如拉美金融危机、亚洲金融危机、欧债危机，甚至全球风险，如美国次贷危机诱发的全球金融危机（李建平等，2011；李建军等，2012）。除经济金融层面外，特定的社会文化背景和历史演化进程使政治风险也具有一定的关联性。政治风险在一定程度上表征了一个国家主权突然转变“游戏规则”的风险，在时间和空间上均呈现出一定的集聚性。2010 年底“阿拉伯之春”的爆发及蔓延，使得政治风险传染成为继金融与主权风险传染之后新的研究焦点（Kaphahn and Brennan，2017）。从全球看，国际金融危机冲击和深层次影响在相当长时期依然存在，全球治理体系深刻变革，传统安全威胁和非传统安全威胁交织，国际关系复杂程度前所未有。国际环境不稳定、不确定因素明显增多，国家间风险传染日益复杂。这给国家风险理论与管理实践提出了新的挑战，国家风险不再局限在单个国家主体，而应该从多国家主体的角度出发，深入分析不同国家之间国家风险异质性，对国家风险的跨国关联、传导开展深入研究分析。

综合来看，国家风险多主体相关是一个涵盖多个国家主体、多种风险要素，且具有多种风险相关性表现形式的复杂系统，本质是一种以风险为内核的社会经济网络。

多主体相关可以表现为同一风险要素的跨国传导，也可以表现为多个国家主体间不同风险要素的交叉传导。本书选取地理位置特殊、石油资源丰富但区域动荡程度高的 MENA 地区国家为研究对象，引入信息熵刻画区域政治风险在多国家主体间的传导强度和净传导方向，据此构建政治风险区域传导网络，从复杂网络的角度出发分析 MENA 地区国家政治风险传导结构与规律。此外，为研究不同国家主体间与不同风险要素之间的相关性，本书以 BRICS 为研究对象，分析了不同风险要素如政治、经济、金融风险的交叉相关结构。

2.4　创新性工作

在“多尺度-多要素-多主体”国家风险相关性研究框架下，首先，进行国家风险相关性研究问题提取与理论抽象；其次，在特定国家风险结构与风险异质性的基础上，选取适当模型方法对相关性进行测度，具体如图 2-1 所示。

（1）从国家风险相关的宏观性出发，将研究视野从单个国家主体扩展到面向多个国家主体构成的国家组合，从宏观视角上实现对国家风险跨国相关的测度。

面向由特定国家组合构成的国家关联网络，引入复杂网络等系统动力学模型，基于可视图等方法分析某一国家关键国家风险要素对其他国风险结构的影响程度、传导路径与传导范围等动力学特征。从复杂网络的社团结构出发，分析特定区域内的国家风险传导网络的脆弱性与不稳定性，识别不同时间尺度下该区域的系统性重要国家，并刻画特定国家在区域风险传导网络中的“驱动者”、“中介”及“跟随者”等风险角色的转化模式。

（2）从国家风险相关的多样性出发，提取政治、经济、金融等领域的多种关键国家风险要素，从中观视角上实现对国家风险相关性的刻画。

基于不同研究需求，国家风险要素相关性在不同研究领域表现形式各有特点。从国家风险演化层面讲，国家风险相关性表现为联动、因果、溢出、传染等形式。而作为国家风险研究的重要组成部分，在国家风险评价中要素风险相关性则呈现出与演化相关有显著差异的特征，更多地表现为风险要素之间的交互作用。

基于信息熵理论对国家风险演化过程中的相关性，如联动、传导，进行全面分析研究，具体包括要素间风险相关，关键国家风险要素间在一国内部的相关性；国家间风险相关，某一特定国家风险要素在不同国家之间的相关性；国家间风险交叉相关，综合国家风险及其关键风险要素在多个国家之间的交叉相关性。

基于外部特定冲击与国家风险的相关性，回答了在油价冲击这一特定经济变量下，国家风险的统计特征是否仍然有效的问题；同时，提出基于国家风险等级属性的分类管理。通过考虑油价冲击对国家风险变动的影响，识别和分析在特定时期内哪些国家需要关注油价冲击。

（3）从国家风险相关的复杂性出发，将原有局限在时域范围的国家风险相关性研究扩展至“时域-频域”，从微观视角上实现国家风险多尺度特征提取与相关性测度。

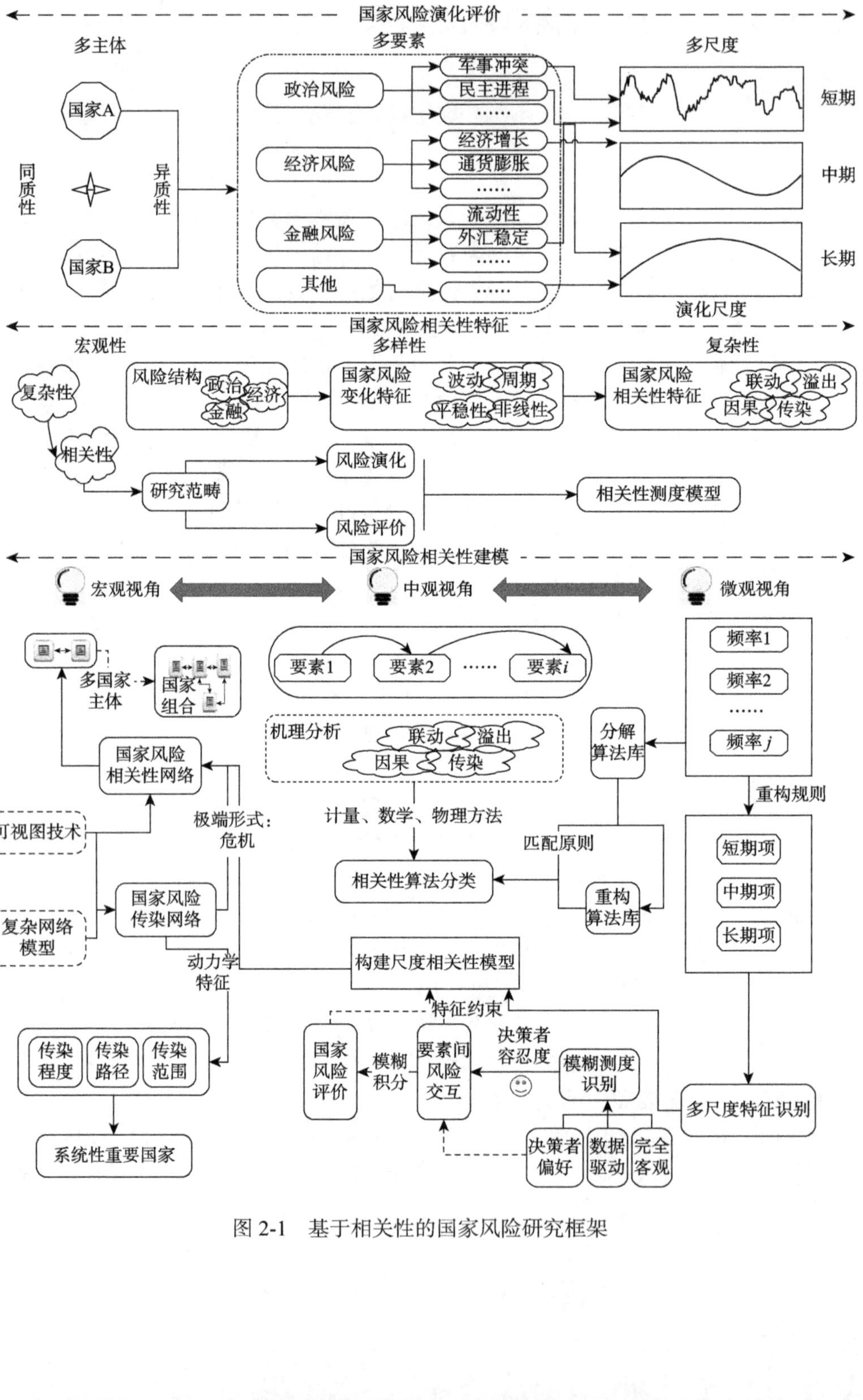

图 2-1　基于相关性的国家风险研究框架

国家风险内部要素演化尺度不一、表现形式各异。基于“分解重构”策略构建多尺度特征提取与相关性测度建模分析，重点识别“政治风险、经济风险与金融风险”等关键国家风险要素在短期、中期、长期尺度上的风险特征与相关性特征。利用分解算法，获取国家风险要素从高频到低频的不同时间频率上的风险模态，设计能够充分刻画风险复杂性和易变性特征的尺度重构策略，提取短期项、周期项及长期项等尺度风险，度量其不确定性和全局重要度，识别出不同时间尺度上的占优风险尺度。进而，基于不同时间尺度的风险特征与数据特征，选取适合的相关性建模技术，度量关键要素风险在特定时间尺度上的“风险联动”、“风险溢出”和“风险传染”等动态相关性与风险交互作用。

（4）从国家风险交互作用出发，引入决策者偏好，提出一种更为科学且灵活的国家风险评价框架。

国家风险观念的提升并不意味着成功的风险管理实践，风险管理实践有很强的异质性。即使面对同一东道国，来自东道国国家层面的风险对于不同背景、风险应对能力的企业来讲显然不同，而现有国家风险评价体系则注重同一性，忽略异质性。本书创造性地提出考虑交互作用及投资决策者风险容忍度的更加灵活的风险评价方法，基于模糊测度实现对国家风险要素交互作用识别及国家风险评价。考虑常见的可加测度的局限性，本书引入模糊测度方法刻画国家风险结构中政治、经济与金融要素间的风险交互作用，并基于数据驱动、决策者偏好和完全客观方法实现模糊测度识别。重点将决策者对风险要素的“容忍度”引入模糊测度识别过程，利用最大熵方法构建优化函数以实现对模糊测度的识别，进而实现对国家风险决策与管理中决策者风险偏好的刻画，开发考虑风险交互作用的国家风险评价技术。

（5）基于成本与风险均衡的角度，提出了考虑国家风险的石油进口投资组合优化方法，并分析了我国石油进口组合的影响因素与影响机制。

对于进口国而言，以合理的价格获得充足的能源供应是能源安全的核心，控制进口成本和供应风险是石油进口组合优化的主要目标。因此，在成本与风险之间进行权衡的情况下考虑我国的石油进口投资组合优化问题。面向石油进口成本进行了有针对性的研究，对需求、结构和价格效应进行分解和量化；通过考虑贸易关系、资源国国家风险和进口多样化不同情景，进一步探索了我国石油进口组合的影响因素与影响机制。

第 3 章　国家风险多尺度特征识别

3.1　引　　言

在实际国际资本流动实践中，三大评级机构标准普尔公司、穆迪公司、惠誉国际信用评级有限公司发布的国家风险评级结果通常被用来作为国家风险度量标杆（Oshiro and Saruwatari，2005），被称为投资者利益“守护者”和资本市场“看门人”。现有国家资本流动过程中，对国家风险内在机理及演化规律缺少足够的认识，而过度依赖风险评级机构评价结果，可能给国际资本流动带来损失。例如，在 1997 年亚洲金融危机、2007 年次贷危机及 2010 年欧债危机中，评级机构的评级结果就未能及时有效地预测危机、帮助决策者规避损失（Oetzel et al.，2001）。因此，在尽可能准确评价国家风险的前提下，加强对现有国家风险评级内在特征的识别、挖掘，有助于理解国家风险演化规律，进而避免简单依赖风险评级结果进行风险管理，以更合理地支撑投资组合配置及区位选择决策（汤铃等，2012；Sun et al.，2012；Liu et al.，2016）。

在国家风险评价指标体系构建过程中，现有研究逐渐意识到不同风险诱因对国家风险不同尺度的波动影响是有所差异的，表现为国家风险诱因波动的时间维度复杂性。具体而言，在国家风险基本走势的基础上，各方面诱因对其影响会反映在不同的时间尺度上，如一国的民主进程通常是一个长期演化的过程，国家经济周期等因素会潜移默化地影响国家风险变化，这体现在比较低频的尺度上，而一些风险要素则更多地表现为偶然、突发事件（汤铃等，2012；Li et al.，2012）。对于国家风险这种复杂系统而言，其时间尺度上的演化序列是复杂多尺度序列（如长期演化趋势、中长期脉冲、短期波动等）的集中体现（Li et al.，2012；Yang et al.，2013），国家风险动态性在不同时间尺度特征上差异显著，因此直接对国家风险整体进行分析可以获得的信息量是十分有限的。相反，通过深入挖掘不同时间尺度上分析时序数据的各种潜在特征，将国家风险由简单的时域研究扩展到“时域–频域”研究，可以加深对国家风险的理解与把控（孙晓蕾等，2015）。

时间序列分解算法经历了时域、频域到时域–频域的发展过程。1954 年美国商务部国势普查局提出 X11/X12 季节调整方法，通过加法或乘法模型将原始序列分解为趋势项、季节项和不规则要素，在时域内实现了对复杂经济时间序列内在多尺度信息的挖掘，在经济金融领域得到了广泛的应用。傅里叶变换是典型的数据分解算法，通过傅里叶变换可以有效地将原始数据分解为一系列不同频率及振幅的分量之和。傅立叶原理表明：任何连续测量的时序数据，都可以表示为不同频率的正弦波信号的无限叠加。傅里叶变换会将原始数据在时间轴上的任何突变通过频谱散布在整个频率轴上，但是不能分析非平稳信号在每个具体时间点所含有的频率成分。因此，傅里叶变换并不适用于非平稳数据分析（Telesca et al.，2013）。为克服时域及频域分解算法的不足，近年来“时域–频域”分解算法开始得到广泛关注及应用，其中代表性的有小波分解方法、EMD 算法及奇异值分解方法。小波分解方法是一种自适应的时频分析方法，是时间（空间）频率的局部化分析，它通过伸缩平移运算对信号（函数）逐步进行多尺度细化，最终达到高频处时间细分，低频处频率细分，能自动适应时频信号分析的要求，从而可聚焦到信号的任意细节，解决了傅里叶变换的困难问题，但小波分解结果仍然受限于小波基函数的选择。EMD 算法（Huang et al.，1998）和奇异值分解方法（Chen et al.，2013）是非参数方法，无须任何原始数据动态性的先验知识，属于自适应的数据处理方法。

EMD 算法基于数据的局部时间尺度特征，将原始数据分解为有限个本征模态函数（intrinsic mode function，IMF）之和。每一个 IMF 都包含了原始数据的特征信息，对 IMF 分析可以更加准确、有效地把握原始数据的内在特征。与分别建立在先验性假设的谐波基函数及小波基函数上的傅里叶变换和小波分解相比，EMD 算法无须事先预设基函数，不依赖于任何先验函数，是一种数据驱动算法，直接识别数据自身内在的振荡模式（Huang et al.，1998）。此外，EMD 算法和 EEMD（集合 EMD，ensemble EMD）算法无对数据平稳化的要求，可以处理非平稳及非线性数据，可实现数据信息的分解、简化与清洗，更好地把握时间尺度上的本质特征。

对于国家风险这种复杂系统而言，把握各组成因素在时间维度上的波动特征及规律，是深入理解各种研究领域系统机制与发展动态的基础，能够为信息处理、决策分析及政策制定提供强有力的理论基础与决策支持（de Gooijer and Hyndman，2006）。从“分而治之”（divide and conquer）的思想出发，分解相比于整体，能更全面、清晰地把握决策问题所涉及的各种内在属性、特征或影响要素，其运用可以有效提高复杂信息处理上的有效性，以及分析与决策的效率与准确性（Fischer，1977）。因国家风险的复杂系统特征，已有研究开始关注其内在演化的多尺度性，如汤铃等（2012）结合复杂系统“分而治之”分析方法，利用 EMD 算法将国家风险演化序列分解得到一系列模态分量，进而进行尺度重构挖掘国家风险长期趋势、中期走势与短期波动三个时间尺度信息，为国家风险内在规律剖析提供了新的研究思路。Li 等（2012）结合 EMD 和支持向量机，对国家风险进行了多尺度预测，研究结果表明相较于对于国家风险数据的简单、直观分析，分解重构模型有助于在不同时间尺度上分析时序数据的各种潜在特征，从而显著提高对国家风险预测的精度与准确性。

鉴于此，本书基于复杂系统“分而治之”思想，通过分解算法将原始国家风险演化序列分解到多个尺度上。进一步，分析不同尺度国家风险演化的本质波动特征、模态特征及整体风险的重要度特征，深入挖掘国家风险多尺度信息。通过多尺度分解、多尺度特征识别与多尺度特征分析三个步骤，最终把握国家风险的多尺度特征，分析国家风险得分下的潜在演化机理，为国家分类管理提供新的思路。

3.2　模 型 方 法

时间序列包含着复杂的多尺度特征，如长期演化趋势、周期性变化及短期波动等（Li et al.，2012；Yang et al.，2013）。对国家风险在多尺度上进行特征识别，有助于进一步把握内在作用机理及其发展演化规律。本节构建国家风险多尺度特征分析框架，分别刻画不同尺度序列上，风险基本演化走势、波动变化特征，风险集成过程中重点关注不同尺度对整体国家风险的“贡献度”或“重要度”。多尺度特征识别流程图如图 3-1 所示。

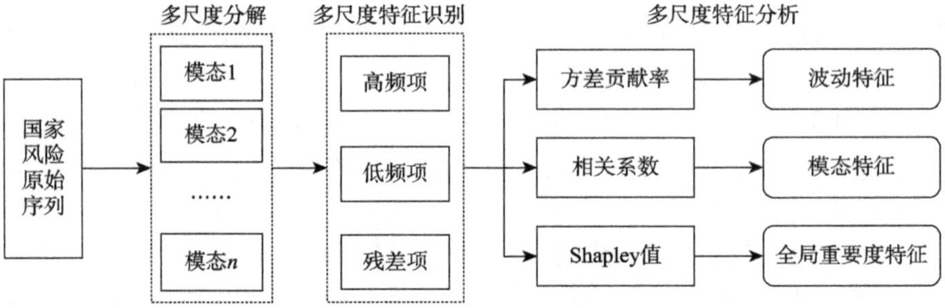

图 3-1　多尺度特征识别流程图

接下来首先对国家风险分解重构方法进行简要介绍，其次构建相应指标并对多尺度特征进行刻画。

3.2.1　分解重构基本原理

本节首先化繁为简对国家风险进行分解重构，将国家风险复杂的时序变化分解为易于描述且具有特定意义的简单模态，实现从时域向频域的转换。复杂系统研究中，常见的分解方法有傅里叶变换方法、季节分解方法、小波分解方法，以及 EMD 算法、奇异值分解方法等。常用的傅里叶变换与小波分解均需要做一定的先验性假设，如谐波基函数、小波基函数，与此相比，EMD 算法无须事先预设基函数，不依赖于任何先验函数，是一种数据驱动算法，直接识别数据自身内在的振荡模式（Huang et al.，1998）。此外，EMD 算法和 EEMD 算法没有对数据平稳化的要求，可以处理非平稳及非线性数据，可实现数据信息的分解、简化与清洗，更好地把握时间尺度上的本质特征。考虑到国家风险的复杂系统特征，本书主要采用 EMD 算法对国家风险数据进行分解。

EMD 算法是 Huang 等（1998）提出的一种数据分析方法。该算法是一种数据驱动的方法，基于数据的局部时间尺度特征，将原始数据分解为有限个 IMF 的加和。每一个 IMF 都包含了原始数据的特征信息，对 IMF 进行分析可以更加准确、有效地把握原始数据的内在特征。EMD 算法理论上可以用于任何类型时间序列数据的分解，只需数据满足“局部平稳化”条件即可。分解基于如下假设进行：被分解的时间数据区间中至少存在一个极大值和极小值；局部特征时间尺度由极值间的时间间隔确定；如果数据没有极值点但包含拐点，可通过一阶或多阶微分得到极值。

要完整地描述 EMD 算法，首先要定义 IMF。EMD 算法中的 IMF 要满足两个条件：极值点的数目与过零点的数目相等或者相差为 1；在任何点处，由局部极大值包络和局部极小值包络生成的平均包络为 0（Wu and Huang，2009）。IMF 反映了内在固有振荡模式，既保留了原始信息，又能反映出原始信号不同的尺度特征。在满足上述假设的前提下，对时间序列 $x(t)$ 的筛选过程步骤如下。

（1）令 $i=0$、$r(t)=x(t)$，计算 $r(t)$ 的局部极大值和局部极小值。

（2）对序列局部极大值插值得到上包络 $e_{\max}(t)$，对序列局部极小值插值得到下包络 $e_{\min}(t)$，计算平均包络：$m(t)=[e_{\max}(t)+e_{\min}(t)]/2$。

（3）令 $d(t)=r(t)-m(t)$。判断 $d(t)$ 是否符合 IMF 的两个基本条件，如果符合，则认为 $d(t)$ 是第 i 个 IMF，并令 $r(t)=r(t)-d(t)$，$i=i+1$；如果 $d(t)$ 不是 IMF，令 $r(t)=d(t)$。

（4）重复步骤（2）～（3），直到最后的残差项满足停止条件。至此，可以将原始序列分解为有限个 IMF 和剩余残差项 $r(t)$：

$$x(t)=\sum_{i=1}^{N}c_i(t)+r(t) \tag{3-1}$$

其中，N 表示 IMF 的个数；$c_i(t)$ 表示分解得到的 IMF，反映了不同尺度上的演化信息；$r(t)$ 表示分解最后得到的残差项。针对 EMD 算法中可能出现的模式混叠缺陷，Wu 和 Huang（2009）对原始 EMD 算法进行了改进，提出 EEMD 算法。基本思想是针对可能出现的模式混叠缺陷，分解过程中在原始数据的基础上加入等长度正态分布的白噪声。

EMD 算法和 EEMD 算法目前已在许多领域得到广泛的应用，如故障检测、图像识别。在经济金融领域，Zhang 等（2008）利用 EMD 算法将国际原油价格分解为若干 IMF，进而将国际原油价格波动特征重构到长期、短期和中期三个时间尺度上，有效解决了数据抽象性与经济含义具象化之间的矛盾。利用 IMF 所蕴含的信息差异性，重构获取到具有特定经济含义的尺度特征，这为时间序列数据的特征提取与识别提供了一种新的思路。阮连法和包洪洁（2012）在对房价进行 EMD 的基础上，通过分析 IMF 的方差波动贡献率识别出房地产市场的长期趋势、重大事件影响、短期市场不均衡等不同尺度。汤铃等（2012）在 EMD 算法的基础上对多个国家的国家风险数据进行了多尺度特征识别，利用方差贡献率和单位根检验提取出短期干扰、中长期脉冲及长期趋势面的波动与平稳性特征。

对于 EMD 算法和 EEMD 算法而言，分解不同时间序列得到的 IMF 的个数并不相同，这给建立统一的多尺度分析框架带来一定的困难。同时，有时分解得到的多尺度序列所蕴含的信息十分接近，无法逐一获取实际含义，给实际应用和解读带来一定的困难。因此，在实际应用中，为实现在统一的多尺度框架下获取一定实际含义的子尺度信息，如趋势性、周期性、短期波动等，一般对直接分解得到的多尺度序列进行重构。

为使重构后的尺度信息更具实际指导意义，重构要遵循以下准则：①最小化新模态内部的原始模态之间的相似性。尺度相似的模态尽量重构为一个新模态，以降低计算复杂度，便于识别序列内在本质特征。②最大化新模态之间的差异性，尽可能降低模态混合现象。目前主要重构方法有如下几种。

1. 相关系数

在所有重构方法中，最为简单直接的即依据不同尺度之间的线性相关系数进行重构。相关系数越大，表明两个序列之间的基本走势越相似，所代表的演化频率越接近，那么这两个序列可以被重构为一个新的模态。考虑到简单相关系数仅能刻画线性相关，对复杂相关性刻画能力有限，为克服这个问题，Yang 等（2013）从时域相关转换到频域相关，利用频谱相关的方法进行趋势及非趋势项的提取。将 IMF 转换到频域，进而对所有 IMF 进行 Hilbert-Huang 变换并计算边际谱。最后度量边际谱相关系数，并据此进行趋势项/非趋势项提取，具体路程如下。

（1）对所有 IMF 进行 Hilbert 变换：

$$z_i(t)=c_i(t)+j\overline{H}[c_i(t)]=a_i(t)\mathrm{e}^{j\theta_i(t)}$$

$$\bar{H}[c_i(t)]=\frac{1}{\pi}P\int_{-\infty}^{\infty}\frac{c_i(t')}{t-t'}\mathrm{d}t'$$

其中，$a_i(t)$ 和 $\theta_i(t)$ 分别表示即时振幅和即时相位。即时频率定义为 $\omega_i(t)=\frac{\mathrm{d}\theta_i(t)}{\mathrm{d}t}$。

（2）IMF $c_i(t)$ 的边际谱定义如下：

$$h_i(m\Delta\omega)=\sum_n H_i(m\Delta\omega,t_n)$$

（3）分别计算相邻两个 IMF 的边际谱相关系数。

$$\rho_i=\left|\frac{\sum_m(h_i(m\Delta\omega)-\overline{h_i})(h_j(m\Delta\omega)-\overline{h_j})}{\sqrt{\sum_m(h_i(m\Delta\omega)-\overline{h_i})^2(h_j(m\Delta\omega)-\overline{h_j})^2}}\right|,\quad i,j=1,2,\cdots,N-1$$

实际计算中，首先需要定义分辨率参数 ε，即在多大程度上频率相关即可将两个子尺度进行重构，进而找到最大的 n_0 以满足 $\rho_i\geqslant\varepsilon,\forall i\geqslant n_0$，则 $\sum_{i=1}^{n_0-1}c_i(t)$ 重构为非趋势项，而 $\sum_{i=n_0}^{N}c_i(t)$ 重构为趋势项。

2. 基于结构变点的由精到粗算法

Zhang 等（2008）在研究国际油价变动时采用 EEMD 算法识别数据内在特征，为进一步获取不同尺度的经济学含义，提出用由精到粗算法将分解结果进行重构。具体思路如下：首先，用 EMD 算法和 EEMD 算法分解得到的残差项总是单调的，可以表征时间序列整体的长期趋势，因此直接默认残差项为趋势项。其次，计算每个模态 IMF_1 到 IMF_i 和的均值；基于 t 检验，检验从哪个 IMF_i 起，该均值显著偏离 0；若 IMF_i 被识别为结构变点，则将 IMF_1 到 IMF_{i-1} 的加和序列视为高频部分，剩余 IMF 的加和被视为低频部分。

综合来看，由精到粗算法可以实现将原始分解得到的有限尺度序列重构为高频项、低频项及长期趋势项三个具有实际经济含义的尺度，是目前重构领域应用最为广泛的方法，如 Tang 等（2012）结合 EMD 算法及由精到粗算法将国家风险分解重构为短期波动、中长期脉冲及长期趋势，在此基础上，Li 等（2012）对国家风险进行了预测。值得注意的是，由精到粗算法直接将 EMD 算法得到的残差项认为是原始序列的趋势特征，但残差序列通常是单调的，因此很难提取潜在的非单调的趋势，对长期趋势项刻画比较粗糙。

3. 游程算法

基于游程检验基本思想，王书平等（2014）提出游程算法并进行多尺度重构。

根据 EMD 原理，剩余残差项包含了原始数据长期发展趋势，通常被视为趋势项。对于剩余 N 个 IMF 分量 $C_1(t), C_2(t), \cdots, C_N(t)$，利用游程算法分别计算每个分量的游程数。具体思路如下：假设单个分量 $C_i(t)$ 的均值为 $\overline{C}_i$，小于 $\overline{C}_i$ 的原始数据值记为“−”，大于 $\overline{C}_i$ 的记为“+”，进而可以得到新的符号序列。其中连续出现的相同符号称为一个游程，因此可以计算出每个 IMF 分量的游程数。游程数可以反映原始序列的波动程度，游程越多，波动越剧烈，一个 IMF 的游程数最多不超过样本总数 n。根据最大可能的游程数 n 将游程数等分为 N 个区间，将游程数落在同一个子区间的 IMF 分量加和并重构为一项。首先游程数较大区间的重构为高频项，其次是中频项，再次是低频项，最后是将残差项直接默认为长期趋势项。

3.2.2 基于分解重构的多尺度特征识别

1. 波动特征：方差贡献率

方差贡献率用来衡量各模态方差变化对原始序列方差变化的贡献度，可以充分提取原始指标中体现差异的信息，进而能够反映国家风险数据在不同尺度上的波动变化特征。值得注意的是，在分解集成过程中因信息损失，分解后的子尺度序列之和与原始风险序列之间会有微小的差异，因此此处采用两种方差贡献率的计算方法，第一种考察每个尺度序列方差占原始风险序列方差的比例，第二种则计算每个尺度序列方差占所有尺度加和序列方差的比例。这两种方差贡献率计算结果通常相差不大。

2. 模态特征：相关系数

模态特征主要刻画国家风险序列的走势特征，此处利用相关系数刻画不同尺度序列与原始国家风险数据的模态相关性。通过分析国家风险原始序列与哪一个尺度序列在曲线形态上更为接近，可以识别国家风险整体模态走势的主要决定尺度。本节中，选取 Pearson、Spearman、Kendall 相关系数进行计算。

3. 全局重要度特征：Shapley 值

除波动及模态变化等演化特征外，尺度的权重或贡献度也是最重要的特征之一。在实际国家风险评价过程中，不同演化尺度的风险要素之间相互影响，相互转化，因此会直接导致国家风险内在的多尺度相关性。要刻画不同尺度信息对整体国家风险变化的“真实贡献度”，需要将多尺度相关性考虑在内，通过计算单个尺度单个权重及在所有尺度组合中边际贡献度之和，来测度该尺度信息的全局重要度。本节引入模糊测度取代常见的可加测度，基于模糊测度上的 Shapley 值来识别短期波动项、低频项及趋势项对原始国家风险数据自身的贡献度或者权重，即在多大程度上可以决定国家风险的高低。

Shapley 值最早被提出以讨论非策略多人合作对策问题，用以度量局中人对联盟所做的边际贡献（Shapley，1953）。其基本出发点是依据每个人对联盟的边际贡献分配总收益，确保公平性。例如，有五个人参与群决策，一般三人以上通过，则该方案即可通过。但如若决策者 A 地位特殊，只要 A 及任一决策者赞同，该方案也可通过。在这种情况下，决策者 A 的 Shapley 值要高于其他决策者，尽管每个人拥有的选票数相同。甚至在有些情况下，一些成员虽然拥有一定的选票，但其整体影响力为 0，这些成员称为“哑巴”。鉴于此，本节引入 Shapley 值就国家风险不同尺度信息对整体风险的边际贡献之和（全局重要度）进行刻画。Shapley 值的基本定义如下：

$$v_i = \sum_{k=0}^{n-1} \gamma_k \sum_{\substack{K \subset X \setminus x_i \\ |K|=k}} (\mu_{iK} - \mu_K) \tag{3-2}$$

$$\gamma_k = \frac{(n-k-1)!k!}{n!} = \frac{1}{n\begin{pmatrix} n-1 \\ k \end{pmatrix}} \tag{3-3}$$

其中，μ_K 表示定义在上的模糊测度；γ_k 表示集合的势。

本节基于模糊测度计算 Shapley 值。基于整体国家风险序列及三个具体时间尺度序列进行样本训练，引入 Choquet 积分训练得到模糊测度值。Choquet 积分是普通积分和多种模糊积分的扩展延伸，向量相对于模糊测度的 Choquet 积分定义如下（Grabisch，1997）：

$$C_\mu(X) = \sum_{i=1}^{n} [\mu(A_{(i)}) - \mu(A_{(i+1)})] x_{(i)}, \quad i = 1, 2, \cdots, n \tag{3-4}$$

其中，$x_{(1)}, x_{(2)}, \cdots, x_{(n)}$ 表示将原始属性值 $x_1, x_2, \cdots, x_n$ 重新排序后生成的新序列，$x_{(1)} \leqslant x_{(2)} \leqslant \cdots \leqslant x_{(n)}$；$A_{(i)} = \{(i), \cdots, (n)\}$ 表示重新排序后第 i 个到第 n 个属性的集合。本节中 x_1、x_2、x_3 分别表示低频项、高频项、趋势项，重新排序后带入式（3-4）进行运算。

3.3　实 证 分 析

本节首先利用 EMD 算法提取各样本国国家风险的不同尺度序列，进而选取模态特征、波动特征及全局重要度特征对国家风险进行多尺度特征识别与分析。

下面对实证结果进行逐一介绍。

3.3.1 样本与数据

石油作为世界各国的主要战略资源之一，一直是国际经济活动的重要驱动因素。对于石油贸易来讲，资源国国家风险是石油进口区位选择首要考虑的风险要素（Yang et al., 2014）。因此，本节选取 12 个 OPEC 国家为样本国，对其国家风险进行多尺度特征提取。一方面，作为主要石油资源国，OPEC 现已发展成为由亚洲、非洲和拉丁美洲一些主要石油生产国组成的国际性石油组织，其国家风险状况直接影响着国际石油市场变化及石油进口国的能源安全与能源战略。尽可能准确地把握其国家风险状况是石油贸易风险管理中的首要问题。另一方面，OPEC 国家分布于不同地区，文化背景、社会发展、地理环境各不相同，国家风险内在演化规律也不尽相同，确保了样本国家选择的多样性。然而，因国家风险是典型的复杂系统，仅从国家风险整体走势上可获得的信息有限，需要进一步对其内在特征进行分析研究，以有效实现国家分类管理，指导投资贸易实践。

本节以 ICRG 提供的月度综合国家风险分值为数据基础。美国纽约 PRS（Political Risk Services，政治风险服务）集团编制的国际 ICRG 包括了政治、金融和经济三个范畴，以由政治风险、金融风险和经济风险加权合成的综合风险指数来考量该国国家风险的总体状况，其用户包括国际货币基金组织、世界银行、联合国和许多其他国际机构，被称为“其他评级可以参考的标准”（李建平等，2011）。ICRG 综合国家风险分值作为一类特殊且典型的时间序列数据，为国家风险复杂性研究提供了数据来源和建模基础，得到了广泛的认可（Yang et al., 2014; Duyvesteyn et al., 2016）。直接采用国际评级机构发布的国家风险评级数据，在一定程度上避免了复杂的多属性选取过程，同时确保了其权威性及可对比性（Hoti et al., 2007; Sun et al., 2012; Liu et al., 2013; Hammoudeh et al., 2013; 汤铃等，2012）。本节样本数据区间为 1985 年 10 月～2018 年 7 月。ICRG 数值越高，表明国家风险越低，即经济活动受国家层面风险影响而获得损失的可能性越小，具体指标构建详见附表 3。

基于国家风险的整体变化，以各国综合国家风险的均值、中值、最大和最小值、方差等统计量为基础，在 Matlab 中进行系统聚类，依据整体国家风险水平可以将 OPEC 国家分为 3 类，风险由高到低，如图 3-2 所示。第一类国家为国家风险水平最高的国家，包括委内瑞拉，其国家风险值在 48 左右，国家风险值最低，风险程度极高，国家风险波动明显；第二类国家包括伊朗、科威特、利比亚、卡塔尔、沙特阿拉伯、阿联酋，风险值在 60 以上，属于中等风险水平；第三类国家包括阿尔及利亚、安哥拉、厄瓜多尔、伊拉克、尼日利亚，风险值在 68 以上，风险程度比较低。基于各个国家的国家风险直接进行聚类分析，并不能给出异于 ICRG 给出的国家风险等级划分信息。为了深入分析国家风险的国家异质性，有必要获取更多、更细节的国家风险动态性信息。

（a）第一类国家（委内瑞拉）

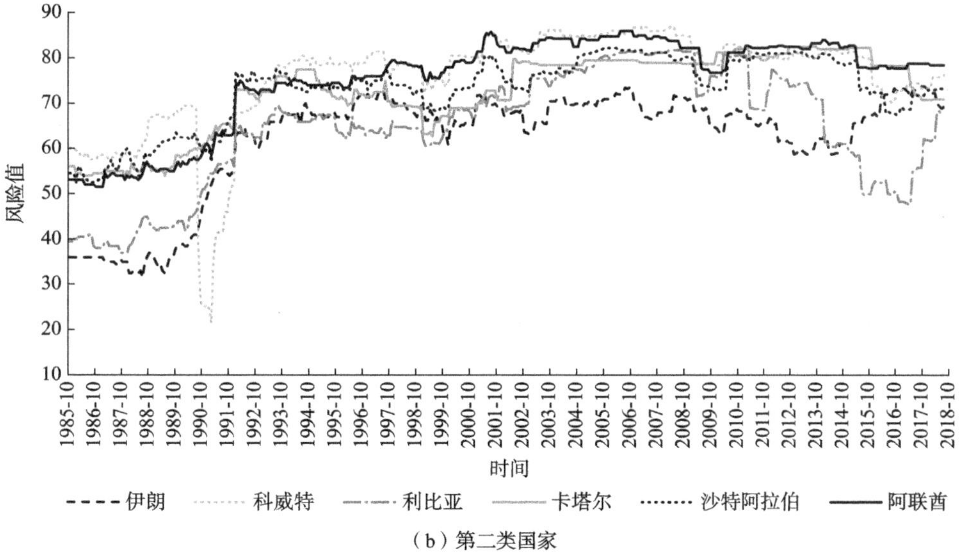

（b）第二类国家

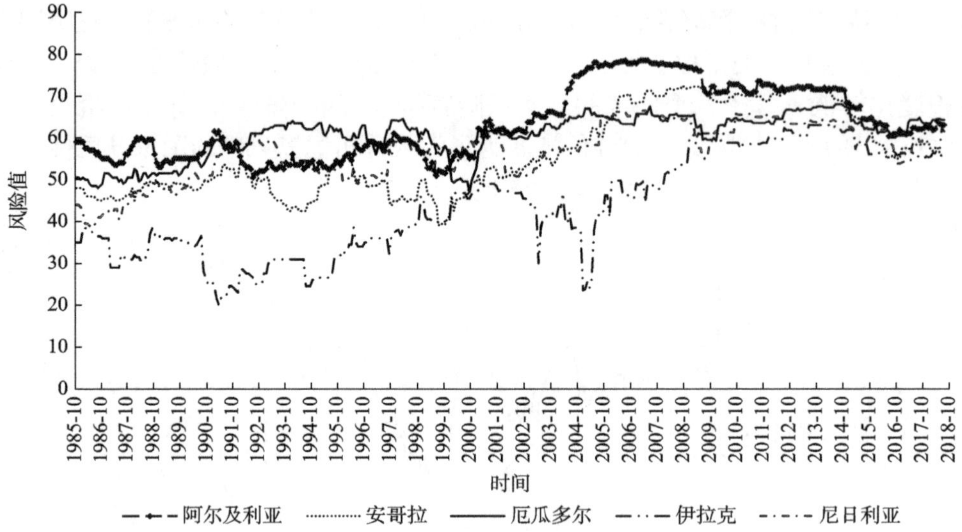

（c）第三类国家

图 3-2 国家风险波动原始序列及统计聚类结果

3.3.2 多尺度分解重构

利用分解算法可以得到 OPEC 国家在有限个时间尺度上的国家风险演化序列，为简化运算并尽可能识别不同尺度的实际含义，进一步将得到的多尺度演化序列重构到高频项、低频项和残差项三类演化序列，分别刻画国家风险在短期波动、中长期脉冲及长期趋势尺度上的演化信息，具体结果如图 3-3 所示。

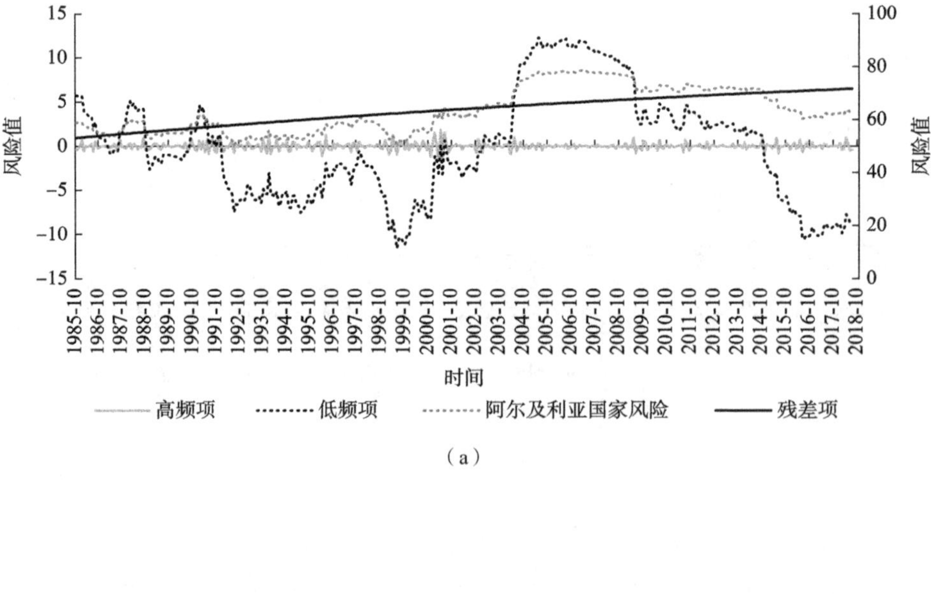

（a）

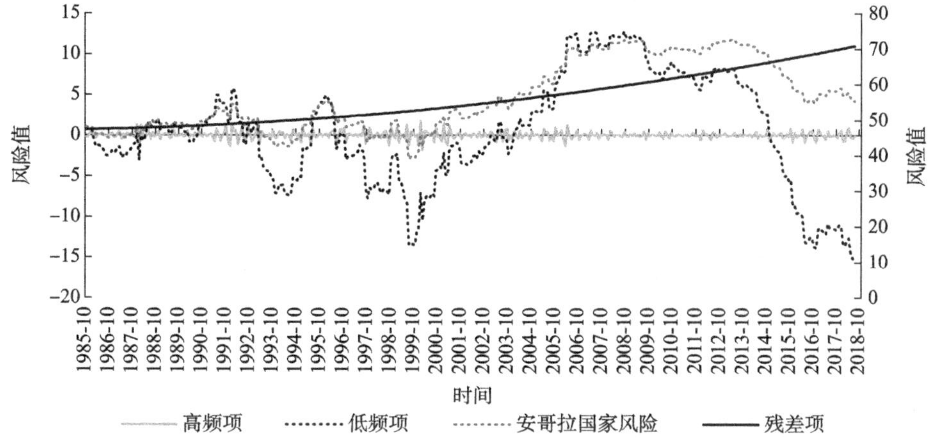
风险值
风险值
时间
高频项
低频项
安哥拉国家风险
残差项

（b）

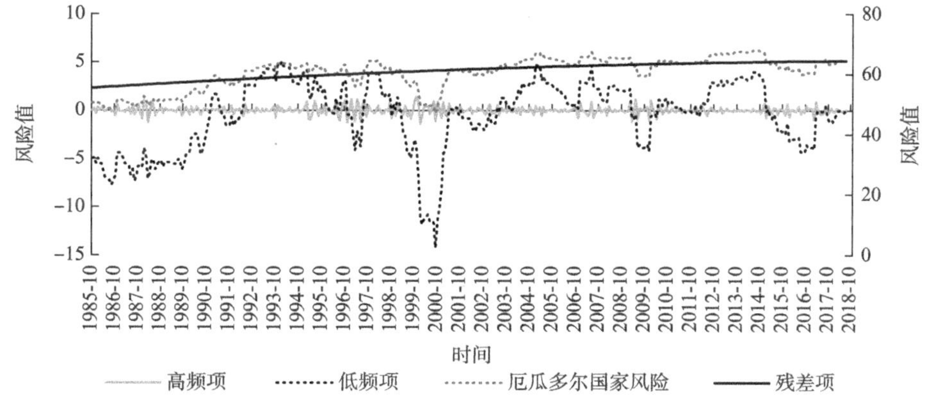
风险值
风险值
时间
高频项
低频项
厄瓜多尔国家风险
残差项

（c）

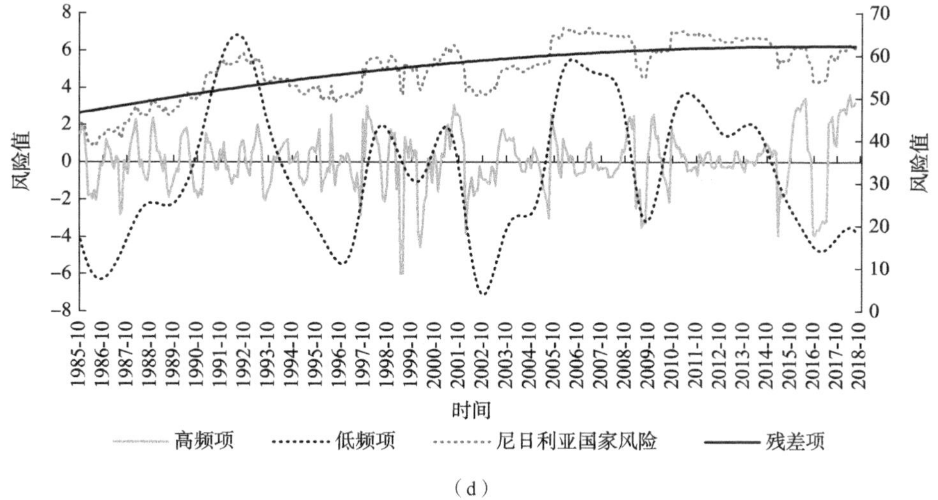
风险值
风险值
时间
高频项
低频项
尼日利亚国家风险
残差项

（d）

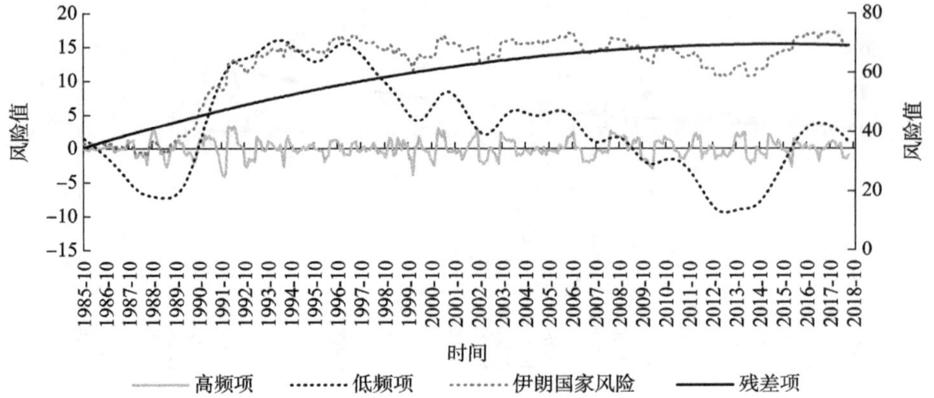
风险值
时间
高频项
低频项
伊朗国家风险
残差项

（e）

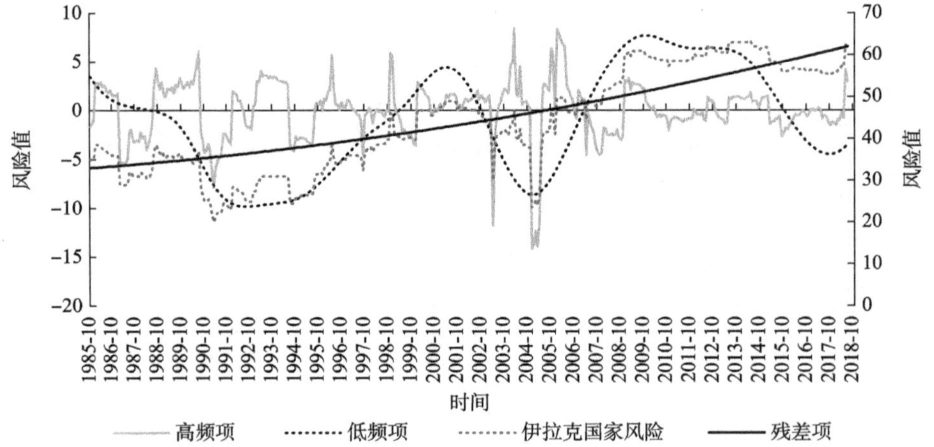
风险值
时间
高频项
低频项
伊拉克国家风险
残差项

（f）

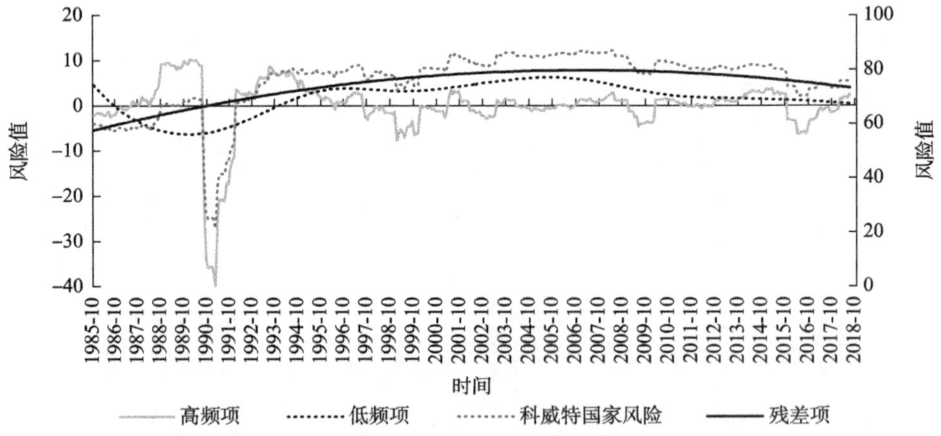
风险值
时间
高频项
低频项
科威特国家风险
残差项

（g）

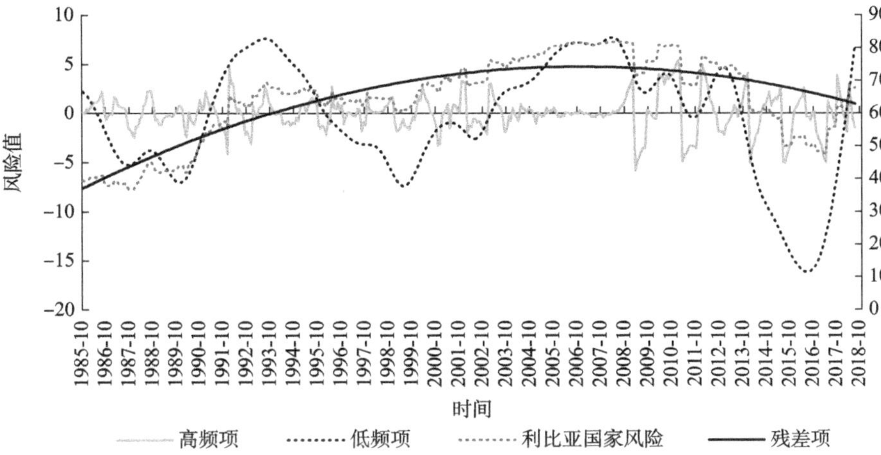
风险值
时间
高频项
低频项
利比亚国家风险
残差项

（h）

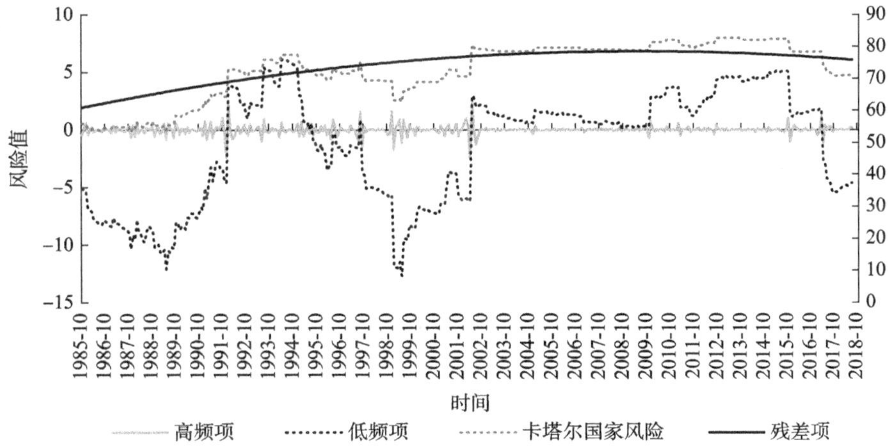
风险值
时间
高频项
低频项
卡塔尔国家风险
残差项

（i）

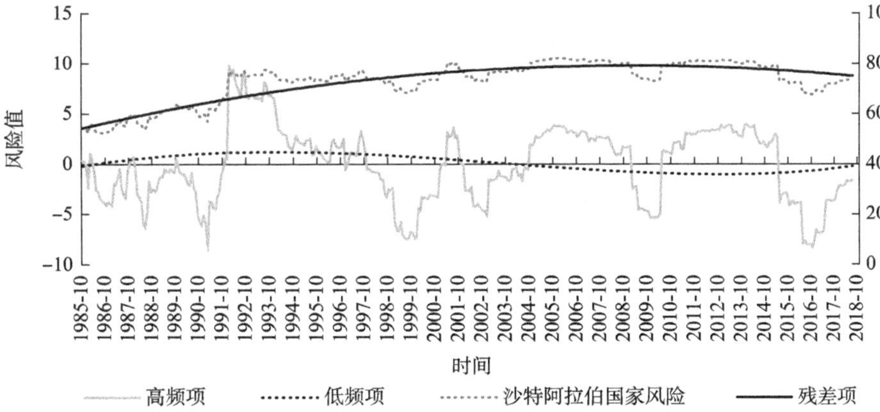
风险值
时间
高频项
低频项
沙特阿拉伯国家风险
残差项

（j）

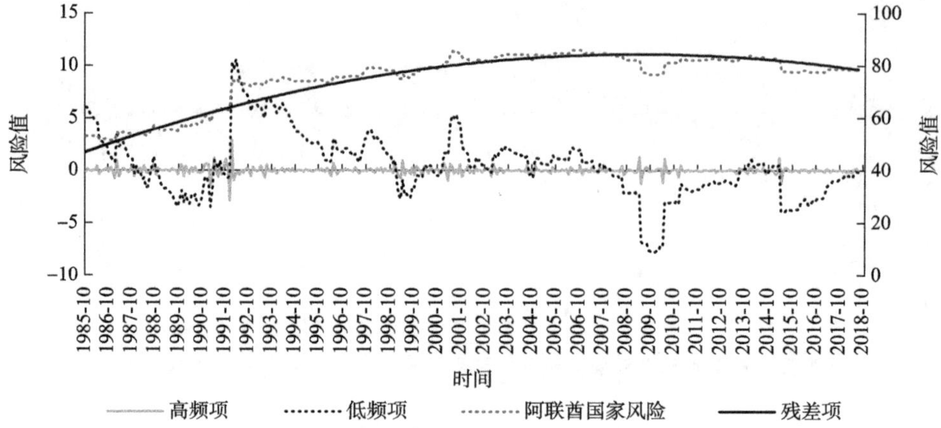

（k）

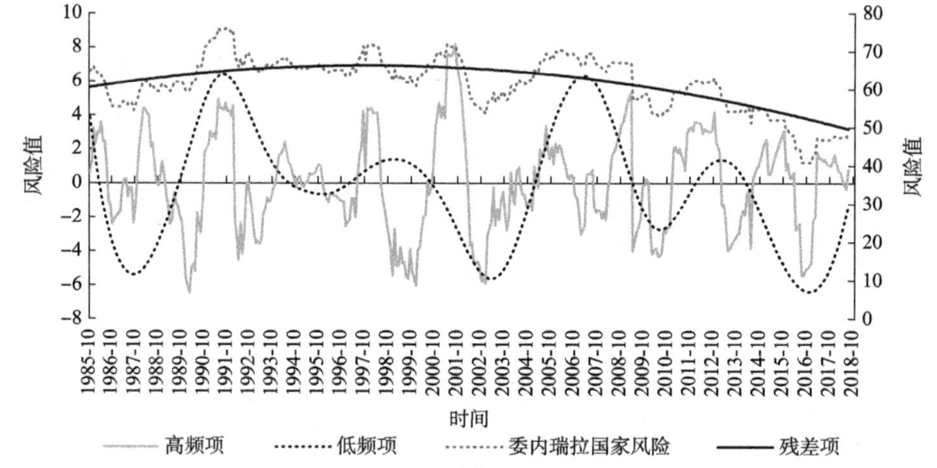

（l）

图 3-3　国家风险多尺度重构

国家风险与残差项均以右纵轴为基准，高频项和低频项以左纵轴为基准

从演化序列数据特征上看，低频项和高频项均值接近于 0。对低频项和高频项分别进行平稳性检验，在 99%的置信水平下，绝大多数国家的高频尺度模态拒绝原假设，不存在单位根，即绝大多数国家的高频项都是围绕 0 上下波动的平稳序列，体现了国家风险的短期随机干扰影响；而低频项不能拒绝原假设，反映了原始序列不平稳的中长期脉冲影响。

残差项体现了去除短期噪声及中长期波动后的长期趋势，均值显著不为 0。可以发现，由于国家异质性的存在，不同国家的国家风险长期趋势演化规律各不相同，大致可以分为两类。第一类国家：国家风险长期来看不断向好，整体风险值单调递增，该类国家包括阿尔及利亚、安哥拉、厄瓜多尔、尼日利亚、伊朗、伊拉克。第二类国家：国家风险呈现倒“U”形演化特征，风险先下降再上升，从残差项来看，有先上升后下降趋势，有些国家下降趋势比较小，该类国家包括科威特、利比亚、卡塔尔、沙特阿拉伯、阿联酋和委内瑞拉。

3.3.3　多尺度特征识别

从波动特征、模态相关性特征及全局重要度特征出发对国家风险多尺度演化序列进行识别，可以根据实际需求依据不同特征对东道国进行国家风险分类管理。基于波动特征和模态相关性特征的 OPEC 国家分类如表 3-1 和表 3-2 所示。可以发现，根据不同国家在 3 个尺度的波动特征和模态相关性特征进行分类的结果基本一致，可以将 12 个 OPEC 国家分为 5 类。

表 3-1　波动特征：方差贡献率

波动特征	A 类	B 类	C 类	D 类							E 类	
	阿联酋	沙特阿拉伯	科威特	尼日利亚	伊拉克	利比亚	委内瑞拉	伊朗	安哥拉	卡塔尔	厄瓜多尔	阿尔及利亚
高频项	0.00	0.21	0.47	0.06	0.08	0.02	0.21	0.01	0.00	0.00	0.01	0.00
低频项	0.08	0.01	0.14	0.34	0.27	0.25	0.30	0.32	0.48	0.49	0.64	0.57
残差项	0.92	0.78	0.40	0.60	0.65	0.72	0.50	0.67	0.51	0.51	0.35	0.43

表 3-2　模态特征：Pearson 相关系数

波动特征	A 类	B 类	C 类	D 类							E 类	
	阿联酋	沙特阿拉伯	科威特	尼日利亚	伊拉克	利比亚	委内瑞拉	伊朗	安哥拉	卡塔尔	厄瓜多尔	阿尔及利亚
高频项	0.04 (0.42)	0.66 (0.00)	0.61 (0.00)	0.29 (0.00)	0.25 (0.00)	0.18 (0.00)	0.42 (0.00)	0.13 (0.01)	0.06 (0.25)	0.05 (0.34)	0.07 (0.15)	0.06 (0.20)
低频项	−0.04 (0.43)	−0.41 (0.00)	0.76 (0.00)	0.67 (0.00)	0.74 (0.00)	0.63 (0.00)	0.74 (0.00)	0.48 (0.00)	0.71 (0.00)	0.89 (0.00)	0.88 (0.00)	0.77 (0.00)
残差项	0.96 (0.00)	0.88 (0.00)	0.78 (0.00)	0.82 (0.00)	0.88 (0.00)	0.87 (0.00)	0.79 (0.00)	0.79 (0.00)	0.73 (0.00)	0.89 (0.00)	0.76 (0.00)	0.70 (0.00)

注：实证过程中，分别计算了各尺度与国家风险原始序列的 Pearson、Spearman、Kendall 相关系数，三种相关系数虽然略有差异，但是反映的模态相关性特征基本一致

A 类如阿联酋。该国的国家风险整体波动由单一尺度主导，即主要受长期趋势影响，其他尺度对国家风险波动的影响程度较小；从模态相关性来看，结果类似。这说明，阿联酋整体国家风险比较稳定，短期波动及中长期脉冲变化不大。

B 类如沙特阿拉伯。该国家的国家风险整体波动主要受长期趋势和短期随机

干扰的共同影响。其中，国家风险变化的长期趋势能够解释原始序列波动的 78% 左右。

C 类如科威特。与沙特阿拉伯类似，科威特的国家风险整体波动受短期随机干扰和长期趋势共同作用。但不同于沙特阿拉伯，科威特的短期波动对国家风险的波动影响更为显著。

D 类包括尼日利亚、伊拉克、利比亚、委内瑞拉、伊朗、安哥拉、卡塔尔。从国家风险波动特征和模态相关性特征来看，该类国家的整体国家风险波动主要受长期趋势与中长期脉冲影响，且长期趋势对整体国家风险波动的影响程度更大。

E 类包括厄瓜多尔、阿尔及利亚。该类国家的整体国家风险波动主要受长期趋势与中长期脉冲影响，且中长期脉冲对整体国家风险波动的影响程度更大。

根据国家风险波动及模态相关性特征可以发现 OPEC 国家的国家风险主要决定尺度如表 3-3 所示。

表 3-3　国家风险波动及模态相关性特征主要决定尺度

国家	第一关联尺度	第二关联尺度
卡塔尔	长期趋势	中长期脉冲
安哥拉	长期趋势	中长期脉冲
阿尔及利亚	中长期脉冲	长期趋势
利比亚	长期趋势	中长期脉冲
伊拉克	长期趋势	中长期脉冲
沙特阿拉伯	长期趋势	短期波动
阿联酋	长期趋势	—
尼日利亚	长期趋势	中长期脉冲
厄瓜多尔	中长期脉冲	长期趋势
科威特	短期波动	长期趋势
伊朗	长期趋势	中长期脉冲
委内瑞拉	长期趋势	中长期脉冲

注：阿联酋以第一关联尺度为主，第二关联尺度影响较微弱，可忽略

综上，通过方差贡献率分析，可以清晰地识别出影响波动特征的关键尺度；但是在对模态相关性进行分析时，虽然也能够提取出影响模态趋势特征的关键尺度，但是不同尺度间的差异并不如波动特征中体现的明显。然而，在国家风险评价过程中，某特定尺度与原始序列相关性最强或者对国家风险变化影响程度最大，并不能认定该尺度最“重要”，因此，本节引入基于模糊测度的 Shapley 值来测算不同尺度对整体国家风险的全局重要度，如表 3-4 所示。

表 3-4　OPEC 国家的国家风险各尺度的 Shapley 值

波动特征	委内瑞拉	厄瓜多尔	伊朗	沙特阿拉伯	阿联酋	卡塔尔	科威特	伊拉克	尼日利亚	利比亚	安哥拉	阿尔及利亚
高频项	0.58	0.67	0.06	0.18	0.17	0.17	0.22	0.24	0.21	0.17	0.17	0.17
低频项	0.12	0.17	0.72	0.18	0.17	0.17	0.06	0.06	0.18	0.26	0.23	0.21
残差项	0.29	0.17	0.22	0.65	0.67	0.67	0.72	0.72	0.61	0.57	0.60	0.62

考虑不同尺度频率在整体国家风险演化过程中可能存在的相互作用，引入 Shapley 值度量不同尺度对于国家风险整体的全局重要度（包括自身重要度及边际重要度），并呈现出不同的规律。委内瑞拉和厄瓜多尔的短期波动对整体风险的“贡献度”最大。不考虑潜在交互作用，对这两个国家而言，中长期脉冲和长期趋势对于国家风险的波动贡献率显著高于短期波动。但短期风险事件对中长期脉冲和长期趋势表现出一定的交互作用，因此综合考虑短期波动单个尺度和与其他尺度的相关性，短期波动表现出最大的全局重要度。伊朗的中长期脉冲则呈现出最大的“贡献度”。

对于 OPEC 国家来讲，国家风险趋势项的 Shapley 值最大，大部分分布在[0.57, 0.72]。不论国家风险在波动和模态特征上主导尺度是什么，趋势项即长期趋势始终对国家风险的“贡献度”最大，且短期波动、中长期脉冲和长期趋势三者的全局重要度相对稳定，体现了国家风险演化的内在一致性。尽管高频项、低频项的 Shapley 值相差不大，但依旧可以根据短期波动和中长期脉冲对国家风险原始序列的全局重要度的相对差异将样本国大致分为三类。

（1）对于沙特阿拉伯、阿联酋、卡塔尔来讲，短期波动和中长期脉冲的“全局重要度”相等。结合表 3-1 和表 3-2 的波动特征和模态相关性特征来看，沙特阿拉伯的国家风险最为关键的尺度是长期趋势，其次是短期波动。卡塔尔最为关键的尺度是长期趋势，其次是中长期脉冲。而阿联酋的多尺度波动及模态相关性特征类似，均主要由长期趋势决定。

（2）对于利比亚、安哥拉和阿尔及利亚来讲，中长期脉冲的“全局重要度”高于短期波动。结合表 3-1 和表 3-2 的波动特征和模态相关性特征来看，尽管长期趋势被识别为安哥拉、阿尔及利亚和利比亚的关键尺度，但相对于短期波动，中长期脉冲对国家风险波动及整体演化模态影响更为明显。综合来看，这一类国家的国家风险动态性相对稳定，主要是由长期趋势和中长期脉冲影响决定的。

（3）对于科威特、伊拉克和尼日利亚，短期波动的“全局重要度”高于中长期脉冲。结合表 3-1 和表 3-2 的波动特征和模态相关性特征来看，短期波动尺度已被识别为科威特的关键尺度，波动特征、模态相关性特征及全局重要度特征呈现出较强的一致性，这意味着国家风险主要是受到短期随机干扰影响，其动态性是极易发生变动的。对于尼日利亚，尽管在模态相关性特征上短期波动与中长期脉冲影响差别不大，但短期波动项对波动特征的影响要显著高于中长期脉冲。对于伊拉克而言，从全局重要度来看，其短期波动同样不容忽视，全局重要度显著高于中长期脉冲，尽管依据其波动特征和模态相关性特征，其中长期脉冲尺度与国家风险整体波动趋势更为接近。

3.4 小　　结

本章基于复杂系统“分而治之”思想，构建国家风险多尺度特征识别框架，从不同尺度深入研究国家风险的动态性特征。引入复杂系统分解重构算法对国家风险进行多尺度的分解重构，得到国家风险在不同尺度上的演化序列。进一步，构建国家风险多尺度特征分析框架，分别对多尺度模态相关性特征、波动特征及全局重要度特征进行刻画。在对国家风险进行多尺度特征识别的基础上，根据实际需求从国家风险不同特征出发对不同国家进行聚类分析，实现了对样本国的分类管理。

对 12 个 OPEC 国家进行多尺度特征提取，得到以下主要结论：相较于直接分析国家风险演化序列，将其进行分解重构可以有效提取其短期波动、中长期脉冲及长期趋势信息，加深对国家风险演化规律的认识。进一步通过深入挖掘国家风险多尺度上的数据特征可以有效实现国家分类管理，不同国家的国家风险关键决定尺度各不相同。依据国家风险多尺度模态相关性特征和波动特征可以将国家分为五类：A 类如阿联酋，国家风险基本模态及波动主要受国家风险长期趋势的影响；其他国家主要受两个尺度共同影响。B 类如沙特阿拉伯，国家风险基本走势及波动变化受两个尺度共同影响，长期趋势辅之以短期波动。而 C 类如科威特主要受短期波动和长期趋势共同作用。D 类如尼日利亚、伊拉克、利比亚、委内瑞拉、伊朗、安哥拉、卡塔尔的国家风险基本走势及波动变化则主要受长期趋势及中长期脉冲影响。E 类如厄瓜多尔和阿尔及利亚同样受长期趋势及中长期脉冲影响，但受中长期脉冲影响更为明显。从不同尺度对国家风险评价的全局重要度来看，除个别国家外，长期趋势仍然是最重要的尺度，且短期波动、中长期脉冲和长期趋势重要性程度相对稳定，体现了国家风险演化的内在一致性。

与以往文献如汤铃等（2012）相比较，本节进一步扩展了多尺度特征识别模式，分别通过方差贡献率、相关系数及 Shapley 值更加全面地刻画序列的波动特征、模态特征及全局重要性特征；由 Shapley 值获得的不同尺度的全局重要度，对于全部样本国呈现出一致且稳定的内在固有特征，再结合各尺度的模态特征和波动特征可以很好地实现样本国国家风险的分类管理。本节内容将国家风险视为复杂系统进行研究，实现了国家风险多尺度信息挖掘，可以有效获取国家风险在时域及频域的演化信息。进一步对不同尺度信息进行特征提取，并据此指导国家分类管理，为更深入地理解国家风险的变化规律及内在影响机理提供了一种新的思路，为国际经济活动中的区位选择及战略决策提供了可参考的分析框架。

第 4 章　国家风险多要素联动分析

4.1　引　　言

国家风险是常见的复杂系统之一，潜在风险要素多，风险要素在不同国家主体之间相互关联，且相关性表现形式多样，如波动溢出、风险传染、风险相依、联动变化等。传统的线性相关系数只能刻画变量间的线性相关关系，而国家层面风险之间的相关关系远非简单的线性相关。因此，线性相关系数已经不能满足复杂国家风险相关性建模的要求。非线性建模方法，如随机游走模型、多元 GARCH 等计量经济模型，现已成为研究复杂系统相互关联、波动溢出效应的主流方向。计量经济模型通常来讲会有一定的先期假设，如要求满足平稳性条件或特定分布等，然而因国家风险是一个复杂系统，风险要素众多且演化规律各异，很难满足特定的分布（姚晓阳等，2015）。以上种种原因都导致计量经济模型在国家风险建模中应用的局限性。

近年来，随着金融物理学的兴起，越来越多的物理学等自然科学理论开始在金融经济复杂系统研究中得到应用，其中信息熵则是得到广泛应用的理论之一。熵最早是由 Clausius 在 1865 年于热力学中提出的，1948 年信息论创始人 Shannon 于 1948 年将熵的概念引入信息论中，信息熵开始在工程和数学中广泛应用（Darbellay and Wuertz，2000）。在信息论中，信息熵刻画一个系统的混乱程度，代表了系统自身的复杂性和不确定性，而信息的基本作用是消除对事物认识的不确定性。因此，从信息可以降低系统不确定性的基本论断出发，基于信息和熵的分析可以对复杂系统内在复杂的非线性关联进行刻画。

互信息熵成为近年来备受关注的非线性相关性测度方法之一。互信息熵以事件的发生概率为基础，度量了一个变量包含在另一变量中信息量的大小，或是已知一个变量时，另一变量的可预测程度（Dionisio et al.，2004）。具体而言，对于变量 X，因为变量 Y 的发生及两者之间的相关性，使其不确定性减少的熵值称为互信息熵，其实质是对两个变量联动性的刻画。现已在图像识别（Pluim et al.，

2003)、文本识别(Church and Hanks，2002)等方面得到了广泛应用。另外，因其可以更加合理且全面地衡量变量间线性和非线性联动关系(Granger et al.，2004)，在金融、经济领域相关性度量中也得到广泛应用(Darbellay and Wuertz，2000；Li et al.，2014b)。互信息熵能够捕捉变量之间完全的相关性，即包括线性相关和非线性相关。与此同时，互信息熵的计算过程不需要任何理论概率分布或者特定的模型假设(Dionisio et al.，2004)，因此兼具实用性及有效性。

鉴于此，本章在“多尺度-多要素-多主体”相关性研究框架下，基于互信息熵构建广义相关系数对国家风险相关性进行多层次分析研究，具体包括：要素间风险相关，政治、经济与金融等关键国家风险要素间在一国内部的相关性；国家间风险要素相关，某一特定国家风险要素在不同国家之间的相关性；国家间风险要素交叉相关，综合国家风险及其关键风险要素在多个国家之间的交叉相关性。为了弥补现有文献在多尺度国家风险相关性研究中的不足，本章基于“分解重构”思想，利用 EMD 算法对国家风险相关性进行“时域-频域”深入研究。

4.2 模型方法

4.2.1 互信息熵原理介绍

信息论创始人 Shannon 于 1948 年将熵的概念引入信息论中。在信息论中，熵代表了不确定性，而信息的基本作用是消除对事物了解的不确定性。信息被定义为离散随机时间的出现概率，用 $I(x_i) = -\log p(x_i)$ 表示某事件所包含的自信息量，在事件发生之前，该统计量表示该事件发生的不确定性；事件发生后，该统计量表征该事件所能提供的信息量(Shannon，1948)。因此，离散型随机变量的不确定性程度可以用信息熵 $H(X) = -\sum_{i=1}^{n} p(x_i)\lg p(x_i)$ 表示，其中 $p(x_i)$ 表示事件 x_i 的发生概率；n 表示变量 X 可能出现的事件个数。对于变量 X，$H(X) > 0$，同时，随着 n 的增加，$H(X)$ 也会不断增大。信息熵具有如下性质(Shannon，1948)：非负性；对称性，对一个系统来讲，改变事件的顺序并不影响信息熵的取值；上凸性，信息熵是事件发生概率的上凸函数；可加性，两个独立系统的总的信息熵等于两个系统的信息熵之和。

根据信息论原理，对于两个变量 X、Y，联合熵定义如下：

$$H(X,Y) = -\sum_{i,j} p(x_i, y_j)\lg p(x_i, y_j) \tag{4-1}$$

为了表示在已知变量 X 的前提下，变量 Y 的信息熵有多大，定义两个变量的条件熵：

$$H(X,Y) = -\sum_{i,j}^{n} p(x_i, y_i)\lg p(y_i | x_i) \tag{4-2}$$

在条件熵与联合熵的基础上，互信息熵定义如下：

$$I(X,Y) = H(X) - H(X,Y) \tag{4-3}$$

互信息熵满足以下性质：

$I(X,Y) = I(Y,X)$，$I(X,X) = H(X)$，$I(X,Y) < H(X)$，$I(X,Y) < H(Y)$。

4.2.2 基于互信息熵的广义相关系数构建

互信息熵满足一个良好的相关性度量指标所需的大多数性质，但 $0 \leqslant I(X,Y) < \infty$，不利于分析比较。因此，对其进行归一化处理构建广义相关系数进行比较分析。考虑到国家风险数据频率较低，可获取数据长度较短的问题，为了扩大样本量，提高互信息熵计算的准确性和可靠性，本节利用从给定训练集中进行有放回的均匀抽样的Bootstrap方法以克服小样本数据问题，而信息熵的对称性保证了Bootstrap方法的适用性。

基于 Bootstrap 方法的广义相关系数计算步骤如下。

（1）对于变量 X、Y，$X = (x_1, x_2, \cdots, x_n)$，$Y = (y_1, y_2, \cdots, y_n)$ 分别表示两个国家的国家风险数据。

（2）对 (X,Y) 利用 Bootstrap 方法成对抽取数据，形成新的样本 (X',Y')。

（3）利用直方图方法计算 (X',Y') 的互信息熵。

（4）重复步骤（2）、步骤（3）N 次，得到互信息熵序列 $(\overline{I}_1, \overline{I}_2, \cdots, \overline{I}_n)$。

对得到的互信息熵序列进行排序，确定显著性水平，得到的置信区间内互信息熵的平均值即最终的互信息熵。

因得到的互信息熵值并非[0, 1]的数值，为了便于比较，对得到的互信息熵进一步进行归一化处理（Granger et al.，2004），得到广义相关系数：

$$\lambda(X,Y) = \sqrt{1 - \exp(-2I(X,Y))} \tag{4-4}$$

综上，广义相关系数既能刻画变量间的线性相关，又能捕捉非线性相关，被视为线性相关系数在非线性领域的扩展，同时其可以有效均衡有效性和简易性，被广泛应用到许多线性相关系数不适用的情形（Moddemeijer，1999）。

4.3　实 证 分 析

4.3.1　样本与数据

作为全球主要的新兴市场，BRICS 过去十几年相较于发达国家，在全球贸易、国外投资及世界金融市场方面所占份额有明显的增长，是世界经济增长的主要动力之一（Liu et al.，2013；Wang et al.，2020；McIver and Kang，2020）。随着国际资本在全球范围内寻找最优资产配置组合，流入 BRICS 的国际资本包括投资、贸易等持续增长（Syriopoulos et al.，2015）。了解 BRICS 国家层面风险运作机制、潜在的相互关联、突发事件及相关应对等对于国际投资者、资产配置者及政策制定者等都有着重要的指导意义。随着 BRICS 合作机制的不断完善与有序落实实施，BRICS 在经济、金融、卫生保健、能源、教育、科学、技术、体育、旅游、反恐、反腐、毒品威胁、信息安全等方面开展了深入的合作，BRICS 在政治、经济、金融等方面联系日益密切，成为新的国际组织登上世界舞台。鉴于此，本节以 BRICS 为实证对象，分析 BRICS 国家风险相关性。

本节选用 ICRG 提供的 1992 年 4 月～2018 年 7 月 BRICS 月度国家风险分值作为试验数据，具体包括政治风险、经济风险和金融风险评级数据，基本统计信息如表 4-1 所示。从 ICRG 综合国家风险等级划分来看中国与南非的平均风险处于低风险水平，而俄罗斯、巴西及印度处于中等风险水平。与此同时，俄罗斯综合国家风险方差非常显著，俄罗斯风险状况很不稳定。就具体风险要素而言，印度与俄罗斯政治风险相对其他国家较高，巴西与南非的金融风险比较高，而五个 BRICS 经济风险平均水平相差不大。

表 4-1　BRICS 政治风险、经济风险、金融风险、综合国家风险基本统计表

国家	风险类别	平均	中位数	方差	峰度	偏度	风险类别	平均	中位数	方差	峰度	偏度
巴西	政治风险	65.57	65.50	6.86	−0.59	−0.11	经济风险	33.63	34.00	13.18	−0.41	−0.55
中国		64.84	66.00	23.70	−0.74	−0.40		39.21	40.00	6.41	5.10	−2.18
印度		60.26	61.00	15.13	1.46	−1.08		33.96	34.50	4.22	1.57	−1.08
俄罗斯		59.68	59.25	33.72	−0.46	−0.36		36.34	38.00	40.96	0.30	−0.92
南非		67.62	67.00	14.62	−0.32	0.67		35.03	35.00	4.36	−0.71	−0.28
巴西	金融风险	35.62	36.00	21.21	−0.08	−0.51	综合国家风险	67.43	67.50	14.79	−0.37	−0.14
中国		44.81	46.00	13.13	1.66	−1.45		74.46	74.25	7.63	−0.18	−0.14
印度		40.75	41.50	10.23	−0.66	−0.63		67.52	68.50	12.84	3.41	−1.57
俄罗斯		38.69	41.75	48.86	−1.04	−0.67		67.43	68.50	62.68	−0.30	−0.56
南非		37.85	38.00	4.41	0.73	−0.70		70.29	69.75	8.60	−0.99	0.38

国家风险不同风险要素的多尺度演化具体如图 4-1～图 4-3 所示，其中高频项（记为 H）蕴含了风险要素的短期波动信息，低频项（记为 L）表示不同风险要素的中长期脉冲，而分解得到的残差项（记为 R）则刻画了风险要素的长期趋势，一般表现为单调函数。

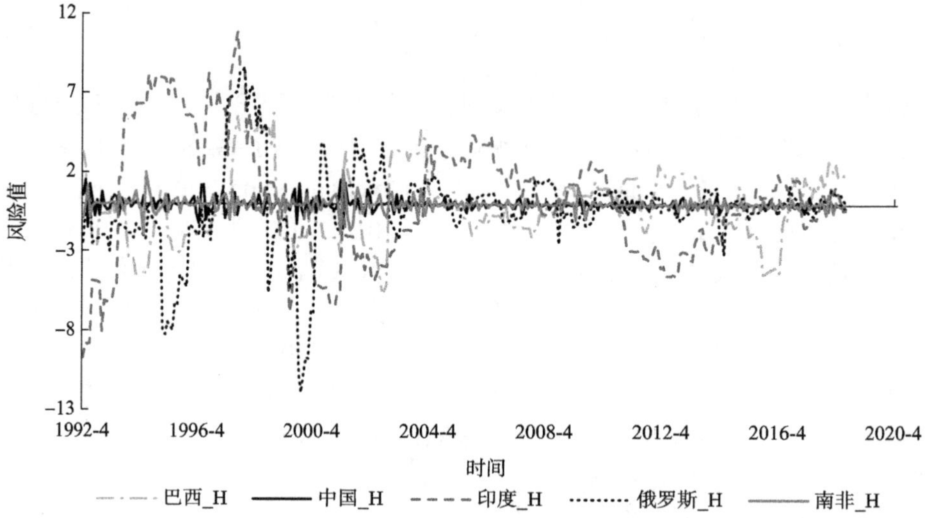

（a）

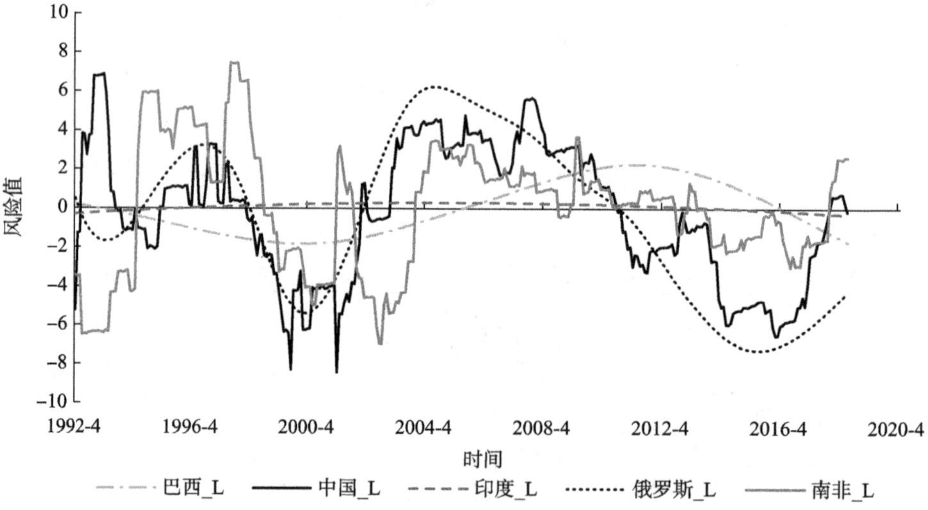

（b）

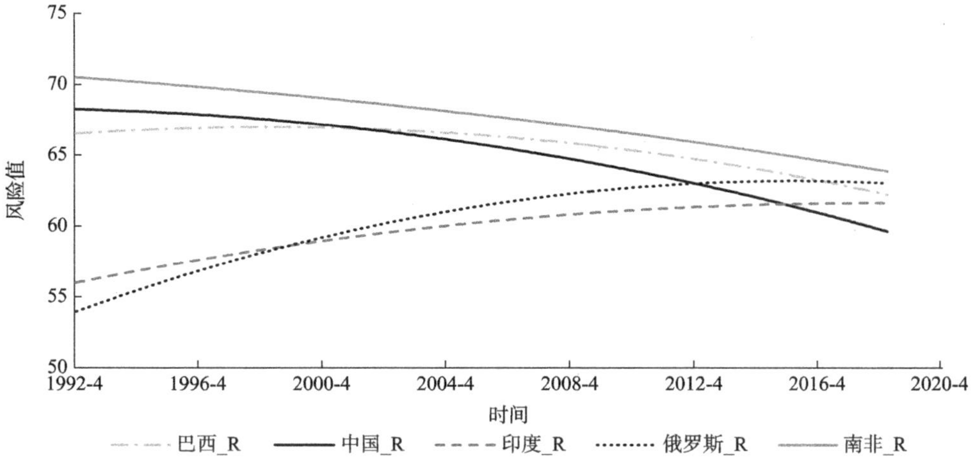

（c）

图 4-1　BRICS 要素风险（政治）走势图

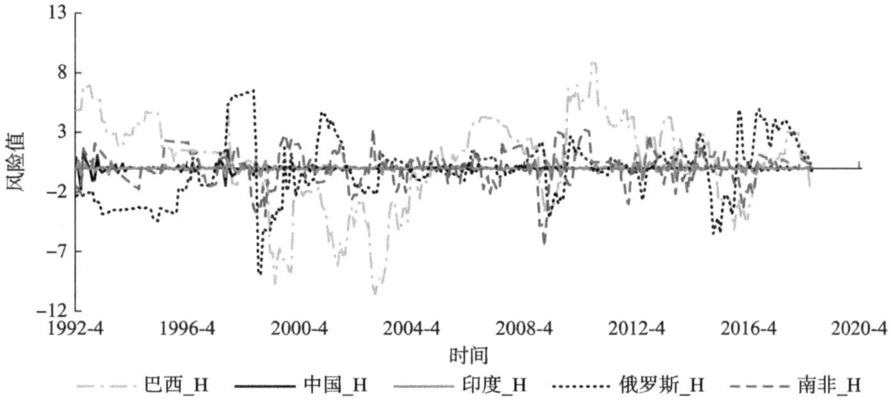

（a）

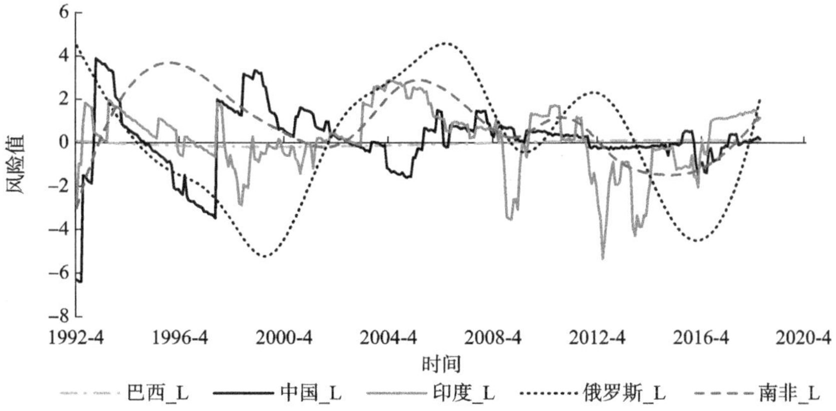

（b）

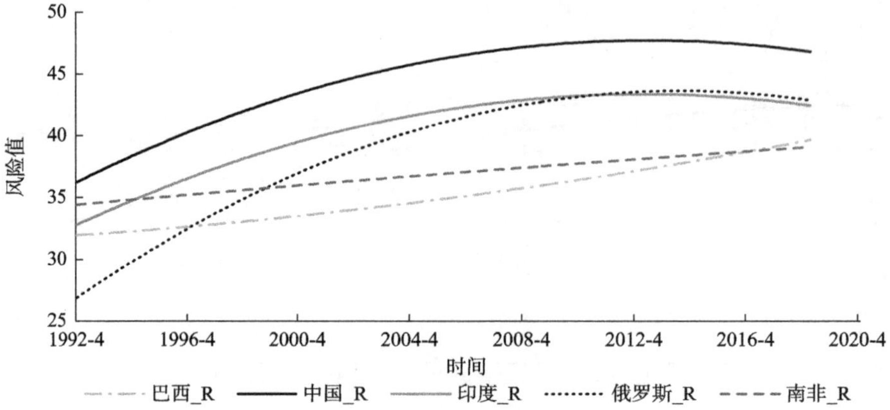

（c）

图 4-2　BRICS 要素风险（经济）走势图

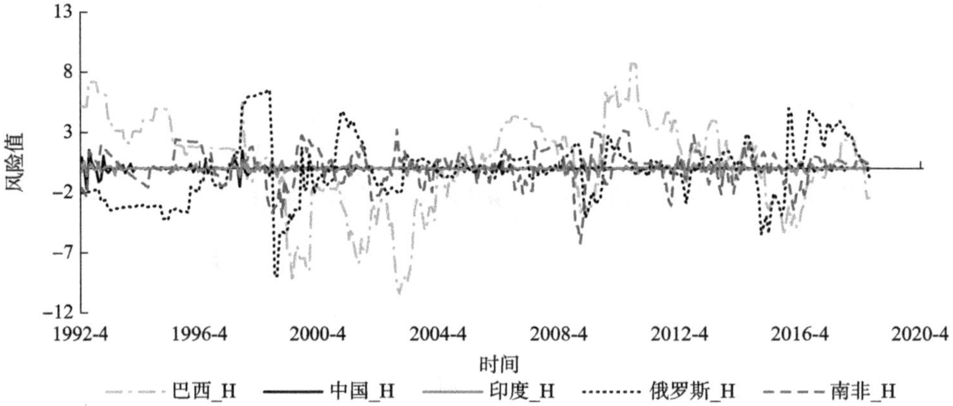

（a）

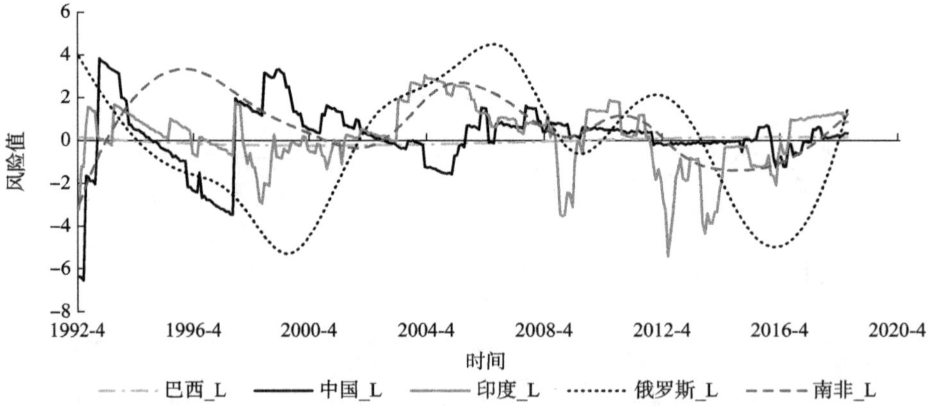

（b）

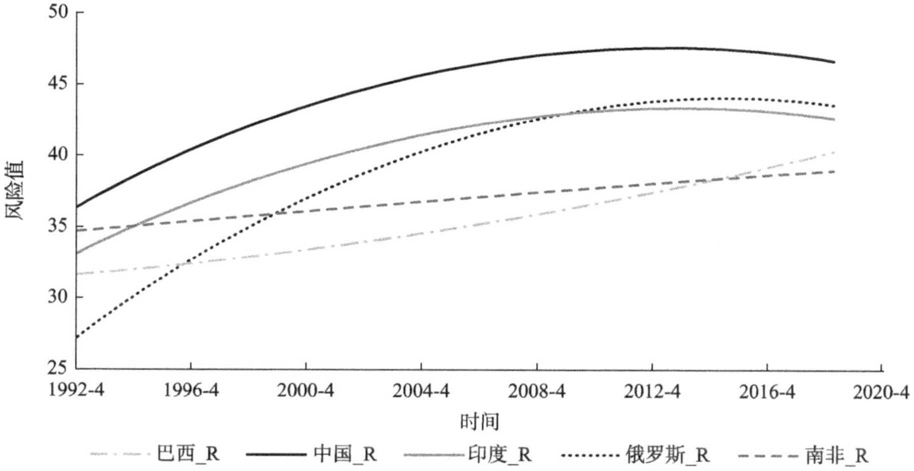

（c）

图 4-3　BRICS 要素风险（金融）走势图

4.3.2　结果分析

本章在“多尺度–多要素–多主体”框架下针对 BRICS 国家风险多要素联动具体开展以下三方面研究。

（1）要素间风险联动：政治、经济与金融等关键国家风险要素间在一国内部的联动性。

（2）国家间风险联动：某一特定国家风险要素在不同国家之间的联动性。

（3）国家间风险交叉联动：综合国家风险及其关键风险要素在多个国家之间的交叉联动性。

1. 要素间风险联动

本节首先考察要素间风险的多尺度相关，具体分析不同时间尺度上 BRICS 多风险要素之间的复杂的联动作用，结果如图 4-4 所示（其中，政治风险简记为 P，经济风险简记为 E，金融风险简记为 F）。基于互信息熵的广义相关系数可以度量变量之间线性或非线性的相关性，实质刻画的是风险联动性。因此对于不同尺度上的风险要素联动，可以发现“长期趋势>中长期脉冲>短期波动”。长期趋势尺度刻画了不同风险要素的长期基本走势。对于一个国家来讲，经济、金融、政治会相互作用、共同演化，长期上会呈现出高度一致性，因此通过互信息熵计算得到的广义相关系数接近于 1。但因国家异质性，不同风险要素之间的广义相关性在短期波动和周期波动尺度上仍有所差异。

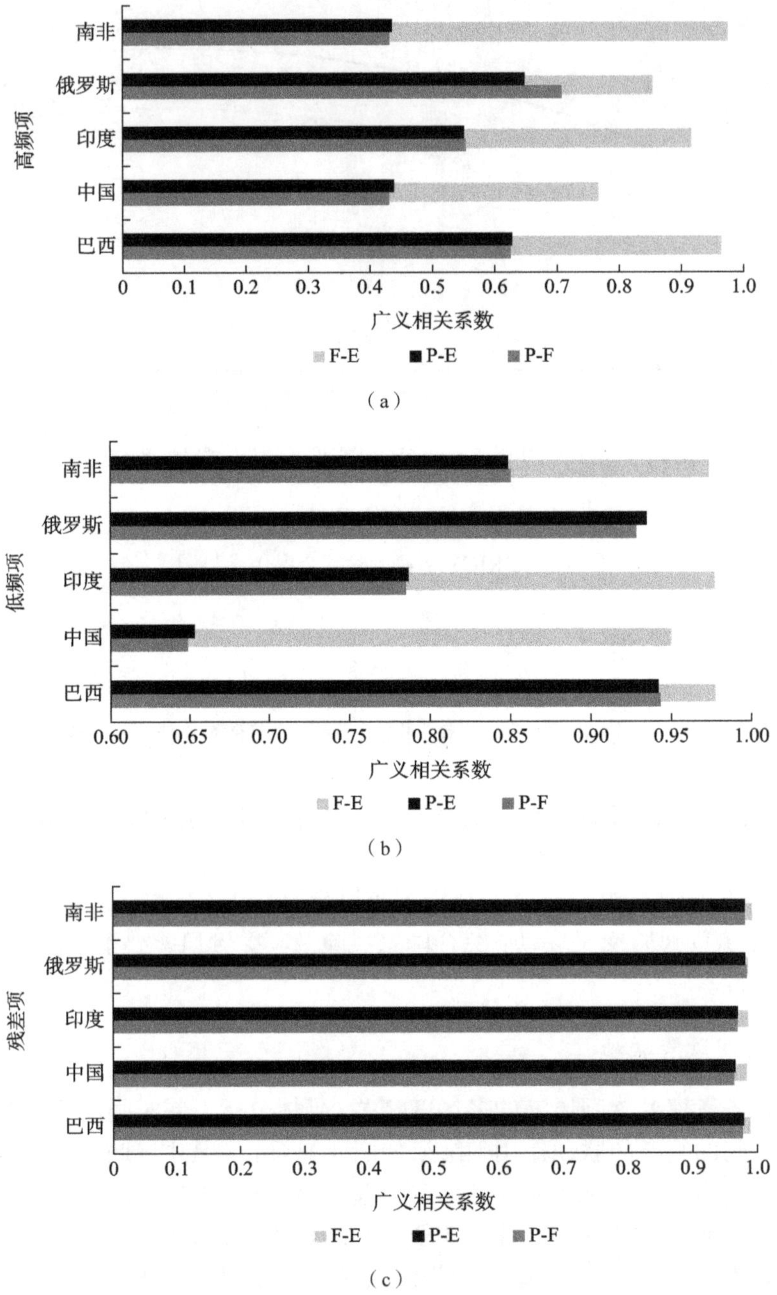

图 4-4　要素间风险联动性度量

从风险要素的短期波动尺度上看，俄罗斯政治风险、金融风险和经济风险之间呈现出比较强的联动。中国的三种风险要素之间的联动程度较弱，相对来讲比较独立。巴西与南非的政治风险与金融风险联动程度较高，在短期波动尺度上而印度的金融风险与经济风险之间联动程度比较高。中长期脉冲尺度上，风险要素之间的联动性整体变化规律与短期波动类似，但联动程度整体比短期波动尺度要高。

2. 国家间风险联动

本节重点考察国家间要素联动，即政治、金融、经济等国家风险要素在不同国家之间的联动。与同一国家主体内不同风险要素联动类似，多国家主体间的风险联动性同样呈现出显著的多尺度性，政治风险、经济风险、金融风险在不同尺度上的跨国联动均呈现出以下特征："长期趋势>中长期脉冲>短期波动"（图 4-5～图 4-7）。

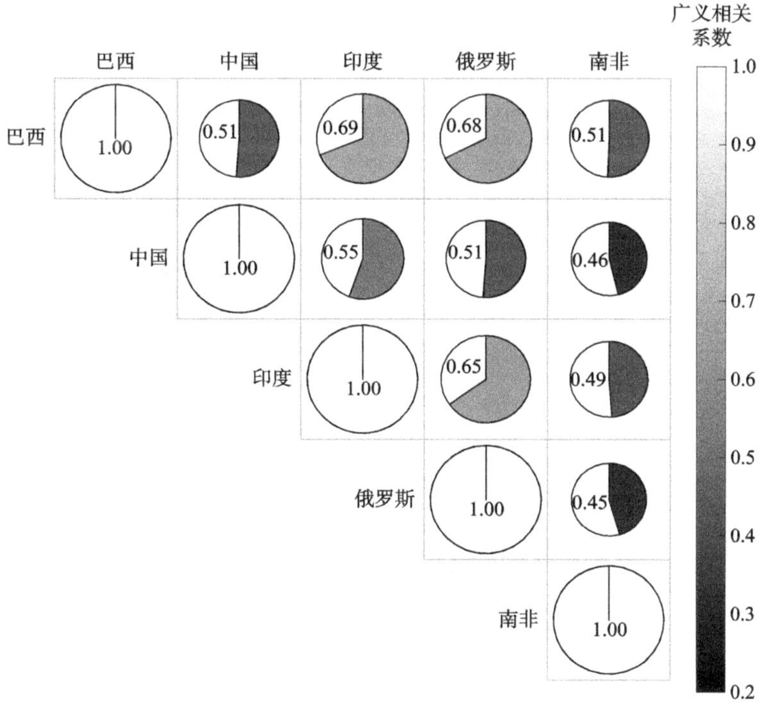

（a）短期波动

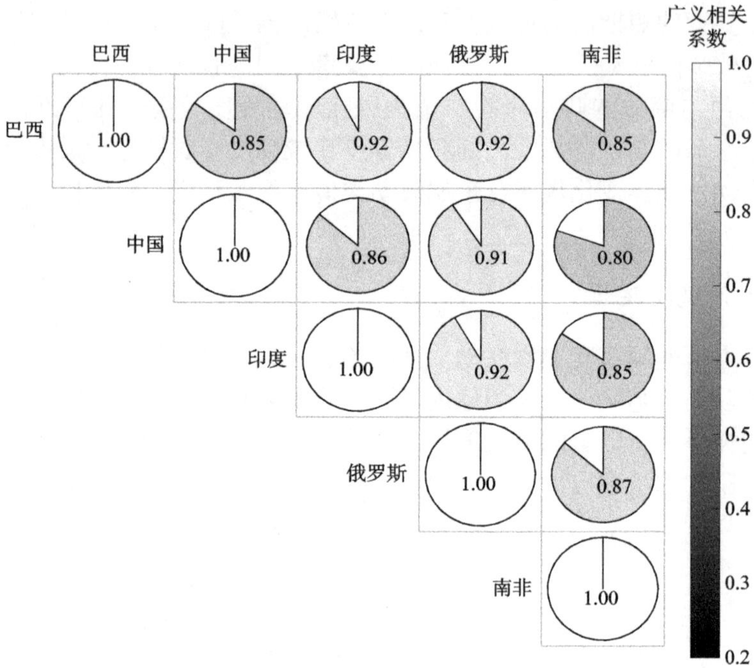

（b）中长期脉冲

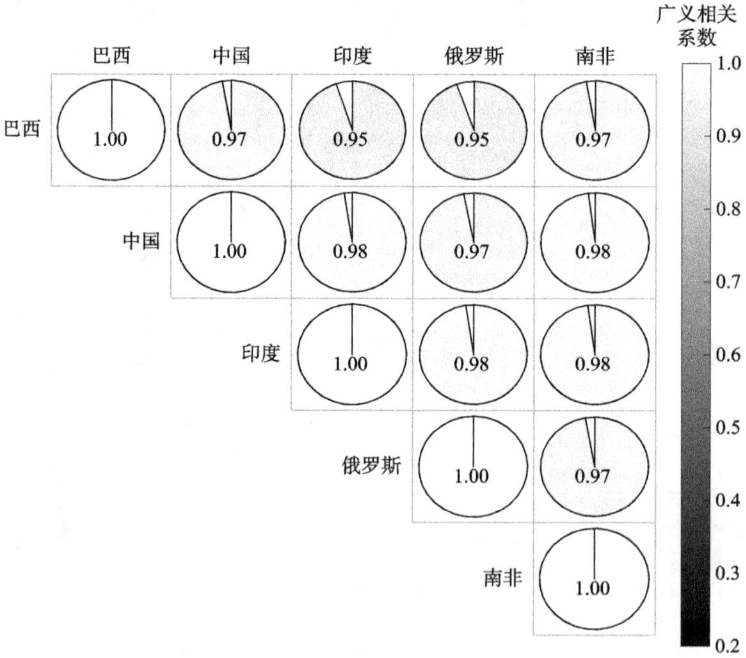

（c）长期趋势

图 4-5　国家间政治风险联动

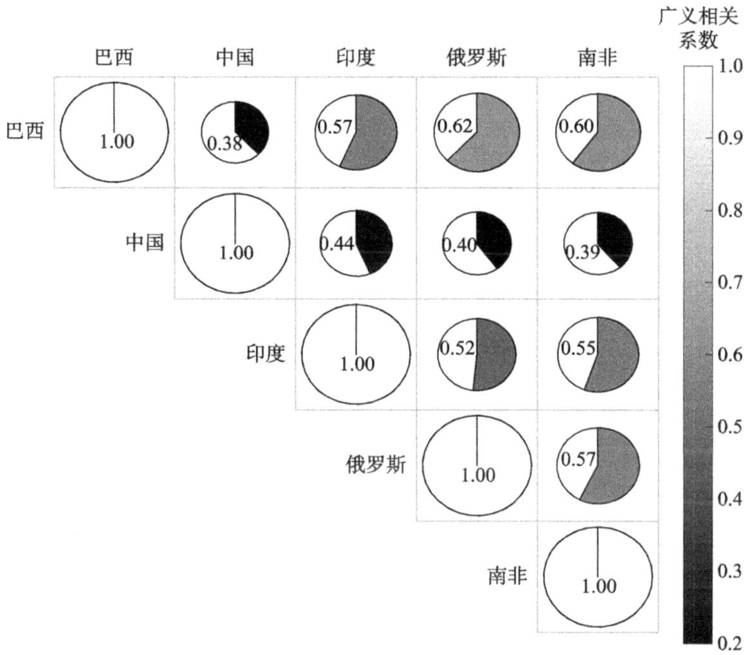

（a）短期波动

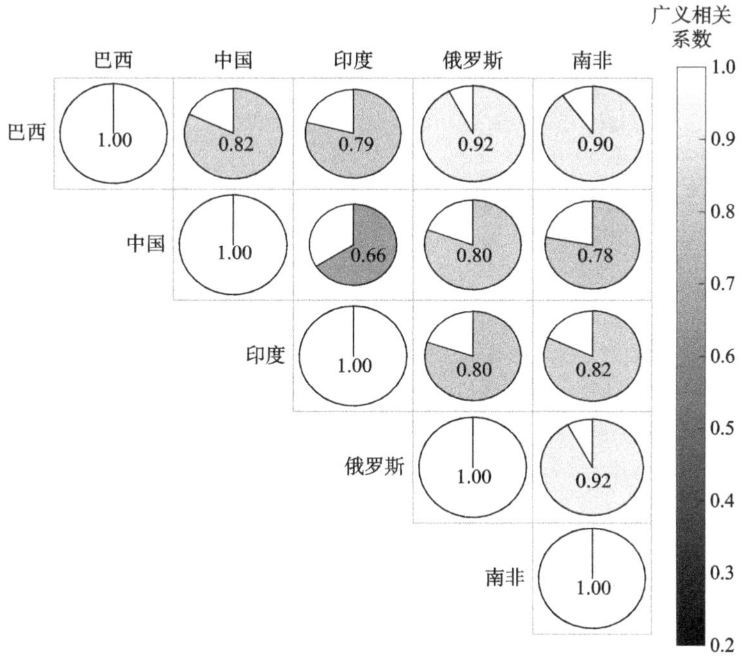

（b）中长期脉冲

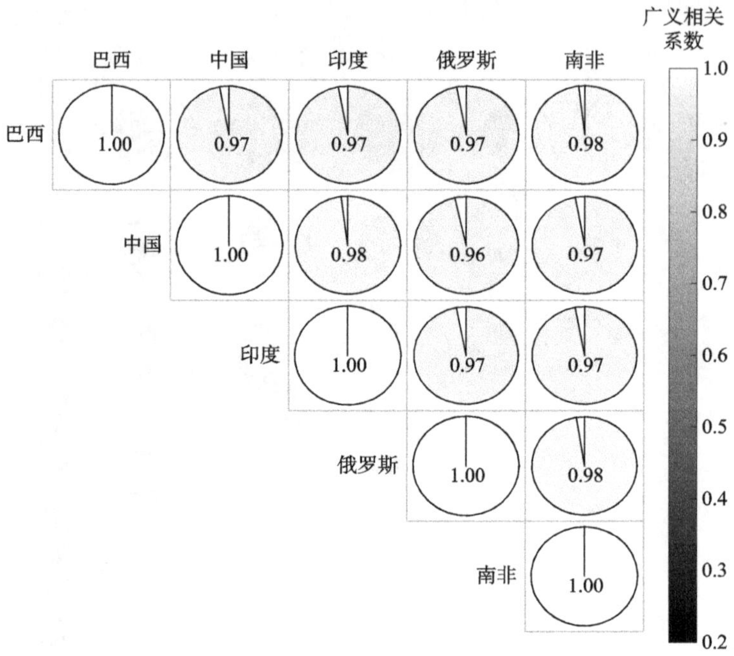

（c）长期趋势

图 4-6　国家间金融风险联动

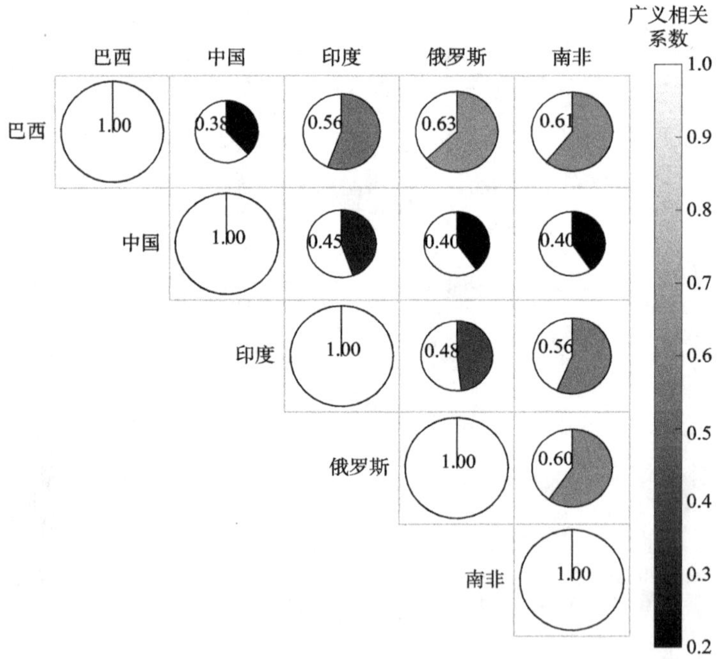

（a）短期波动

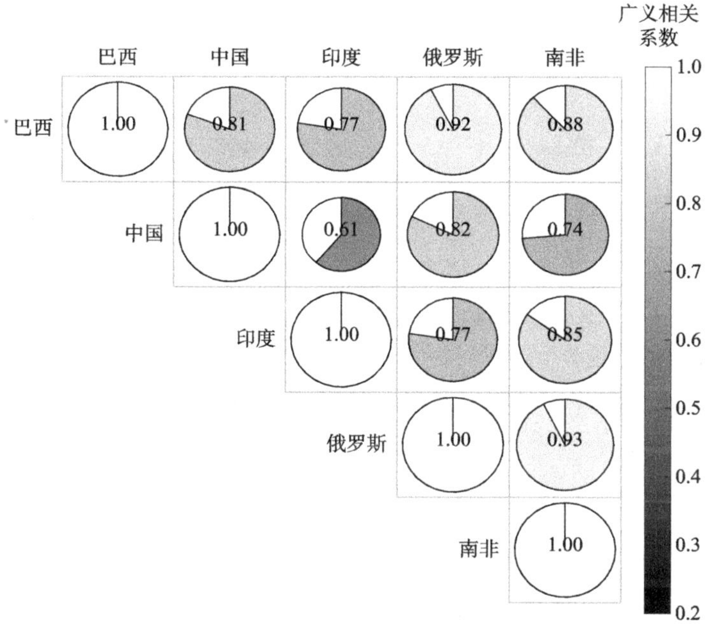

（b）中长期脉冲

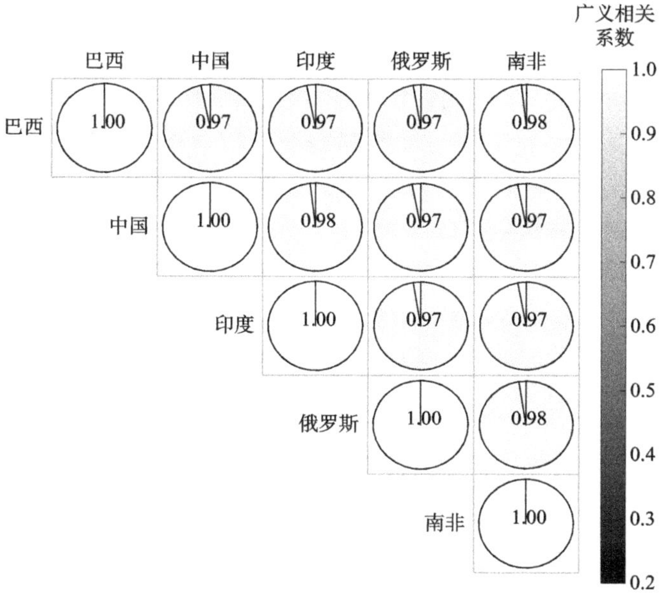

（c）长期趋势

图 4-7　国家间经济风险联动

在风险要素短期波动层面，BRICS 政治风险的跨国联动性相对于经济风险及金融风险而言更加显著。随着 BRICS 合作机制的建立，近年来 BRICS 逐渐加深政治合作。在国际格局变化和经济秩序调整的今天，BRICS 已成为推动世界多极化的重要力量之一，彼此间不断将政治意愿化为实际行动，导致政治风险联动性相对显著。中国与其他国家政治风险联动性相差不大。俄罗斯与巴西、印度等国的联动性则相对明显，南非与其他四个国家在政治风险短期波动上联动程度略低。

相较于政治风险，BRICS 间金融风险联动性程度略低，尤其在短期波动尺度上。一方面，虽然 BRICS 在政治、经济领域合作不断深入，受限于国内不够发达的金融市场及不够成熟的货币调控等，BRICS 金融市场开放程度并不高。因此尽管 BRICS 发展速度很快，但是金融联系仍然比较薄弱，彼此之间的证券投资几乎可以忽略不计。尤其在 2008 年国际金融危机后，各国国际金融活动进一步萎缩，对本国金融市场监管力度进一步加强，金融市场相对来讲更加独立。另一方面，BRICS 在外交、地缘政治、国内经济金融发展和开放等方面利益不尽相同，因此仍未在金融事务上形成统一诉求，也影响其话语权的增强。值得注意的是，中国与其他国家的金融风险联动程度最为不显著。

BRICS 间经济贸易关系不断深化，经济风险呈现出不同程度的联动性。开放经济下国家之间的经济出现联动或协动性主要可以归纳为以下三个方面：面临共同外部冲击，国家间紧密的经贸联系，经济结构、政策的相似性（贺书锋，2010）。20 世纪 90 年代以来，BRICS 的外贸依存度在波动中呈现出上升趋势，市场开放程度不断加深，受世界经济波动等外部冲击的影响程度日益提高，进而体现出比较显著的联动性，尤其是在中低频尺度上（短期波动和中长期脉冲）。另外，日益密切的经济、贸易联系也为 BRICS 间风险联动提供了潜在的渠道。与金融风险类似，中国与其他四个 BRICS 的金融风险短期联动性仍处于相对较低的水平，经济风险联动在短期波动尺度上明显低于政治风险联动性，尤其是中国与印度在短期波动及中长期脉冲尺度上联动性都比较弱。由此可以看出，目前中国与 BRICS 的合作更多地体现在政治风险上，金融和经济领域相对独立，有进一步合作的潜力。

3. 国家间风险交叉联动

本小节主要分析国家间风险交叉联动即国家风险要素在多个国家之间的交叉联动性，此处以中国和俄罗斯为例，三种风险要素在短期波动及中长期脉冲尺度上的交叉联动性如图 4-8 所示。

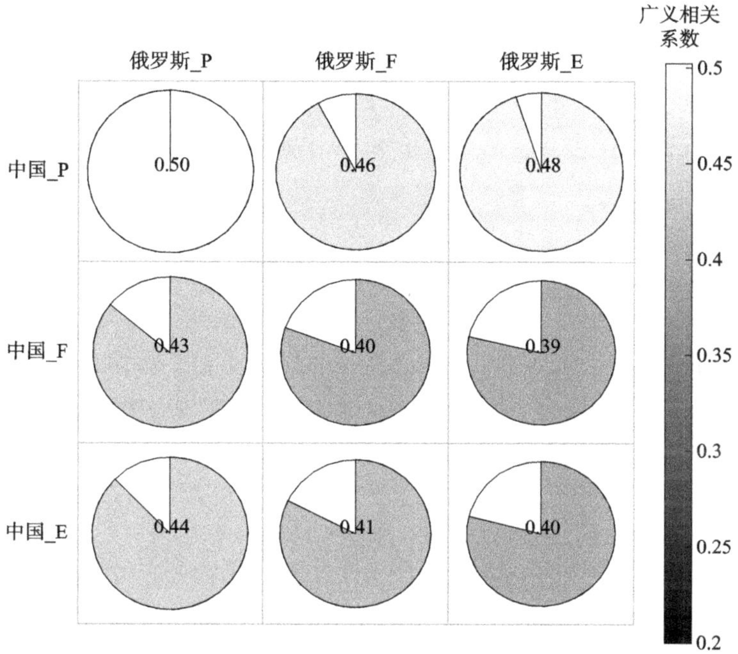

（a）短期波动

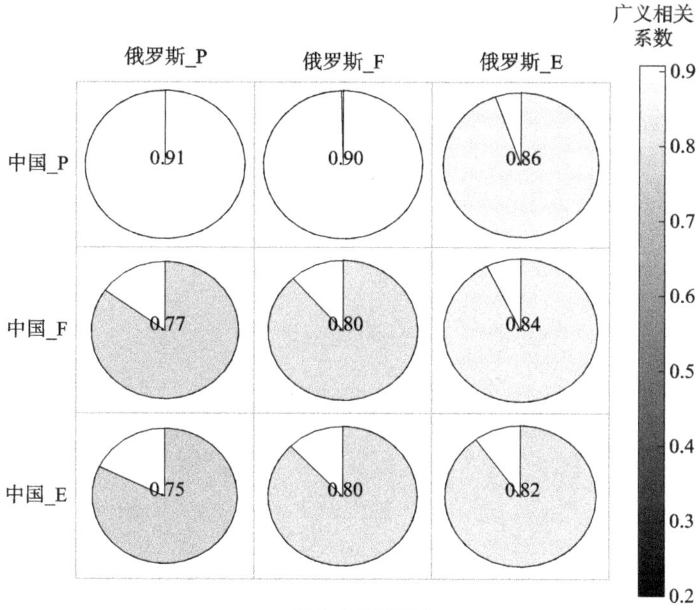

（b）中长期脉冲

图 4-8　中国与俄罗斯风险交叉联动：短期波动尺度与中长期脉冲尺度

从短期波动尺度来看，中国政治风险与俄罗斯政治、经济及金融风险联动性强，而金融风险与俄罗斯三种风险要素联动性弱，尤其是与俄罗斯的经济风险联动性最低。可以发现，中国与俄罗斯发展战略上高度合作互信，两国政治关联密切，但经济、金融联系仍然比较薄弱。从中长期脉冲尺度来看，中国与俄罗斯风险要素之间联动性均比较强，两国之间的政治风险联动性仍然是最显著的。

4.4 小　结

本章利用信息熵理论构建广义相关系数并对国家风险联动性进行建模。不同于传统非线性计量经济模型，基于互信息熵对风险间联动性进行建模无须对原始风险概率分布进行任何假设，且可以满足不同频率及样本量数据的需求。

作为当今世界经济增长的主要动力之一，BRICS逐渐引起广大国际投资者的广泛关注与重视。随着BRICS之间经济、政治、金融各领域合作的不断深化，BRICS之间关联性不断增强，国家层面风险的多米诺骨牌效应日益明显。鉴于此，基于政治、经济、金融及综合国家风险数据，选取BRICS进行实证分析，探讨“多尺度-多要素-多主体”框架下的国家风险联动性，具体分析了要素间风险联动、国家间风险联动及国家间风险交叉联动。主要结论如下：从不同尺度层面看，国家风险联动性呈现出显著的多尺度特征，长期趋势尺度风险联动性最强，其次为中长期脉冲尺度，短期波动上风险联动性相对较弱。从多主体、多要素层面看，BRICS间政治风险关联性最为显著，经济风险与金融风险国家间联动性相对较弱。综合来看，BRICS目前政治互信程度高，经贸联系日益密切，但受国内金融市场发展等因素制约，BRICS间金融风险关联性比较薄弱，相对比较独立。研究结果有助于国际投资者防范源于国家层面的风险关联损失。

第 5 章　国家风险多主体传导研究

5.1　引　　言

经济全球化形成的国际产业链条已将世界各国紧密联系在一起，在全球范围内配置资源、共享收益，各国联系越来越紧密，因此风险暴露也呈现出一定的相关性及转移传染性。自金融危机、欧洲债务危机及“阿拉伯之春”接连爆发后，国家风险的跨国相关性分析成为学术界及业界的关注热点之一。

现有多国家主体风险相关主要集中在两个方面。一方面直接关注具体潜在风险要素之间的跨国相关性，考察其溢出（Forbes and Rigobon，2002；Asgharian and Nossman，2011；Asgharian et al.，2013；马旭平等，2019；Wang et al.，2020）、联动（Tamakoshi and Hamori，2014；孙晓蕾等，2014）、传导（Yang et al.，2006；Batten et al.，2017）等相关性。另一方面，随着全球或区域范围内金融危机、次贷危机等的爆发，危机传染成为新的研究热点。在危机传染理论中，传染发生一般被视为在特定时期不同风险要素之间联动关系的突然增大或缩小，即相关性发生结构性变化（Gregorio，2005；Suh，2015）。这种界定的本质仍然是变量间的相互依存、共同联动，并无法识别出风险传导方向。

除了联动发生结构突变这种表现形式外，Wiener（1956）指出，一个变量过去的信息如果有助于另一个变量未来的预测，则认为这两个变量之间存在一定的信息流动，即存在一定的相关性。Eichengreen 等（1996）认为，如果一个变量的波动会增大另一个变量发生大幅波动的概率，不管对于第二个变量来讲波动有无实际发生，第一个变量信息已经降低了第二个变量未来波动的不确定性。信息论中的转移熵可以有效刻画复杂系统的这种信息流动，因此，本章引入信息论中的转移熵对国家风险在多国家主体之间的转移传染进行建模，将国家风险相关性研究从风险联动进一步延伸扩展，测度国家风险在多国家主体之间的传导，并识别国家风险传染路径与传染网络动力学特征。

信息论中的互信息熵可以有效度量国家风险之间因共有信息而导致的联动

性，可以刻画联动性强弱，但无法识别相关性方向。鉴于此，Schreiber（2000）提出转移熵用以度量复杂系统不同子系统之间在多大程度上会产生信息流动。相较于传统计量经济模型方法，转移熵有以下特点：信息熵有完善的理论基础，无须对原始变量分布或之间的相互关联做任何假设。这也使得转移熵可以有效识别变量之间线性、非线性的关联关系（Montalto et al.，2014）。转移熵提出了一种新的、从信息传递的角度出发度量变量间的复杂关联，已经成为复杂系统研究中常用的非线性方法之一，在经济金融问题中得到广泛的应用，如研究不同金融市场指数（Marschinski and Kantz，2002）、欧盟财政政策（Dima et al.，2014）、股票市场（Daugherty and Jithendranathan，2015；Yang et al.，2016）等之间的信息流动。

综上，本章从复杂系统信息流动的角度出发，引入转移熵对国家风险的多主体相关性，即对国家风险跨国传导进行建模分析。本章重点关注政治风险在多国家主体间的传导。政治风险在一定程度上表征了一个国家主权突然改变"游戏规则"的风险（Butler and Joaquin，1998），如政策变动风险、征收风险、暴力风险等。考虑到政治风险诱因演化的多尺度特征，进一步基于 EMD 算法构建区域政治风险多尺度传导网络，区分政治风险信息传导过程中不同时间尺度下的"驱动者"及"跟随者"角色，识别区域性重要国家。转移熵及 EMD 算法均无须预设任何模型，且可以处理非线性数据，确保了方法的适用性。

5.2　模型方法

5.2.1　转移熵基础知识介绍

Schreiber（2000）提出转移熵的概念用来度量系统中变量间的信息传导或信息流动。转移熵实质上是两个概率分布之间的香农熵的差值，度量了变量 X 的过去状态中包含的对判断变量 Y 现在状态有用的信息，而这些信息并不能由变量 Y 自身的过去状态所获得。假设两个时间序列变量 X_n 和 Y_n，$X_n^- = \left[X_{n-1}^-, X_{n-2}^-, \cdots\right]$，$Y_n^- = \left[Y_{n-1}^-, Y_{n-2}^-, \cdots\right]$ 分别表示两个变量的过去状态向量。从变量 X 到变量 Y 的转移熵 $T_{X \to Y}$ 可以由以下条件概率进行定义：

$$T_{X \to Y} = \sum P(Y_n, Y_n^-, X_n^-) \lg \frac{P(Y_n | Y_n^-, X_n^-)}{P(Y_n | Y_n^-)} \tag{5-1}$$

信息熵越大，表明从变量 X 到变量 Y 的信息传导越多，即变量 X 对变量 Y 的影响更为明显。在信息熵度量过程中，最重要的两个问题：如何度量概率密度函数？如何确定有限维过去状态变量？

（1）如何度量概率密度函数？

本节中采用经典分区估计（classic binning estimator，BIN）方法对概率密度函数进行估计。通过粗粒化过程将原始序列转化为有限状态构成的序列，并将整体区间划分为 ξ 个等值区间，进而通过计算区间内不同状态的出现频率估计概率（Hlaváčková-Schindler et al.，2007）。然而，在概率拟合的准确性与实际计算复杂度之间需要进行一定的权衡。理论上讲，随着区间分段个数 ξ 无限逼近无穷，所估计的转移熵会越准确，但计算成本会快速提升。因此，为了权衡准确性及计算的复杂度，分段区间个数一般定为 $(N/4)^{1/3}$（Li et al.，2013），其中 N 为整体样本量。

（2）如何确定有限维过去状态变量？

该问题的关键即如何构建最优的过去状态向量 $V^*=[V_n^{Y*},V_n^{X*}]$，而状态变量由对现在状态产生显著影响的状态构成。一旦 V^* 确定，转移熵则很容易进行度量。确认最优状态向量主要有两种方法。

一致性嵌入方法。一致性嵌入方法是目前普遍采用的方法。嵌入维度预先确定，如 $V_n^Y=[Y_{n-m},Y_{n-2m},\cdots,Y_{n-dm}]$ 中嵌入滞后期 m 及嵌入维数 d 直接根据专家意见主观判断，且适用于所有变量。但是利用该方法构建的过去状态向量可能存在一定的信息冗余，进而会带来过度拟合或是对影响的错误识别（Vlachos and Kugiumtzis，2010）。因此，采用该方法得到的转移熵在实际应用中需要进一步进行显著性检验，但检验过程复杂且随不同模型变化。

非一致性嵌入方法。相比于一致性嵌入方法，非一致性嵌入方法实质上是一种递进的选择过程。最大滞后期内的过去状态变量组成候选集合，每一步通过最大化对变量 Y 的解释力，从候选集合中选取过去的状态信息并加入状态变量，通过递进选择过程，最终的状态向量 $V=[V_n^Y,V_n^X]$ 仅包含对变量 Y 当前状态有显著影响的状态。这种递进选择过程的基本准则即最大化相关性、最小化冗余性。根据该准则度量的转移熵无须再进行显著性检验，因为在筛选过程中，仅保留对当前状态有显著影响的过去状态。具体递进选择流程如下（Montalto et al.，2014）。

步骤 1：给定初始备选集合 $\mathrm{MC}=\left[X_{n-1},\cdots,X_{n-l_X},Y_{n-1},\cdots,Y_{n-l_Y}\right]$，其中 l_X，l_Y 分别代表变量 X 和变量 Y 的最大滞后阶数。

步骤 2：设置空集嵌入向量 $V_n^{(0)}$，开始进行第 k 次循环，k 从 1 遍历到集合 MC 中的变量数目 num$C$。在第 k 次循环中，已经有 $k-1$ 个可能的备选项包含在向

量 $V_n^{(k-1)}$ 中，接下来添加 MC 中第 i 个备选项 $W_n^{(i)}$ ，存入临时变量 $V_n' = \left[W_n^{(i)} V_n^{(k-1)}\right]$ 。

计算 Y_n 和 V_n' 之间的互信息熵。

步骤 3：在所有 $W_n^{(i)}$ 中，选择最大化互信息熵的 $\hat{W}_n$ 。

步骤 4：如果 $\hat{W}_n$ 满足如下所述的显著性检验，则将其加入备选向量 $V_n^{(k)} = \left[\hat{W}_n V_n^{(k-1)}\right]$ 中，并将其由 MC 中删除，设 $k = k+1$ 。否则，设 $k = \text{num}C + 1$ ，且 $V = V_n^{(k-1)}$ 。

步骤 5：一旦向量 V 被识别，转移熵即可根据定义进行度量。

在步骤 4 中，备选项的显著性通过比较目标变量 Y_n 与 k−1 次迭代 $\hat{W}_n$ 之间的条件互信息 $I(Y_n;\hat{W}_n | V_n^{(k-1)})$ ，而对照分布则由随机过程计算获得。如果 $I(Y_n;\hat{W}_n | V_n^{(k-1)})$ 高于随机分布的 $100(1-\partial)^{\text{th}}$ （∂ 为显著性水平），则结果通过显著性测试。最后向量 $V^* = [Y_n^{-*}, X_n^{-*}]$ 仅包含对当前状态 Y_n 有显著影响的过去状态。鉴于此，利用非一致性嵌入方法度量得到的转移熵显著性无须再单独进行检测（Montalto et al.，2014）。

整个度量过程均在 Matlab2013 环境下利用 MuTE 工具包（Montalto et al.，2014）实现。在实证之前，首先对本节在测度政治风险信息传导时的参数选择进行说明。本节中显著性水平 ∂ 为 95%；最大滞后阶数 m 设置为 1，最大嵌入维数 d 设置为 6。考虑到所采用的 ICRG 政治风险数据为月度数据，最大嵌入维数 d=6 表示在实际度量中考虑过去半年的风险状态对当前状态的影响。

5.2.2 国家风险多尺度信息传导分析

本节主要研究多尺度框架下国家风险（以政治风险为例）的跨国传导。为了研究不同国家之间政治风险的内在传导结构，结合转移熵及 EMD 算法，本节提出多尺度传导框架。具体分析步骤如下。

步骤 1：基于 EMD 算法的多尺度提取。

首先利用 EMD 算法将原始政治风险数据分解为有限 IMF，进一步利用 fine-to-coarse 方法将 IMF 重构到短期波动、中长期脉冲及长期趋势三个时间尺度。

步骤 2：信息传导度量。

分别就分解重构得到的三个不同时间尺度，利用转移熵对不同国家政治风险之间的信息传导进行度量。信息传导越明显说明两个国家在更大程度上相互影响。

步骤 3：信息传导网络绘制。

根据步骤 2 获得的不同尺度上的政治风险信息传导，构建信息传导网络。在绘制信息传导网络时，为了提高网络的分辨率，预先给定信息传导强度的阈值 θ 。换句话说，只有相对更加显著的信息传导才被保留在网络中。

步骤 4：区域性重要国家识别。

参考金融危机传染研究中广泛采用的系统性重要银行的思路（Ueda and di Mauro，2013），本节基于复杂网络理论对区域政治风险传导网络中的重要性国家进行识别，定义四个指数“影响指数”、“被影响指数”、“传导强度”和“传导方向”。通过步骤 4 可以识别政治风险传导中的“驱动者”与“跟随者”。

具体流程图如图 5-1 所示。

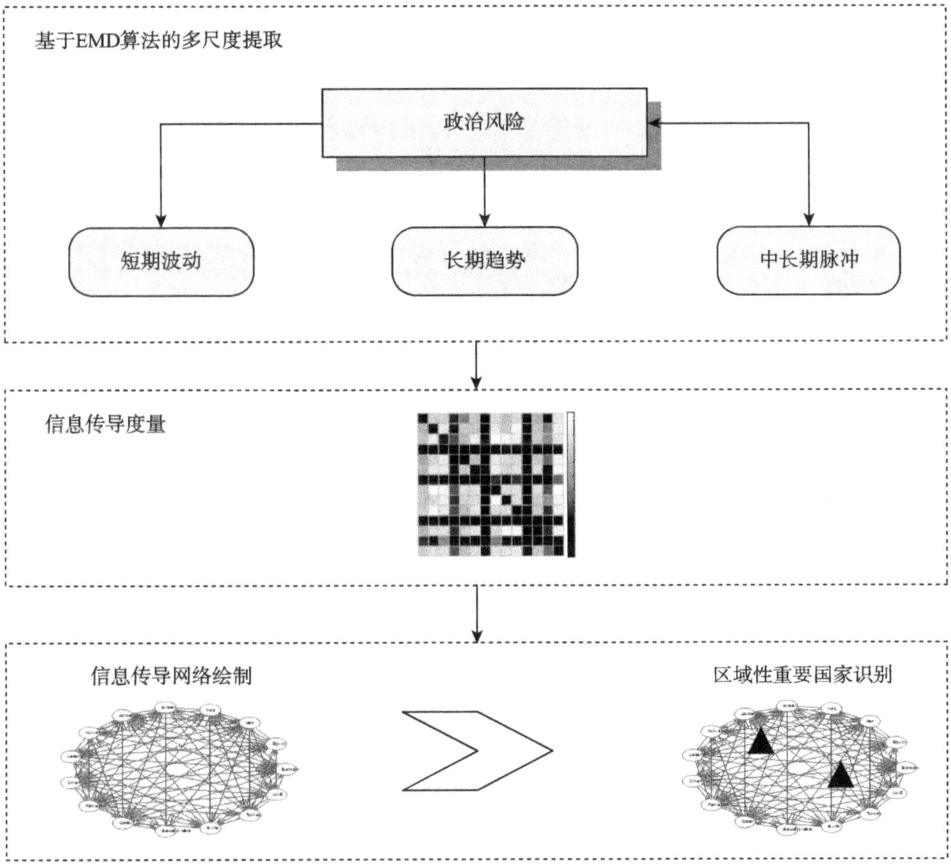

图 5-1　国家风险跨国传导分析流程图

基于复杂网络理论定义影响度与被影响度来判断信息传导中国家角色，这两个指数分别测度一个国家的整体信息流出与流入强度。

一个国家的影响度由转移熵矩阵中每行的平均值计算得来，度量了一个国家向其他国家总体的信息传导。

$$\text{Affecting}_i = \frac{1}{n}\sum_{j=1}^{n} \text{TE}_{ij} \tag{5-2}$$

被影响度则是转移熵矩阵中每一列的平均值，度量了其他所有国家向该国的信息传导。

$$\text{Affected}_j = \frac{1}{n}\sum_{i=1}^{n}\text{TE}_{ij} \qquad (5\text{-}3)$$

如果一个国家的影响度比较高，则说明该国在信息传导中十分活跃。这个国家的政治风险波动更容易给其他国家的政治风险带来影响。与此相比，如果一个国家的被影响度比较高，则说明该国在信息传导中相对比较被动，更容易被区域内其他国家的政治风险变动所影响。因此，在分析该国的政治风险环境时，需要适当考虑其他国家的风险状况。

进一步在影响度与被影响度的基础上，受决策与试验评价实验室（decision-making trial and evaluation laboratory，DEMATEL）方法（Hsu et al.，2013）的启发，定义传导强度与传导方向两个指标。传导强度（记为 I）刻画一个国家在整个网络中信息流入及流出的整体强度。传导强度高的国家应该是该区域政治风险评估及监测的重点。具体定义如下：

$$I_i = \text{Affecting}_i + \text{Affected}_i \qquad (5\text{-}4)$$

另一个指标即传导方向（记为 D）。该指数通过分析一个国家政治风险的净信息传导方向而识别其在区域政治风险传导中所扮演的角色。如果一个国家的传导方向为正值，则表明该国在传导网络中是信息传导的“驱动者”角色；与之对应，如果该指标为负值，则表明该国在传导网络中是政治风险传导的“跟随者”。具体定义如下：

$$D_i = \text{Affecting}_i - \text{Affected}_i \qquad (5\text{-}5)$$

结合传导强度及传导方向，可以识别政治风险传导中的区域性重要国家。具有高传导强度且传导方向为正值的国家为该区域政治风险传导的重要“驱动”型国家；而具有高传导强度但传导方向为负值的国家则为该区域政治风险传导的重要“跟随”型国家。

5.3 实证分析

5.3.1 样本与数据

MENA 地区国家由于丰富的石油资源及独特的地理战略位置在国际上一直占有重要地位，作为“一带一路”重要的沿线国家，该地区国家再一次吸引了全球目光。然而，由于历史、宗教等问题，该地区战乱不断，政治风险水平高。近年来政治风险事件越发频繁，给跨国投资者、跨国公司及政府等决策带来极大的不确定性（Bremmer and Keat，2009）。因此，本节选取 MENA 地区国家来研究政治风险的跨国传导。在 16 个 MENA 地区国家中，除也门和巴勒斯坦外，其他 14 个国家（伊朗、伊拉克、埃及、土耳其、巴林、约旦、科威特、卡塔尔、阿联酋、沙特阿拉伯、叙利亚、以色列、阿曼、黎巴嫩）均有持续且长期的政治风险评价数据，因此被选为本章研究样本国家。这 14 个 MENA 地区国家中，政治风险数据区间为 1984 年 9 月～2018 年 7 月。

ICRG 政治风险级别划分具体如表 5-1 所示。

表 5-1　ICRG 政治风险级别划分

风险值	风险级别
0～49.9	极高风险
50～59.9	高风险
60～69.9	中等风险
70～79.9	低风险
80～100	极低风险

5.3.2　结果分析

首先利用 EMD 算法将政治风险数据分解到有限子尺度，进而利用 fine-to-coarse 方法重构到高频项（记为 H）、低频项（记为 L）、残差项（记为 R）尺度以获取实际意义。三个尺度分别代表政治风险的短期波动、中长期脉冲及长期趋势。根据聚类分类，14 个 MENA 地区国家三个尺度信息如图 5-2～图 5-4 所示。

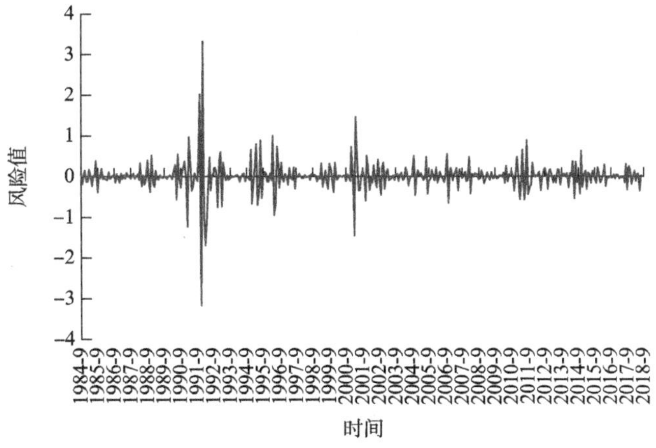

（a）巴林

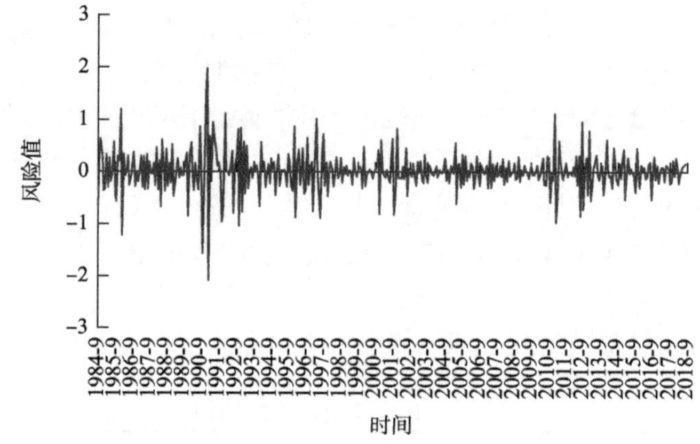
3
2
1
0
−1
−2
−3
风险值
1984-9
1985-9
1986-9
1987-9
1988-9
1989-9
1990-9
1991-9
1992-9
1993-9
1994-9
1995-9
1996-9
1997-9
1998-9
1999-9
2000-9
2001-9
2002-9
2003-9
2004-9
2005-9
2006-9
2007-9
2008-9
2009-9
2010-9
2011-9
2012-9
2013-9
2014-9
2015-9
2016-9
2017-9
2018-9
时间

（b）埃及

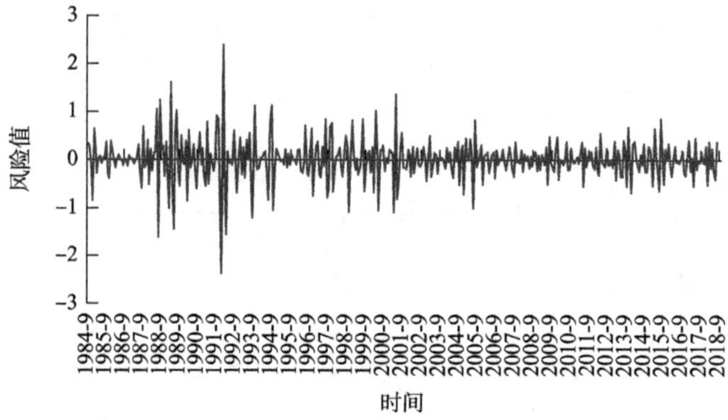
3
2
1
0
−1
−2
−3
风险值
1984-9
1985-9
1986-9
1987-9
1988-9
1989-9
1990-9
1991-9
1992-9
1993-9
1994-9
1995-9
1996-9
1997-9
1998-9
1999-9
2000-9
2001-9
2002-9
2003-9
2004-9
2005-9
2006-9
2007-9
2008-9
2009-9
2010-9
2011-9
2012-9
2013-9
2014-9
2015-9
2016-9
2017-9
2018-9
时间

（c）伊朗

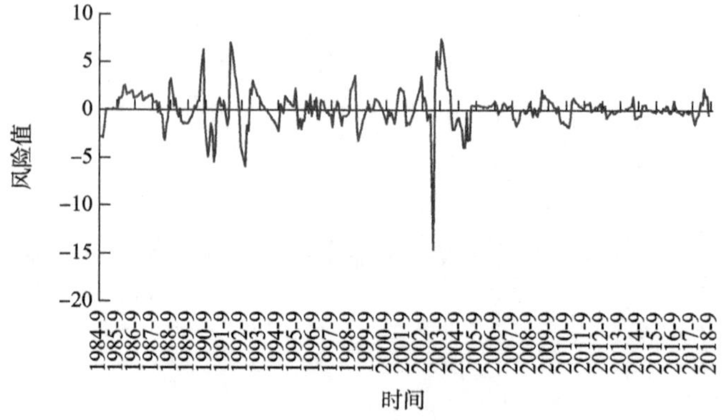
10
5
0
−5
−10
−15
−20
风险值
1984-9
1985-9
1986-9
1987-9
1988-9
1989-9
1990-9
1991-9
1992-9
1993-9
1994-9
1995-9
1996-9
1997-9
1998-9
1999-9
2000-9
2001-9
2002-9
2003-9
2004-9
2005-9
2006-9
2007-9
2008-9
2009-9
2010-9
2011-9
2012-9
2013-9
2014-9
2015-9
2016-9
2017-9
2018-9
时间

（d）伊拉克

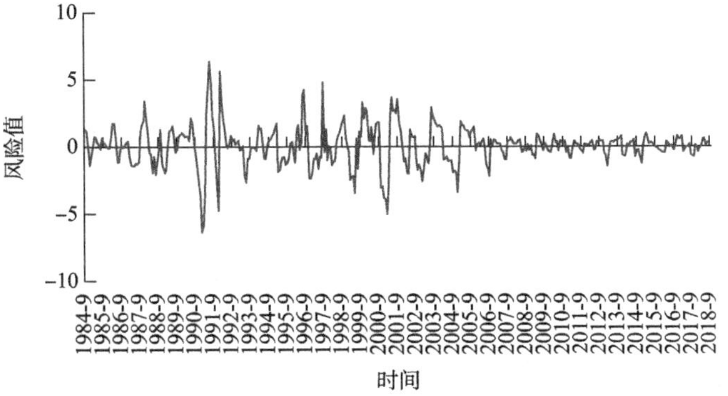

（e）以色列

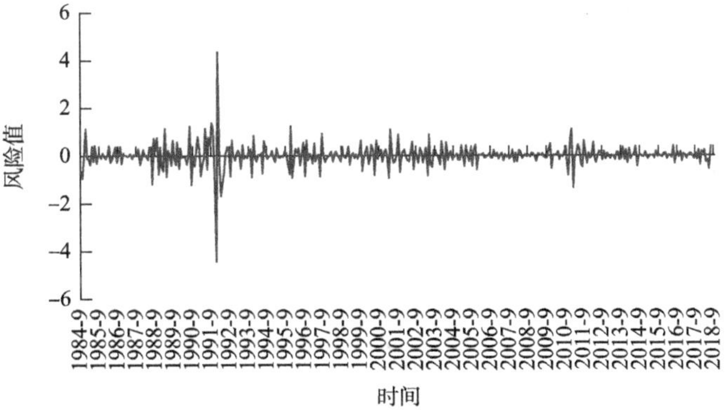

（f）约旦

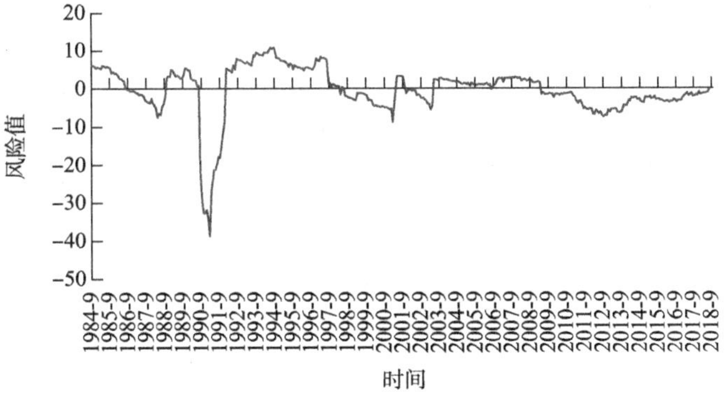

（g）科威特

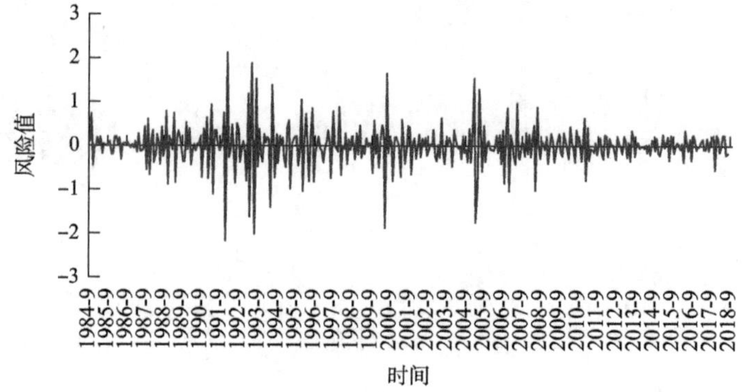

（h）黎巴嫩

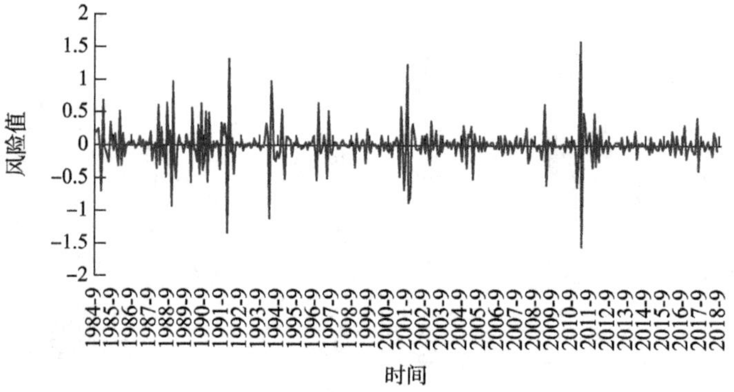

（i）阿曼

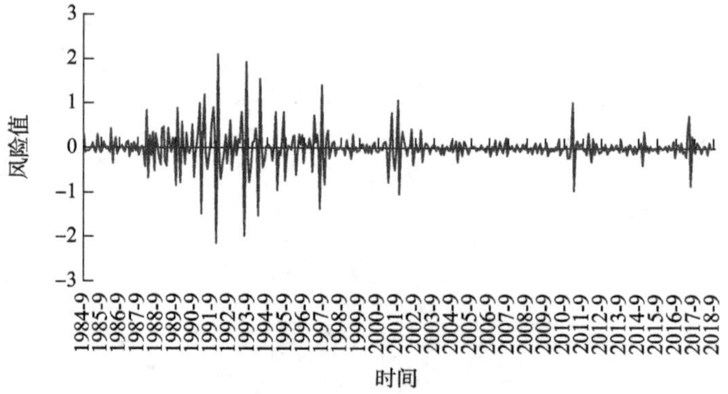

（j）卡塔尔

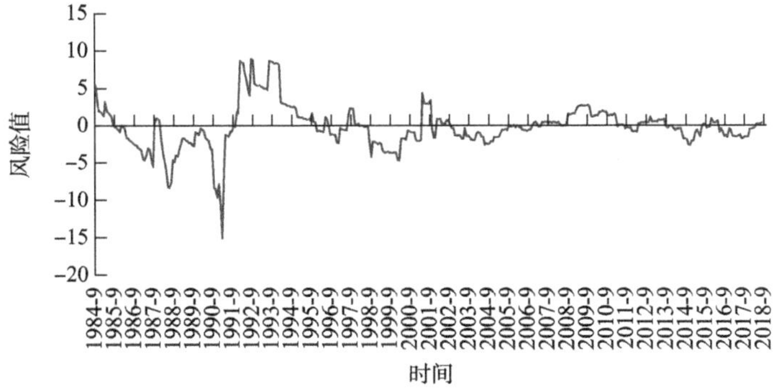

（k）沙特阿拉伯

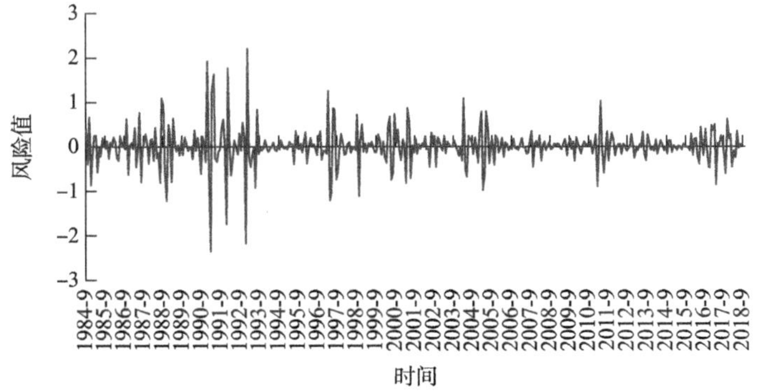

（l）叙利亚

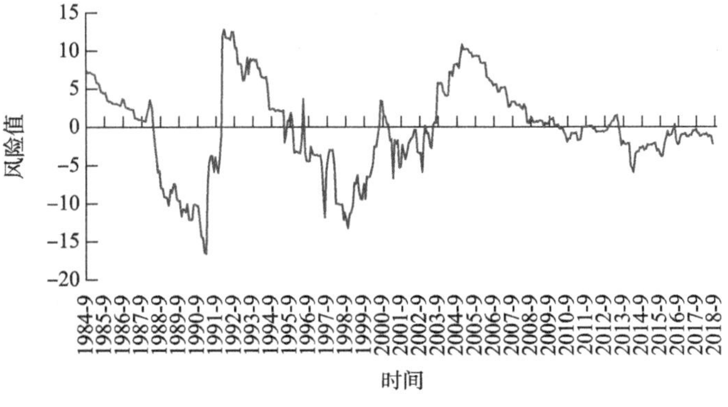

（m）土耳其

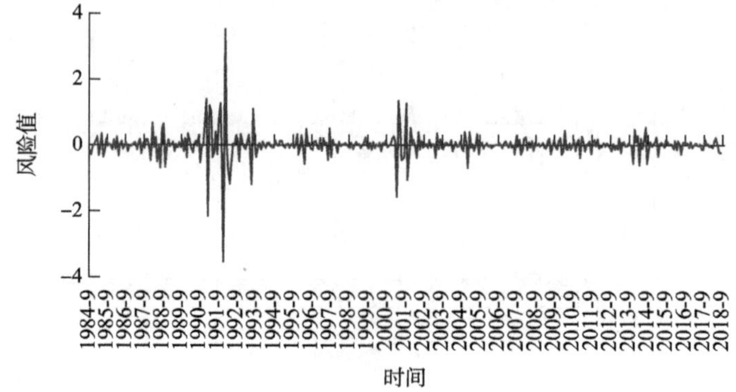

（n）阿联酋

图 5-2　政治风险短期波动

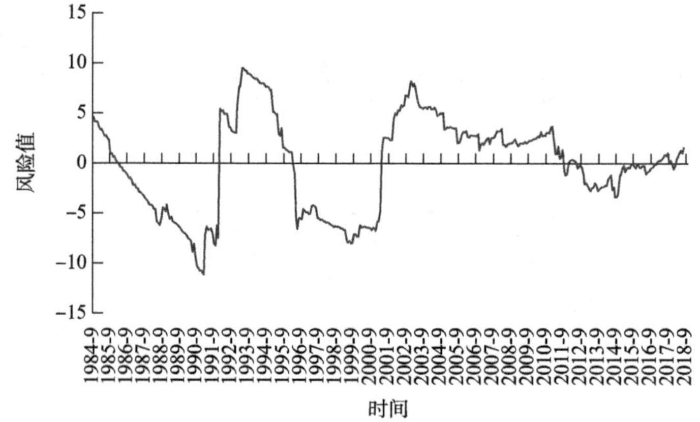

（a）巴林

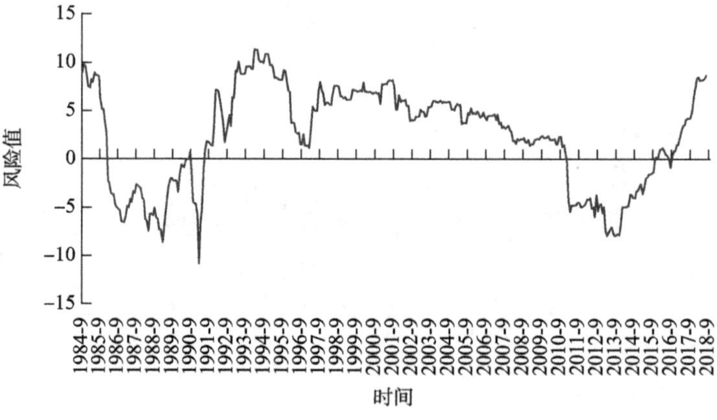

（b）埃及

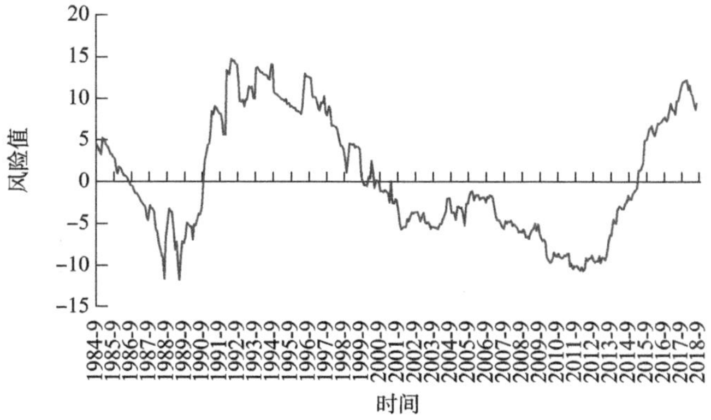

（c）伊朗

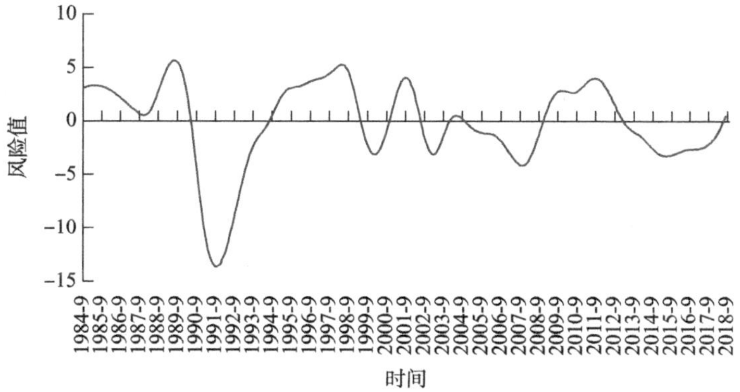

（d）伊拉克

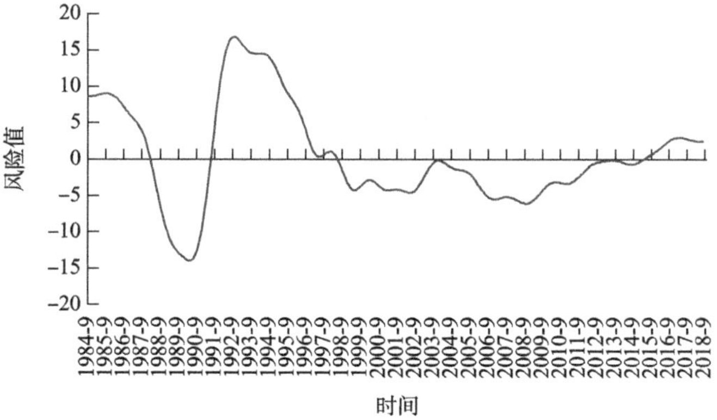

（e）以色列

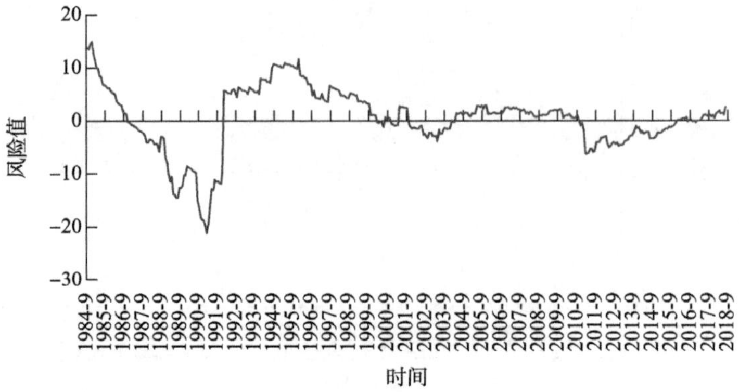

（f）约旦

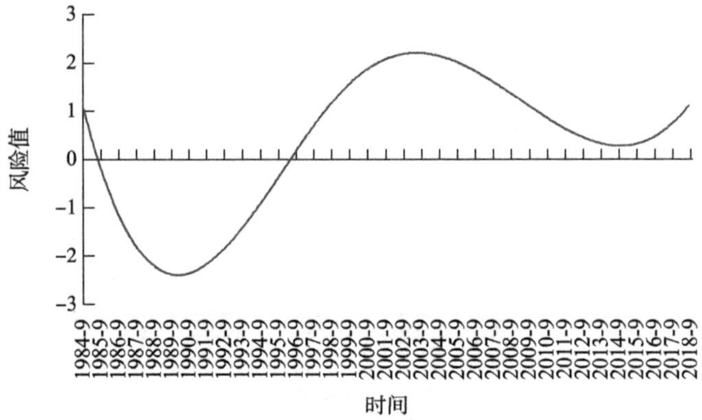

（g）科威特

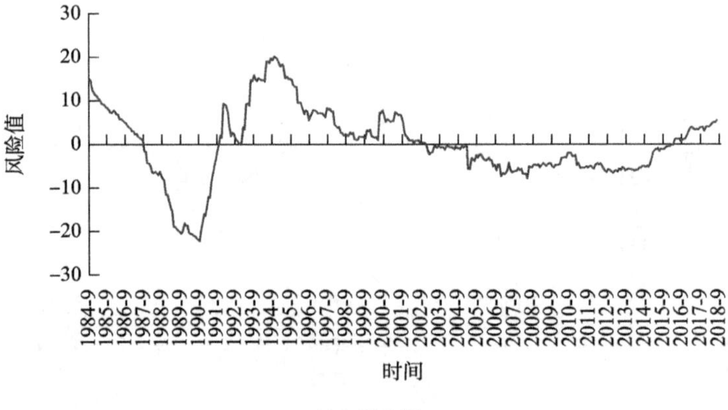

（h）黎巴嫩

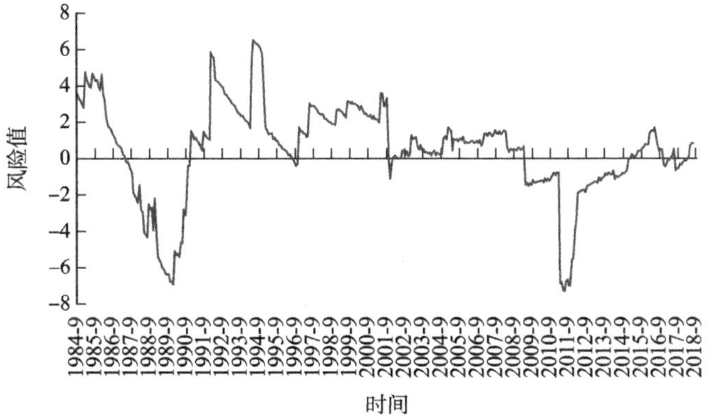

（i）阿曼

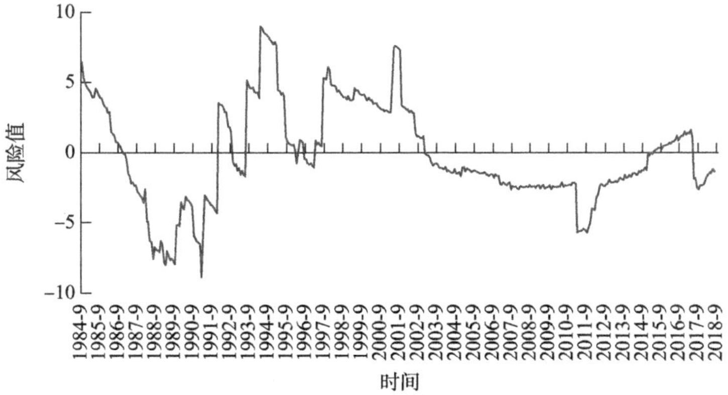

（j）卡塔尔

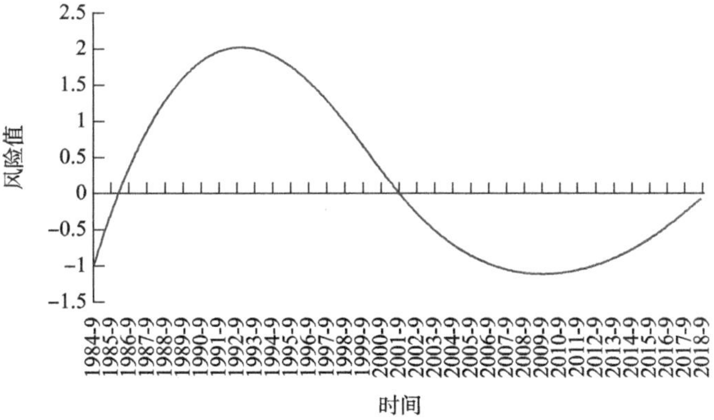

（k）沙特阿拉伯

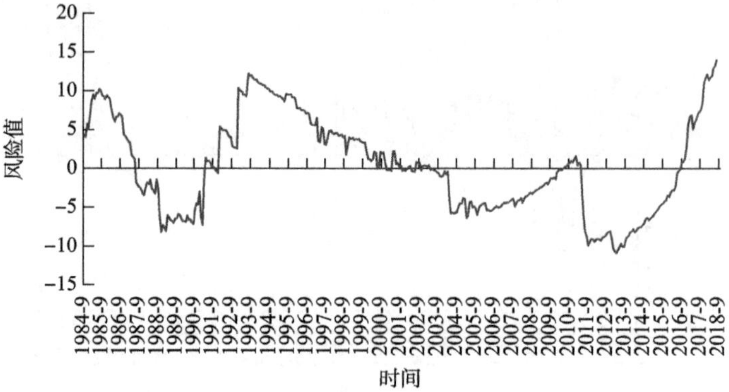

（l）叙利亚

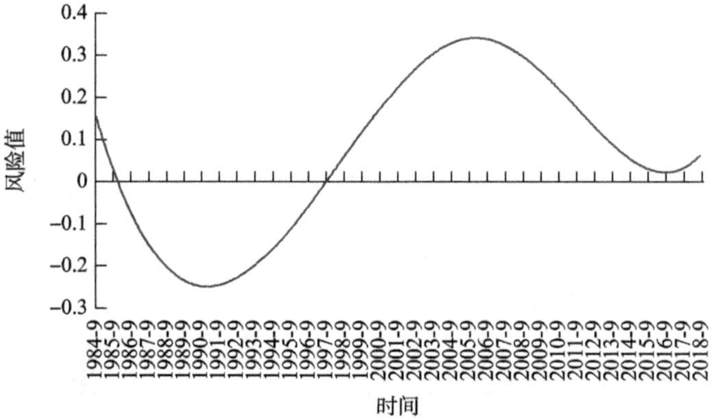

（m）土耳其

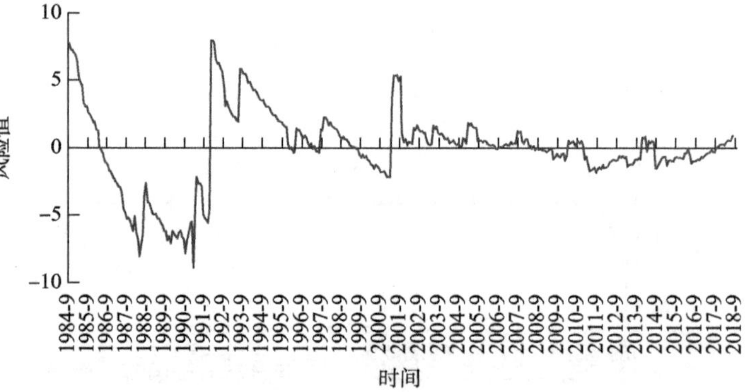

（n）阿联酋

图 5-3　政治风险中长期脉冲

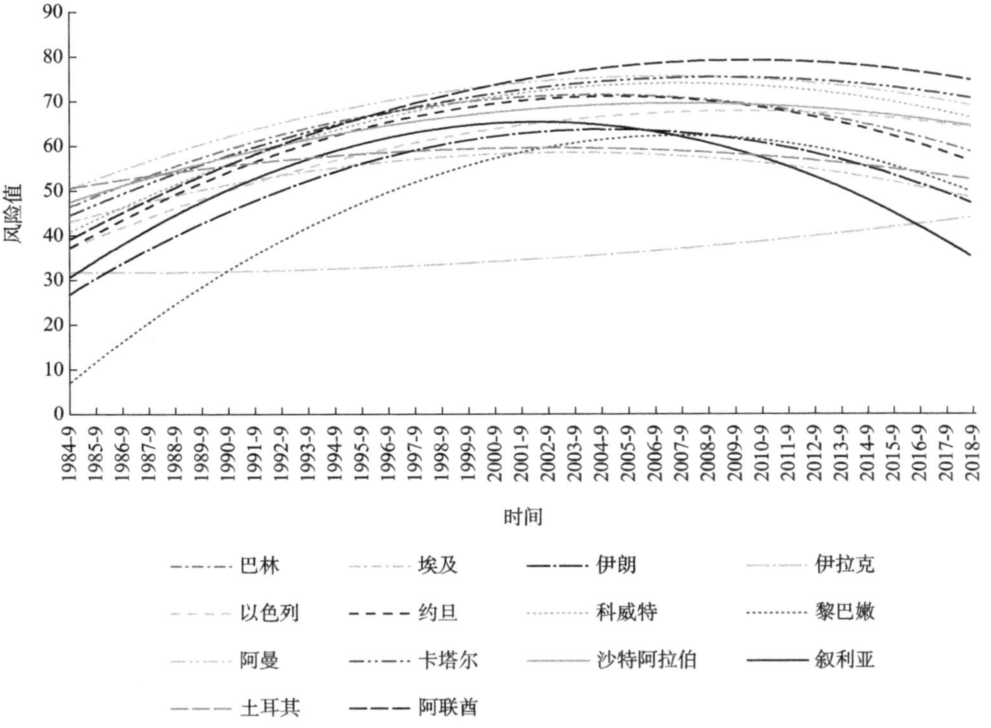

图 5-4　政治风险长期趋势

通常来讲，分解重构得到的高频项刻画了由突发事件或冲击等带来的随机波动信息，低频项包含较低频的波动，且相较于高频项包含了更多的周期信息，是对中长期信息的捕捉刻画。值得注意的是，伊拉克基本没有得到周期项，这是由其自身的高风险状态决定的。由于频繁发生的战乱等，伊拉克政治风险变化更多偏向于短期波动及长期趋势，并未呈现出明显的周期性特征。残差项是单调的，仅反映政治风险中长期演化的部分，主要受经济社会演化规律影响。因此，由于类似的历史及文化背景，MENA 地区国家的政治风险呈现出类似的长期走势（图 5-4）。

引入方差贡献率分析政治风险不同尺度特征，实际分解过程难免会带来一定的信息损失，导致分解得到的子尺度加和并不完全等于原始风险数据，但差别很小。严谨起见，本节分别计算每个尺度对这两种政治风险的方差贡献率，具体见表 5-2 和图 5-5。

表 5-2 政治风险不同尺度方差贡献率

尺度	巴林		埃及		伊朗	
	对原始序列方差贡献率	对尺度加和的方差贡献率（ΣIMF+残差）	对原始序列方差贡献率	对尺度加和的方差贡献率（ΣIMF+残差）	对原始序列方差贡献率	对尺度加和的方差贡献率（ΣIMF+残差）
H	0.19%	0.23%	0.26%	0.34%	0.17%	0.13%
L	28.25%	33.78%	45.48%	60.56%	43.49%	35.01%
R	55.18%	65.99%	29.36%	39.09%	80.57%	64.86%
尺度	伊拉克		以色列		约旦	
	对原始序列方差贡献率	对尺度加和的方差贡献率（ΣIMF+残差）	对原始序列方差贡献率	对尺度加和的方差贡献率（ΣIMF+残差）	对原始序列方差贡献率	对尺度加和的方差贡献率（ΣIMF+残差）
H	11.57%	10.66%	2.48%	1.74%	0.21%	0.22%
L	51.06%	47.02%	52.03%	36.53%	28.87%	30.49%
R	45.95%	42.32%	87.93%	61.73%	65.61%	69.29%
尺度	科威特		黎巴嫩		阿曼	
	对原始序列方差贡献率	对尺度加和的方差贡献率（ΣIMF+残差）	对原始序列方差贡献率	对尺度加和的方差贡献率（ΣIMF+残差）	对原始序列方差贡献率	对尺度加和的方差贡献率（ΣIMF+残差）
H	30.22%	33.77%	0.08%	0.07%	0.15%	0.14%
L	1.44%	1.61%	24.24%	22.29%	12.52%	12.12%
R	57.81%	64.61%	84.43%	77.64%	90.60%	87.74%
尺度	卡塔尔		沙特阿拉伯		叙利亚	
	对原始序列方差贡献率	对尺度加和的方差贡献率（ΣIMF+残差）	对原始序列方差贡献率	对尺度加和的方差贡献率（ΣIMF+残差）	对原始序列方差贡献率	对尺度加和的方差贡献率（ΣIMF+残差）
H	0.16%	0.16%	18.98%	17.73%	0.16%	0.14%
L	14.27%	13.97%	2.90%	2.71%	31.46%	27.98%
R	87.72%	85.87%	85.16%	79.55%	80.82%	71.88%
尺度	土耳其		阿联酋			
	对原始序列方差贡献率	对尺度加和的方差贡献率（ΣIMF+残差）	对原始序列方差贡献率	对尺度加和的方差贡献率（ΣIMF+残差）		
H	80.25%	84.21%	0.10%	0.11%		
L	0.09%	0.09%	5.71%	6.01%		
R	14.96%	15.70%	89.10%	93.88%		

注：本表的数据未经修约，可能存在比例合计不等于 100%的情况；土耳其的对原始序列方差贡献率相加等于 95.30%，是自身方法在分解重构中合理的信息损失

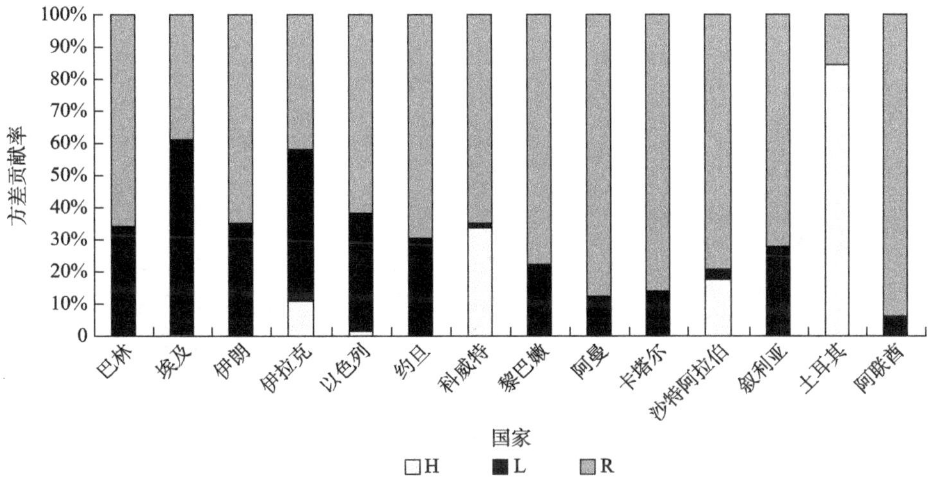

图 5-5　对尺度加和的方差贡献率

可以发现，对于绝大多数国家的政治风险，长期趋势对原始序列方差贡献率最大。政治风险的长期演化是政治风险最主要的尺度，尤其对于政治环境相对稳定的国家，如阿曼、卡塔尔及阿联酋，长期趋势方差贡献率甚至超过 80%。对于埃及、伊朗、伊拉克、以色列，低频项即政治风险的中长期脉冲对原始序列方差贡献率超过 40%，对于这些国家中长期脉冲及长期趋势是政治风险的主要演化尺度。对于土耳其，高频项即短期波动的对尺度加和的方差贡献率高达 84.21%，这意味着其政治风险的短期波动需要引起足够的重视。

1. 政治风险短期波动

5.2 节对政治风险的多尺度信息进行了识别及分析，本节将对 MENA 地区国家政治风险跨国传导及区域性重要国家进行多尺度识别。

1）信息传导

通过计算 14 个 MENA 地区国家政治风险间的转移熵度量政治风险跨国转移传导。14 个国家政治风险在短期波动尺度上的信息传导如热度图（图 5-6）所示。颜色越浅表明信息传导越多，颜色越深则表明信息传导越少。

14 个 MENA 地区国家的政治风险在短期波动尺度上的信息传导是普遍存在的。通常来讲，国内外冲突、暴乱、军事行动等突发事件更多反映在政治风险的短期波动尺度上，因此普遍存在的信息传导说明一个国家内部的政治突发事件同样会给其他国家的政治风险短期波动带来一定的影响。这种信息传导具有不对称性，如从巴林到伊拉克的信息传导为 0.16，但是反向信息流动为 0.07。此外，不同国家在政治风险传导中所扮演的角色也各不相同，一些国家倾向于信息流出方，

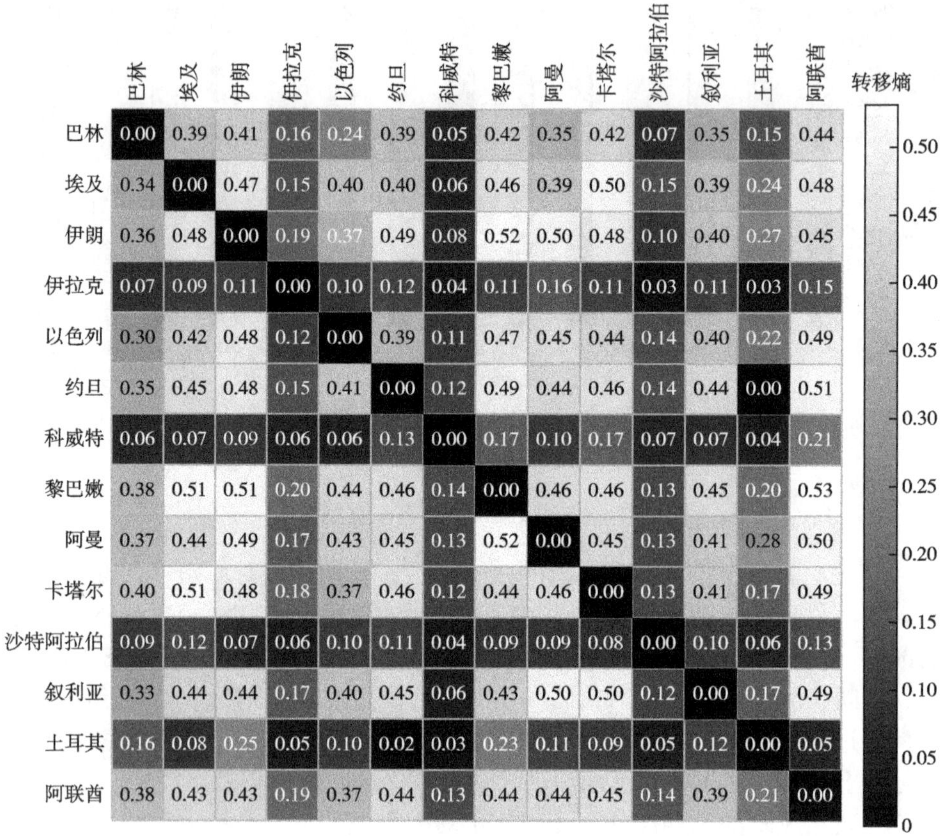

图 5-6　政治风险信息传导热度图：短期波动尺度

即本国短期政治风险波动对其他国家政治风险产生影响，而另一些国家更容易被其他国家的风险状况影响。可以发现，伊拉克、科威特与土耳其在政治风险短期波动尺度上与其他国家的信息传导比较少。

政治风险短期波动尺度上的信息传导网络如图 5-7 所示。为了提高网络分辨度，仅保留前 10% 的信息传导。政治风险短期波动的信息传导网络呈现出一定的集中性，前 10% 的信息传导仅发生在 9 个国家中。特别地，作为 MENA 地区的两个大国，黎巴嫩和阿联酋与其他国家发生的信息传导最多，因此一定程度上可以视为整体网络的关键节点。此外，阿曼、伊朗及卡塔尔同样表现活跃。

2）区域性重要国家识别

从复杂网络出发分析政治风险传导网络中的内在影响机理，短期波动尺度上的四个指数如表 5-3 所示。影响度度量了一个国家对其他国家所有的信息流出，而被影响度表示所有其他国家对该国的所有信息流入。

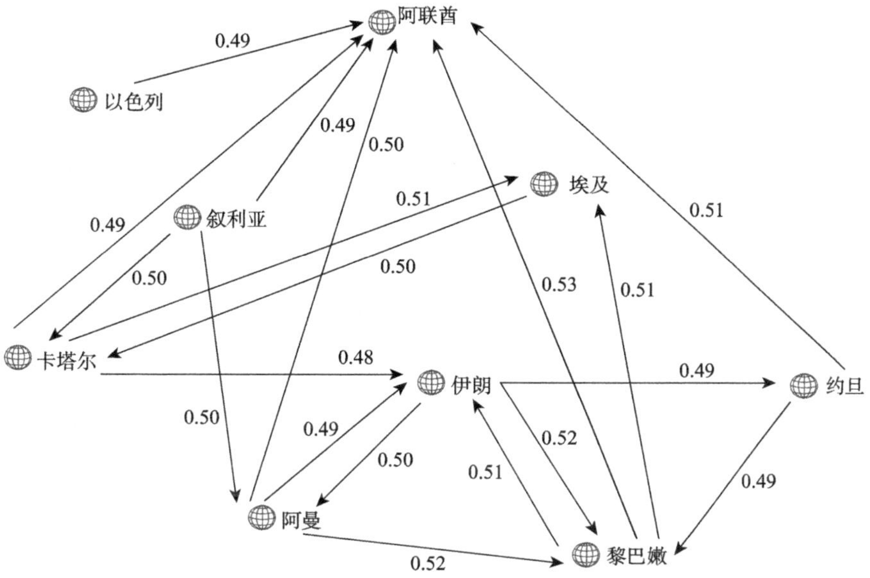

图 5-7　政治风险短期波动尺度上的信息传导网络

10%信息传导强度临界值：0.48

表 5-3　政治风险短期波动尺度指标

国家	影响度	被影响度	传导强度	传导方向
巴林	0.295 466	0.278 362	0.573 828	0.017 104
埃及	0.341 691	0.340 799	0.682 490	0.000 893
伊朗	0.361 066	0.364 258	0.725 324	−0.003 190
伊拉克	0.095 520	0.142 032	0.237 552	−0.046 510
以色列	0.339 463	0.291 972	0.631 435	0.047 491
约旦	0.341 131	0.329 652	0.670 782	0.011 479
科威特	0.099 339	0.084 525	0.183 864	0.014 815
黎巴嫩	0.374 462	0.367 645	0.742 107	0.006 817
阿曼	0.366 818	0.342 366	0.709 184	0.024 452
卡塔尔	0.357 324	0.355 367	0.712 691	0.001 956
沙特阿拉伯	0.088 272	0.107 615	0.195 887	−0.019 340
叙利亚	0.347 000	0.311 550	0.658 550	0.035 450
土耳其	0.102 277	0.156 943	0.259 220	−0.054 670
阿联酋	0.341 586	0.378 329	0.719 915	−0.036 740

具有高被影响度国家的政治风险状况相对来讲比较敏感，易受周边环境影响。因此在对该类国家进行短期投资贸易时，首先要重点关注具有高影响度国家的政治风险情况，因为这些国家在地区政治风险传导中表现十分活跃，容易给他国政治风险状况带来一定的影响。根据政治风险在短期波动尺度上的影响度和被影响度等，所有样本国可以分为四类。第一类为中心型国家，该类国家同时具有高影响度及被影响度，在信息传导网络中有着显著的重要性。第二类为独立型国家，该类国家的影响度及被影响度均比较低。这也意味着该类国家政治风险状况比较独立，既不会对其他国家造成影响，也不易被其他国家状况所影响。因此在与该类国家进行投资贸易时，仅考虑该国自身风险状况即可。第三类和第四类国家为主动型国家和被动型国家，分别代表本国风险易对他国产生传导的国家和易被他国风险状况影响的国家。

在短期波动尺度上，14 个 MENA 地区国家仅表现为中心型国家和独立型国家特征（图 5-8）。由图可以发现，伊朗和埃及的影响度与被影响度均比较高，与之对应，土耳其、沙特阿拉伯则比较独立，影响度与被影响度均比较低。作为 MENA 地区两个大国，伊朗和埃及在该地区政治风险短期波动尺度传导中呈现出一定的中心性。

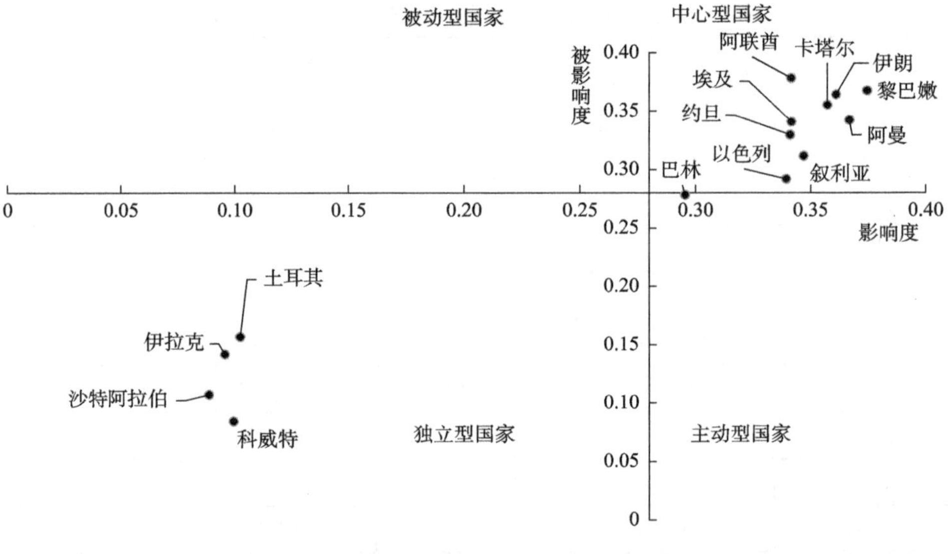

图 5-8　影响度与被影响度分布：短期波动尺度

进一步，政治风险在短期波动尺度上的传导强度及传导方向指标分布如图 5-9 所示。政治风险具有高度不确定性的国家，如阿曼、叙利亚、以色列等，通常在政治风险传导中作为信息传导“驱动者”。这些国家政治状况的波动性一定程度上会成为该地区的不确定性因素。

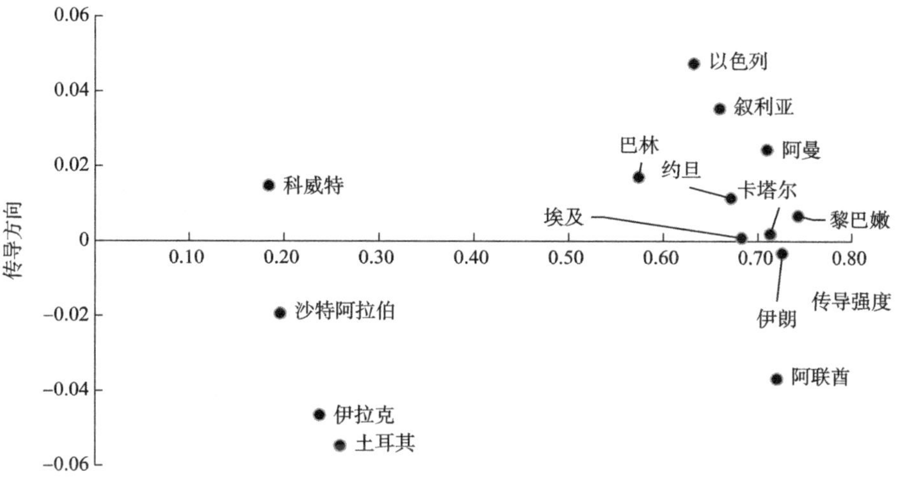

图 5-9　传导强度与传导方向分布：短期波动尺度

综上，如果一个国家的传导强度指标比较高则可以被识别为地区性重要国家。如果该国的传导方向指标为正值，则该国为该地区重要的政治风险传导“驱动”型国家，如果是负值则为重要的政治风险传导“跟随”型国家。鉴于此，在短期波动尺度上，阿曼、叙利亚、以色列是重要的政治风险传导“驱动”型国家，而伊朗、阿联酋则是重要的政治风险传导“跟随”型国家。

2. 政治风险中长期脉冲

政治风险诱因复杂且演化尺度各不相同，如社会经济环境、投资环境等显著受经济周期影响。因此，本节对中长期脉冲尺度上的信息传导进行分析。

1）信息传导

14 个 MENA 地区国家在中长期脉冲尺度上的信息传导的热度图如图 5-10 所示。在中长期脉冲尺度上不同国家之间的政治风险同样发生了传导，但传导强度显著低于短期波动尺度上的信息传导。通常来讲，政治风险事件具有突发性及短期快速传导的特征，因此导致短期波动尺度上的信息传导相较于中长期脉冲尺度更加普遍及显著。对比不同尺度也可以发现，政治风险传导具有多尺度特征，在不同尺度上表现各异。

在中长期脉冲尺度上，科威特、黎巴嫩、土耳其和以色列与其他国家关联比较微弱，因此并未出现在信息传导网络（图 5-11）中。由信息传导网络图可以发现，与阿曼存在信息传导的国家数最多，因此阿曼在中长期脉冲尺度上的政治风险传导中起着重要作用。

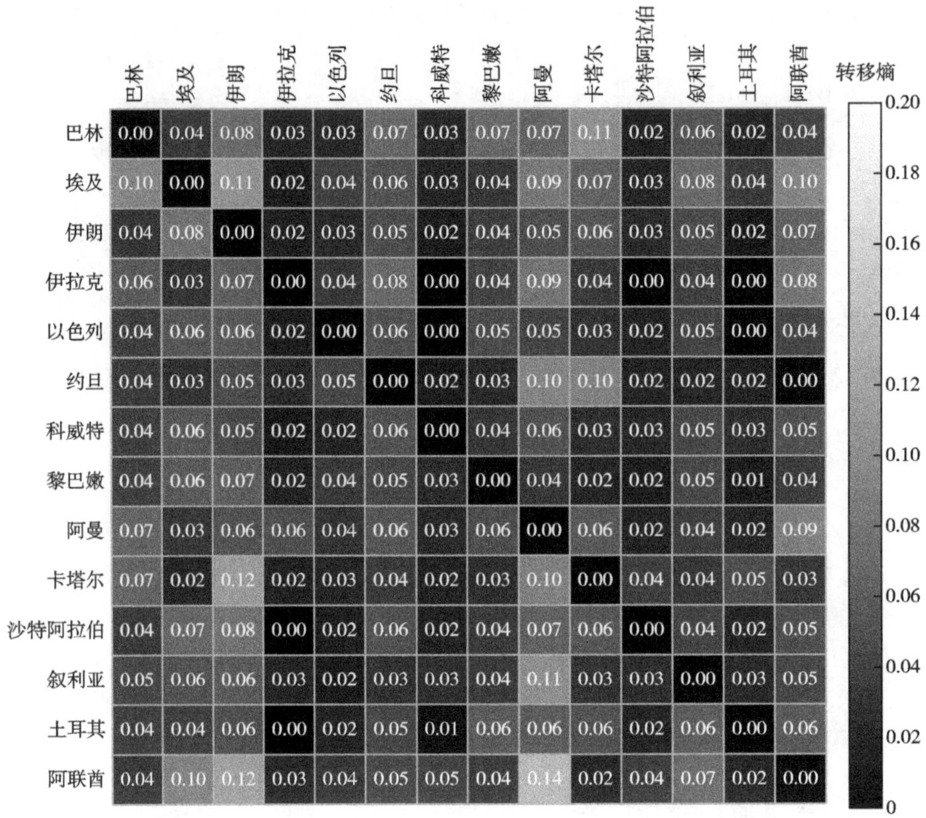

图 5-10　政治风险信息传导热度图：中长期脉冲尺度

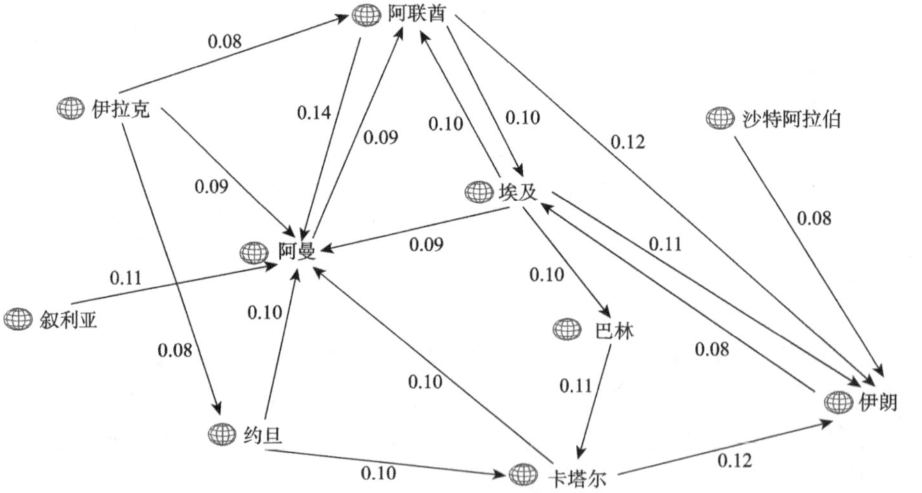

图 5-11　政治风险中长期脉冲尺度上的信息传导

10%信息传导强度临界值：0.08

比较图 5-7 和图 5-11 可以发现，国家之间的信息传导在不同时间尺度上表现各不相同。例如，信息流动在政治风险短期波动尺度上，净信息传导由阿曼和伊朗到阿联酋，但在中长期脉冲尺度上，则是由阿联酋传导到阿曼和伊朗。此现象再次验证了政治风险传导的多尺度性。

2）区域性重要国家识别

政治风险中长期脉冲尺度上的指标分布如表 5-4 所示。

表 5-4　政治风险中长期脉冲尺度指标

国家	影响度	被影响度	传导强度	传导方向
巴林	0.050 720	0.051 946	0.102 666	−0.001 230
埃及	0.061 954	0.053 565	0.115 519	0.008 39
伊朗	0.043 442	0.076 224	0.119 666	−0.032 78
伊拉克	0.044 186	0.022 173	0.066 359	0.022 013
以色列	0.037 317	0.031 486	0.068 803	0.005 830
约旦	0.039 695	0.055 036	0.094 731	−0.015 340
科威特	0.041 175	0.022 000	0.063 175	0.019 175
黎巴嫩	0.037 807	0.044 141	0.081 948	−0.006 33
阿曼	0.049 466	0.078 308	0.127 774	−0.028 84
卡塔尔	0.047 579	0.054 073	0.101 651	−0.006 49
沙特阿拉伯	0.044 820	0.024 713	0.069 533	0.020 107
叙利亚	0.042 871	0.050 763	0.093 634	−0.007 89
土耳其	0.042 473	0.022 224	0.064 698	0.020 249
阿联酋	0.057 483	0.054 334	0.111 817	0.003 149

不同于短期波动尺度上的信息传导，根据指标分布特征 14 个 MENA 地区国家可以被识别为 4 类国家（图 5-12）。埃及、阿联酋、巴林、卡塔尔和阿曼被识别为中心型国家；叙利亚、伊朗和约旦在中长期脉冲尺度上被识别为被动型国家，对其他具有高影响度的国家的政治风险状况比较敏感；以色列、伊拉克、科威特、土耳其、沙特阿拉伯和黎巴嫩被识别为独立型国家。短期尺度上的不稳定性会破坏在中长期尺度上的信息传导，因此在中长期脉冲尺度上呈现出一定的独立性。

对于中长期脉冲尺度，传导强度指标与传导方向指标呈现出负相关性（图 5-13）。传导方向为负的国家通常是更易被他国政治风险状况影响的国家。具体而言，阿曼、伊朗、卡塔尔和叙利亚可以被识别为该地区重要的政治风险传导“跟随”型国家，埃及和阿联酋则为重要的政治风险传导“驱动”型国家。值得注意的是，在中长期脉冲尺度上叙利亚在很大程度上易被他国影响，但在短期波动尺度上则更倾向于影响其他国家（图 5-9 和图 5-13）。

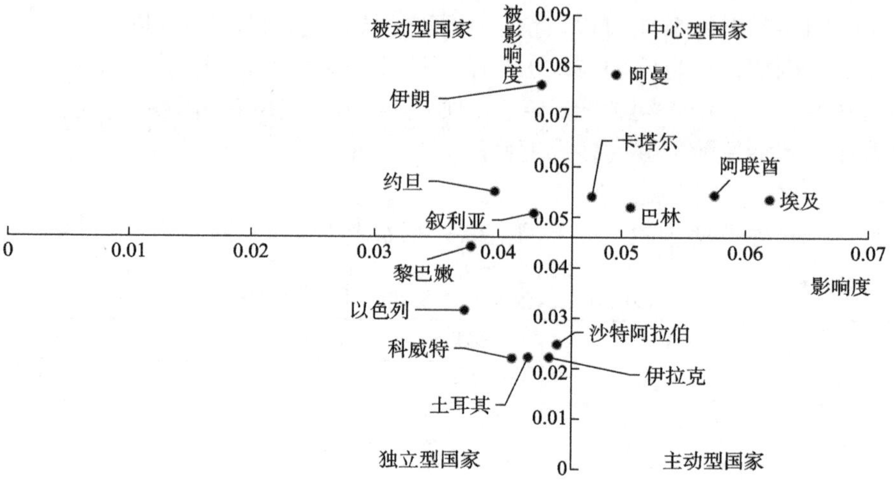

图 5-12　影响度与被影响度分布：中长期脉冲尺度

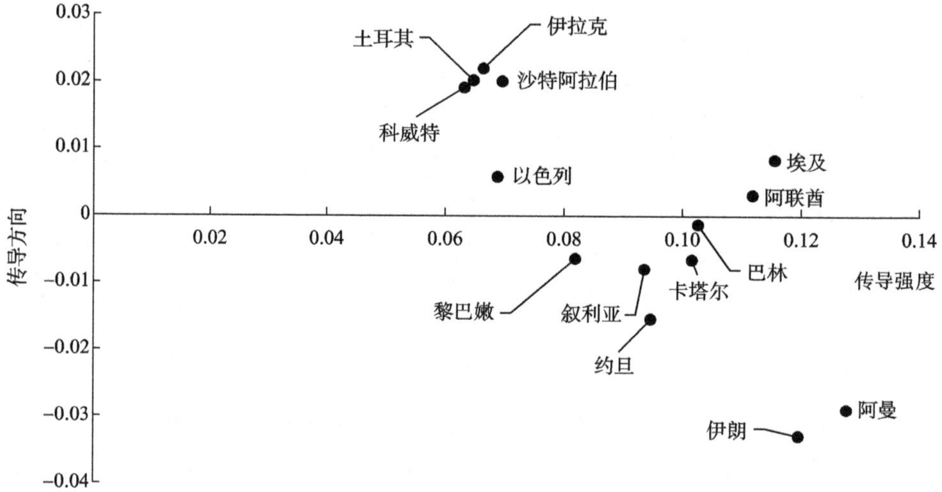

图 5-13　传导强度与传导方向分布：中长期脉冲尺度

3. 政治风险长期趋势

政治风险长期趋势尺度上的信息传导网络见图 5-14。除了从伊朗到约旦和以色列到阿联酋的转移熵比较显著外，其他国家间并没有显著的信息传导，度量得到的转移熵比较低。考虑到信息熵本质上是度量不确定性而不是数据表现上的联动性，尽管长期趋势尺度上的相关性十分显著，但长期趋势尺度上的信息传导不显著是可以理解的，因为长期趋势是单调演化的，不确定性很低，因此不再对长期趋势尺度上的信息传导进行分析。

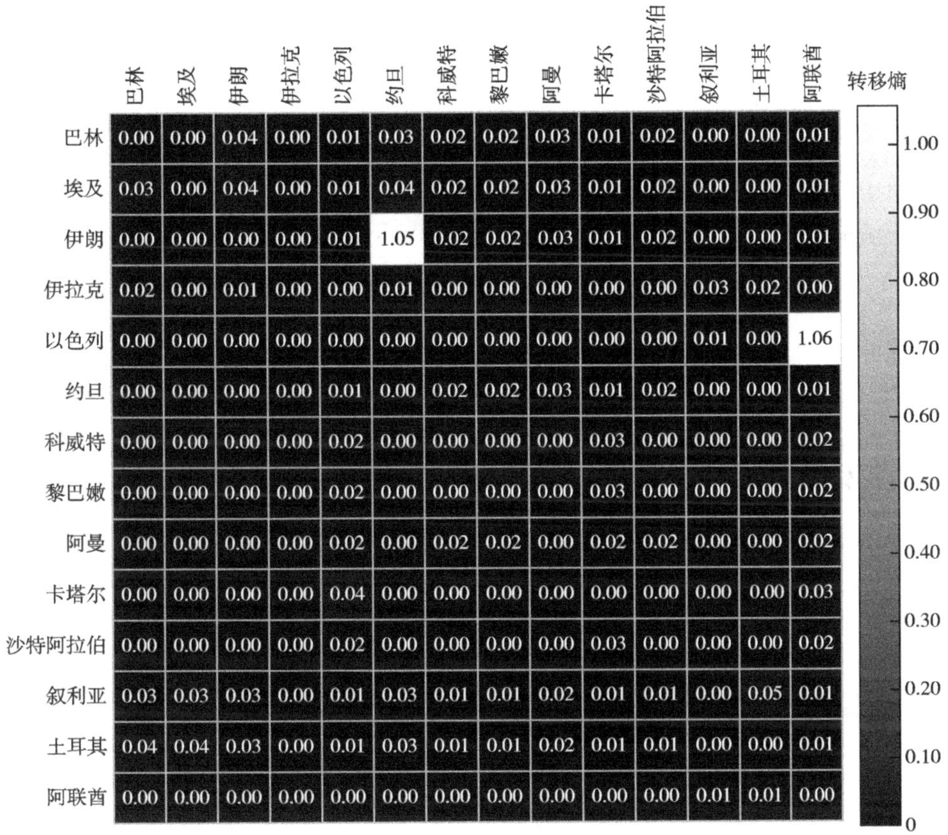

图 5-14　政治风险信息传导热度图：长期趋势尺度

5.4　小　　结

本章在多尺度框架下重点研究了政治风险跨国传导机制，基于信息熵理论中的转移熵度量不同尺度下的政治风险的跨国信息传导。进一步绘制区域政治风险信息传导网络，通过分析网络特征识别出政治风险信息传导中的“驱动”型国家及“跟随”型国家，为政治风险提供多尺度、多角色的国家分类管理标准。

通过对 14 个 MENA 地区国家实证分析可以发现，区域政治风险信息传导普遍存在，MENA 地区国家之间的政治风险传导具有多尺度性，短期波动尺度上的信息传导比中长期脉冲尺度上的更为明显，对于长期趋势尺度则几乎没有信息传导。对于单个国家来讲在不同尺度上的传导机制也各不相同，一些国家在信息传导网络中起着更为重要的作用，是该地区风险监控及管理的重点国家，如叙利亚在短期波动尺度上倾向于为信息传导的“驱动”型国家而在中长期脉冲尺度上则倾向于为“跟随”型国家。埃及在短期波动尺度和中长期脉冲尺度上均可视为该地区的重要性国家。

基于以上对政治风险传导的研究，可以得到以下政策启示：鉴于在短期波动尺度及中长期脉冲尺度上，政治风险跨国传导普遍存在，因此对于国际投资者、企业和政府而言，在进行风险评估时需要考虑跨国传导现象。不同国家政治风险传导呈现出多尺度特征。因此风险管理实际中应该将不同投资和贸易周期纳入考虑。在政治风险传导中不同国家行为表现各不相同，可进一步区分为信息传导的“驱动”型国家或是“跟随”型国家。因此在风险管理中应该对国家进行分类管理。倾向于对其他国家风险产生影响的国家应该成为该地区的重点监控对象。一旦这些国家政治风险状况发生变动，可以预见到其他国家，尤其是对其他国家风险状况比较敏感的国家的政治风险状况也会发生波动，因此一定程度上可以实现风险防范，进而可以制定相应对策以便及时应对可能出现的风险。

第6章　考虑油价波动的国家风险评级特征

6.1　引　言

随着银行和企业国际化经营的范围和深度的不断扩展，为了有效防范和规避国家风险，针对国家风险的监测评估则成为研究热点。Cruces（2006）在对以往文献调研中发现，针对国家风险的研究虽然涉及诸多方面，如影响国家风险评级的关键因素识别、评级结果与经济变量关系研究，但是对评级结果本身所具有的统计特征研究较少。

Erb等（1996）发现ICRG的国家风险评级变化具有均值回复的特性，低风险评级的国家面临风险评级调高的趋势，而高风险评级的国家则有进一步调低风险评级的趋势。并且对于拥有证券市场的国家而言，均值回归特性在金融风险和国家综合风险评级上体现得更为显著。Diamonte等（1996）也得到了类似的国家风险评级变化具有均值回复的特性。Altman和Sannders（1997）发现，机构评级结果初次下调后仍会有进一步的下调，然而上调以后，进一步上调的机会和下调的机会一样大，由此得出结论：评级机构小幅调低评级是为了保护发行者，同时维护与发行者之间的关系，不是马尔可夫过程（不愿急剧调低评级也可能是因为此类机构害怕诱发金融危机）。Cruces（2006）扩大了Erb等（1996）的研究样本，利用机构投资者的评级结果建模，发现对于主权评级而言，评级结果同样表现出波动集聚、不对称调整及非零均值回复的统计特征。

石油作为重要的工业原料和战略物资，对促进经济发展和实现国家战略具有十分重要的作用，油价被广泛用作其他能源的重要参考，已构成国际经济中的关键价格之一（Korhonen and Ledyaeva，2010）。在很多理论分析和实证研究中，油价波动被纳入各种宏观经济变量模型，研究发现油价波动可能会对经济活动和宏观经济政策产生影响，甚至被认为是经济不确定性的重要输入或决定因素（Brown and Yücel, 2002; Cunado and de Gracia, 2005; Ewing and Thompson, 2007; Korhonen and Ledyaeva，2010；Lorde et al.，2009；Brückner and Gradstein，2015）。

石油输出国是国际能源市场的核心力量，与进口国不同，石油价格的波动在很大程度上可引发许多出口国地区乃至国内社会政治不稳定（Jaffe and Manning，2000；Umbach，2010）；此外，“资源诅咒”效应会削弱社会的稳定性（Hodler，2006；Caselli and Michaels，2013）。考虑到不可再生石油资源的地缘政治战略重要性，石油出口国的国家风险状况直接或间接地通过贸易和投资渠道影响石油进口国的能源安全，研究国家风险与油价的关系比其他宏观经济变量具有更为广泛和全面的含义（Sun et al.，2012；Yang et al.，2014；Liu et al.，2016）。为了提高能源安全，有必要确定石油输出国的国家风险特性。

对国家风险进行评估的目的是预测一国在未来一段时期内，愿意并能够履行其未执行合约的可能性。那么，对于开展海外投资、贸易的油气企业而言，这些油气输出国的国家风险评级结果是否有规律可循呢？延续前人研究，考虑到油气价格波动影响，本章试图回答以下问题。

（1）对于主要油气输出国而言，其国家风险是否显著受到油气特征的影响？

（2）油气输出国的国家风险是否可以理性预期？

（3）国家风险变动是否具有相对稳定的统计特征？

6.2　模型方法

国家风险评级通常依据往期信息对当前或未来某个固定时间段（一个月、半年或一年不等）的国家风险给出评测结果。对特定国家 country_j，$j=1,2,\cdots,m$ 而言，其 t 期的国家风险评级可以表达为依赖于往期信息集 Ω_t 的若干风险要素 r_{ij}，$i=1,2,\cdots,n$ 的函数形式：

$$\mathrm{Rcr}_t^j = f(r_{1j}, r_{2j}, \cdots, r_{nj}; \Omega) \tag{6-1}$$

其中，风险要素涉及国家政治、经济、社会等诸多方面，为了实现对繁杂风险要素的适当简化，当分析国家风险评级指标 Rcr_t^j 的动态变化过程时，可以将其转为一个不能直接观察的状态变量 S_t^{Ω}，即

$$\mathrm{Rcr}_t^j = f(S_t^{\Omega}) \tag{6-2}$$

通常 $f(\cdot)$ 的表达形式无法直接获取，需要依赖前期假设或在一定的数据基础上加以训练得到，这也是在建模部分需要重点解决的瓶颈问题。延续 Cruces（2006）的分析框架，令 $\mathrm{ECR}_{t+1,t+J}^t$ 表示基于 t 期信息对未来 J 时段的国家风险评级，并且

定义 $\mathrm{ECR}_{t+1,t+J}^{t}$ 为未来 J 时段内基于 t 期信息对目标国可信赖程度 R_{t+j} 预期值的平均值，即

$$\mathrm{ECR}_{t+1,t+J}^{t}=\frac{1}{J}\sum_{j=1}^{J}E_t(R_{t+j}) \tag{6-3}$$

当分析国家风险 $\mathrm{countryrisk}_j$ 的动态变化过程时，可以将其转化为一个不能直接观察的状态变量 R_{t+j}。假设东道国的可信赖程度可以由一个连续随机变量（$1+\varphi$）进行测定，其中 φ 表示履约程度，可以将 $1+\varphi$ 视作东道国的履行合约能力和意愿。其中，当 $\varphi \geqslant 0$ 为正时，就表示合约得以完全履行；当 $-1<\varphi<0$ 时，表示合约未得以完全履行；当 $\varphi \leqslant -1$ 时，意味着合约完全未履行。故，在 $t+j$ 期，东道国履行合约的可信赖程度 R_{t+j} 与 φ_{t+j} 有关，即

$$R_{t+j}=\begin{cases}1, & 1\leqslant 1+\varphi_{t+j}\\ 1+\varphi_{t+j}, & 0<1+\varphi_{t+j}<1\\ 0, & 1+\varphi_{t+j}\leqslant 0\end{cases} \tag{6-4}$$

则基于 t 期信息集的 $t+j$ 期时的目标国的预期可信赖程度可以表达为完全履约的概率加上发生部分违约时的可信赖程度预期值，可以用式（6-5）表示：

$$\begin{aligned}E_t(R_{t+j})&=\int_0^{\infty} f_t(\phi_{t+j})\mathrm{d}\phi_{t+j}+\int_{-1}^{0}(1+\phi_{t+j})f_t(\phi_{t+j})\mathrm{d}\phi_{t+j}\\&=\int_{-1}^{\infty} f_t(\phi_{t+j})\mathrm{d}\phi_{t+j}+\int_{-1}^{0}\phi_{t+j}f_t(\phi_{t+j})\mathrm{d}\phi_{t+j}\end{aligned} \tag{6-5}$$

6.2.1　特征 1：波动集聚性

Cruces（2006）在 Hoti 和 McAleer（2005）研究的基础上，进一步利用 Logistic 分布构建了预期收益与偿付能力的关系函数，延续其假设，本节采用 Logistic 分布拟合目标国履约程度 φ，取 Logistic 密度函数：

$$f_t(\phi_{t+j})=\frac{1}{\beta}\frac{\mathrm{e}^{-\left(\frac{\phi_t-E_t(\phi_{t+j})}{\beta}\right)}}{\left(1+\mathrm{e}^{-\left(\frac{\phi_t-E_t(\phi_{t+j})}{\beta}\right)}\right)^2} \tag{6-6}$$

其中，$E_t(\phi_{t+j})$ 表示 Logistic 密度函数的定位参数；β 表示 Logistic 密度函数的尺度参数，则式（6-6）进一步表达为［推导过程详见 Cruces（2006）］：

$$E_t(R_{t+j})=\beta\ln\left(\frac{1+\mathrm{e}^{\frac{1+E_t(\phi_{t+j})}{\beta}}}{1+\mathrm{e}^{\frac{E_t(\phi_{t+j})}{\beta}}}\right) \tag{6-7}$$

可知，目标国的可信赖程度 R_{t+j} 的期望值是 φ_{t+j} 期望的非线性函数，对式（6-7）关于 φ_{t+j} 期望一阶求导，可得到目标国的可信赖程度预期值 $E_t(R_{t+j})$ 的斜率 ∂：

$$\partial=\frac{\partial E_t(R_{t+j})}{\partial E_t(\phi_{t+j})}=\frac{\mathrm{e}^{\frac{E_t(\phi_{t+j})+1}{\beta}}}{1+\mathrm{e}^{\frac{E_t(\phi_{t+j})+1}{\beta}}}-\frac{\mathrm{e}^{\frac{E_t(\phi_{t+j})}{\beta}}}{1+\mathrm{e}^{\frac{E_t(\phi_{t+j})}{\beta}}} \tag{6-8}$$

记 $\begin{cases}F_L=F_X[x=E_t(\phi_{t+j})\mid E(X)=-1]=\mathrm{e}^{\frac{E_t(\phi_{t+j})+1}{\beta}}/(1+\mathrm{e}^{\frac{E_t(\phi_{t+j})+1}{\beta}})\\F_R=F_X[x=E_t(\phi_{t+j})\mid E(X)=0]=\mathrm{e}^{\frac{E_t(\phi_{t+j})}{\beta}}/(1+\mathrm{e}^{\frac{E_t(\phi_{t+j})}{\beta}})\end{cases}$，其中 $F_X(\cdot)$ 为 Logistic 分布的累积分布，在条件方差相同的情况下，随条件均值增加而增加，则 $\frac{\partial E_t(R_{t+j})}{\partial E_t(\phi_{t+j})}>0$。

对式（6-8）进行二阶展开，可得到目标国的可信赖程度预期值 $E_t(R_{t+j})$ 的曲率 ∂^2 为

$$\begin{aligned}\partial^2&=\frac{\partial^2E_t(R_{t+j})}{\partial E_t(\phi_{t+j})^2}\\&=f_X[x=E_t(\phi_{t+j})\mid E(x)=-1]-f_X[x=E_t(\phi_{t+j})\mid E(X)=0]\end{aligned} \tag{6-9}$$

记 $\begin{cases}f_L=f_X[x=E_t(\phi_{t+j})\mid E(X)=-1]\\f_R=f_X[x=E_t(\phi_{t+j})\mid E(X)=0]\end{cases}$，其中密度函数 f_L 于 $E_t(\phi_{t+j})=-1$ 处取得极值，f_R 于 $E_t(\phi_{t+j})=0$ 处取得极值，$\mid E_t(\phi_{t+j})\mid\to\infty$，则 f_L 与 f_R 趋近于零。

考虑 Logistic 分布的对称性，可知：$E_t(\phi_{t+j})\in(-\infty,-\frac{1}{2}),\partial^2>0$；且 $E_t(\phi_{t+j})\in(-\frac{1}{2},\infty),\partial^2<0$；尤其需要注意的是，$E_t(\phi_{t+j})=-\frac{1}{2}$ 时，$\partial^2=0$，此时履约程度的变化将引发目标国的预期可信赖程度的最大波动。如果国家风险评级与目标国的可信赖程度呈线性关系，那么国家风险评级也将继承此种波动关系。至此，提出待检验假设 H1：国家风险评级具有波动集聚特征。

6.2.2　特征 2：不对称调整

由于目标国的可信赖程度预期值与预期履约程度呈非线性关系（式 6-7），所以

当预期履约程度发生变化(Δ)后，目标国的可信赖程度预期的响应波动$\left[\mathrm{d}E_t(R_{t+j})\right]$变化不同。记 $\mathrm{d}E_t(R_{t+j})=E_t(R_{t+j})|_{E_t(\varphi_{t+j})+\Delta}-E_t(R_{t+j})|_{E_t(\varphi_{t+j})}$，利用二阶泰勒展开，可得

$$\mathrm{d}E_t(R_{t+j})=\frac{\partial E_t(R_{t+j})}{\partial E_t(\phi_{t+j})}\Delta+\frac{1}{2}\frac{\partial^2 E_t(R_{t+j})}{\partial E_t(\phi_{t+j})^2}\Delta^2 \tag{6-10}$$

当 $E_t(\varphi_{t+j})=-1/2$ 和 $|E_t(\phi_{t+j})|\to\infty$ 的情况下，目标国的预期可信赖程度波动与预期履约程度波动近似于线性关系，二阶调整项趋近于零。在式（6-7）的凹函数部分，二阶调整项为负；相应的，在凸函数部分，二阶调整项为正。因此，当 $E_t(R_{t+j})$ 大于 $-1/2$ 时，对于给定的波动 Δ，一阶项使得 $E_t(R_{t+j})$ 产生与 Δ 方向一致的变化，但是二阶项将减小正波动效应，放大负波动效应。国家风险评级的绝对值变化分布呈现出 Logistic 分布特征，是一条以预期履约程度 50%为中心的钟形曲线。当国家风险评级分布在钟形曲线的尾部时，即国家风险非常高或者非常低时，此时国家风险评级变化相对稳定，理论上讲评级调整应该为零。当国家风险评级向钟形曲线中心靠近时，当预期履约程度低于 50%时，国家风险评级预期调整为正，反之为负。至此，提出待检验假设 H2：国家风险评级具有不对称调整特征。

6.2.3　数值检验模型

研究利用面板数据推导并检验国家风险评级的波动集聚、不对称调整统计特性。面板数据含有横截面、时间和指标三维信息，在时间序列上取多个截面，在这些截面上同时选取样本指标观测值所构成的样本数据，以此为基础建立的面板数据模型可以同时从时间和截面两个层次进行分析，能够识别出单纯的时间或截面序列不能发现的影响因素（Hsiao，2003）。面板数据模型作为近年来经济计量学理论方法和应用研究中最为活跃的领域之一，在国家风险研究领域多用于研究国家风险与特定经济现象（如对外直接投资、股指波动等）间的影响关系。

不同于 Cruces（2006）的数值验证建模，考虑到油气输出国的国家风险与油价波动存在的关联性，在对波动特征假设 H1 与 H2 进行数值建模验证时，为了考察在油价变化冲击下国家风险的动态统计特征是否成立，在解释变量中引入石油价格波动变量（ $\Delta\mathrm{OP}_t^i$ ）：

$$\Delta\mathrm{OP}_t^i=\mathrm{OP}_t^i-\mathrm{OP}_{t-1}^i \tag{6-11}$$

其中，OP_t^i 表示第 i 个国家在 t 期的石油价格水平。

首先考察波动集聚性，采用 Coplin 和 O'Leary（1994）的 ICRG 国家风险五

分段函数，对原始国家风险评级（CRR）数据进行分段转换：

$$I_1(\mathrm{CRR}_{t-1}^i)=\begin{cases}1, & 0\leqslant \mathrm{CRR}_{t-1}^i<40\\ 0, & \text{其他}\end{cases}$$

$$I_2(\mathrm{CRR}_{t-1}^i)=\begin{cases}1, & 40\leqslant \mathrm{CRR}_{t-1}^i<55\\ 0, & \text{其他}\end{cases}$$

$$I_3(\mathrm{CRR}_{t-1}^i)=\begin{cases}1, & 55\leqslant \mathrm{CRR}_{t-1}^i<70\\ 0, & \text{其他}\end{cases}\qquad(6\text{-}12)$$

$$I_4(\mathrm{CRR}_{t-1}^i)=\begin{cases}1, & 70\leqslant \mathrm{CRR}_{t-1}^i<85\\ 0, & \text{其他}\end{cases}$$

$$I_5(\mathrm{CRR}_{t-1}^i)=\begin{cases}1, & 85\leqslant \mathrm{CRR}_{t-1}^i<100\\ 0, & \text{其他}\end{cases}$$

继而，构造 CRR 波动绝对值与分段函数的关系函数：

$$\begin{cases}|\Delta\mathrm{CRR}_t^i|=\sum_{k=1}^{5}\alpha_j I_k(\mathrm{CRR}_{t-1}^i)+\varepsilon_t^i\\ \Delta\mathrm{CRR}_t^i=\sum_{k=1}^{5}\alpha_j I_k(\mathrm{CRR}_{t-1}^i)+\varepsilon_t^i\\ \Delta\mathrm{CRR}_t^i=\rho\Delta\mathrm{CRR}_{t-1}^i+\sum_{k=1}^{5}\alpha_j I_k(\mathrm{CRR}_{t-1}^i)+\varepsilon_t^i\end{cases}\qquad(6\text{-}13)$$

考虑油价波动影响，

$$\begin{cases}|\Delta\mathrm{CRR}_t^i|=\sum_{k=1}^{5}\alpha_j I_k(\mathrm{CRR}_{t-1}^i)+\beta\mathrm{OP}_t^i+\varepsilon_t^i\\ \Delta\mathrm{CRR}_t^i=\sum_{k=1}^{5}\alpha_j I_k(\mathrm{CRR}_{t-1}^i)+\beta\mathrm{OP}_t^i+\varepsilon_t^i\\ \Delta\mathrm{CRR}_t^i=\rho\Delta\mathrm{CRR}_{t-1}^i+\sum_{k=1}^{5}\alpha_j I_k(\mathrm{CRR}_{t-1}^i)+\beta\mathrm{OP}_t^i+\varepsilon_t^i\end{cases}\qquad(6\text{-}14)$$

其中，$\Delta\mathrm{CRR}_t^i=\mathrm{CRR}_t^i-\mathrm{CRR}_{t-1}^i$。为了减少由于截面数据造成的异方差影响，使用可行的广义最小二乘估计对未知参数加以估计。

为了避免由 CRR 原始数据计数段选取所带来的统计结果差异，进一步将计数段加以细化，以十为单位，重新构造分段函数：

$$\overline{I}_k(\mathrm{CRR}_{t-1}^i)=\begin{cases}1, & 10(k-1)\leqslant \mathrm{CRR}_{t-1}^i<10k\\ 0, & \text{其他}\end{cases}\qquad(6\text{-}15)$$

利用十分段函数（6-15）重新对式（6-13）、式（6-14）使用最小二乘估计并对统计特征假设 H1 与 H2 进行显著性检验。需要说明的是，在国家风险评级波动集聚、均值回复特征分析框架中，将国家风险因素 r_{ij} 归结为目标国的履约可信赖程度，隐含目标国的国家风险评级水平与其履约的预期可信赖程度 $E(R_{t+j})$ 呈线性关系，则国家风险评级继承了目标国预期可信赖程度 $E(R_{t+j})$ 的波动特征，这也是统计特征检验模型能够成立的前提。

6.3 实 证 分 析

6.3.1 样本与数据

考虑到油气资源分布及贸易方式的不同，兼顾数据样本的可获取性，本节主要考察以下 36 个油气输出国，如表 6-1 所示。

表 6-1　油气输出国样本国

地区	国家								
亚太	澳大利亚	文莱	马来西亚	泰国	越南	印度尼西亚[1)]	哈萨克斯坦	阿塞拜疆	
中东	科威特*	阿曼	阿联酋*	卡塔尔*	沙特阿拉伯*	叙利亚	伊朗*	也门	伊拉克*
非洲	阿尔及利亚*	安哥拉*3)	尼日利亚*	苏丹	刚果共和国	埃及	加蓬	利比亚	
北美	加拿大	墨西哥							
南美	巴西	秘鲁	阿根廷	委内瑞拉*	哥伦比亚	厄瓜多尔*2)			
欧洲	丹麦	挪威		俄罗斯					

*表示 OPEC 成员国；1）印度尼西亚于 2008 年 6 月退出 OPEC；2）厄瓜多尔曾于 1992 年 12 月退出 OPEC，后于 2007 年 12 月重新加入；3）安哥拉于 2007 年 1 月加入 OPEC

对于油气输出国而言，油气行业构成了 GDP 增长的主要原动力，并且油气出口收入也是经常账户的主要构成部分，围绕油气收益的政策变动在一定程度上也加剧了政治风险，故虽然 ICRG 评级体系中没有对油气行业加以专门刻画，但是选用 ICRG 综合国家风险评级对于考察油气输出国国家风险仍然是适合的。本节选取 1998 年 12 月～2018 年 7 月的 ICRG 综合国家风险指数作为国家风险状态的替代变量，对 36 个样本国国家风险基本概况加以刻画。

表 6-2 给出了从最常用的传统视角：能源供给地区和国际能源供给格局，分地区（非洲、南美、欧洲、中东、亚太和北美）的国家风险基本统计。从统计值来看，同中东地区相比，非洲和南美的地区国家风险更高些，具体分析，中东地区的伊拉克虽然国家风险非常高，但是阿曼、阿联酋的国家风险却相对较低。

表 6-2 油气输出国国家风险：传统视角

视角		最小值	最大值	均值	标准差均值
能源供给地区	非洲	39.05	81.75	63.81	6.36
	南美	41.00	77.25	65.56	4.58
	欧洲	47.75	93.50	76.82	4.19
	中东	23.50	87.00	70.79	5.61
	亚太	41.00	89.50	74.28	3.44
	北美	65.50	87.75	77.85	2.61
国际能源供给格局	OPEC	23.50	87.00	67.71	5.59
	非 OPEC*	34.80	93.50	71.41	4.53
	俄罗斯	47.75	80.00	69.81	7.26

*非 OPEC 数据不包含俄罗斯

从国际能源供给格局（OPEC 国家和以俄罗斯为首的非 OPEC 国家）来看，与 OPEC 国家整体相比，非 OPEC 国家的整体国家风险相对较低，波动（标准差）较小，但是作为非 OPEC 国家中的核心供给力量——俄罗斯，国家风险波动远高出非 OPEC 国家平均水平。可见，从传统视角分析上述样本国，极易掩盖掉同区域国家间风险状态的差异及不同区域间风险状态的相似性。故此，下面将以国家风险为分类视角，对 36 个样本国进行聚类分析。

根据 1998 年 12 月～2018 年 7 月各油气输出国的国家风险数据基本统计信息（最大值、最小值、均值、标准差），利用 SPSS 统计软件进行层次聚类分析，并进一步划分国家风险类型。

由国家风险聚类图（图 6-1）可知，所研究的 36 个样本国保持着显著的聚类特征：曾先后爆发两伊战争、海湾战争及伊拉克战争的伊拉克，根据 ICRG 风险分类伊拉克在 2008 年之前一直都是国家风险非常高的国家，地方武装冲突、恐怖袭击频发，其高风险性持续存在，将其视为单独一类（类Ⅰ）。

安哥拉、苏丹、委内瑞拉、叙利亚和印度尼西亚的国家风险基本上处于高、非常高或中等分数段内，并且波动（标准差）较大，将其归为一类（类Ⅱ）。阿联酋、澳大利亚、丹麦、加拿大、科威特、挪威和文莱的国家风险基本上处于低、非常低且波动（标准差）较小的分数段内，将其归为一类（类Ⅴ）；其他国家可分别归为类Ⅲ和类Ⅳ，如表 6-3 所示。

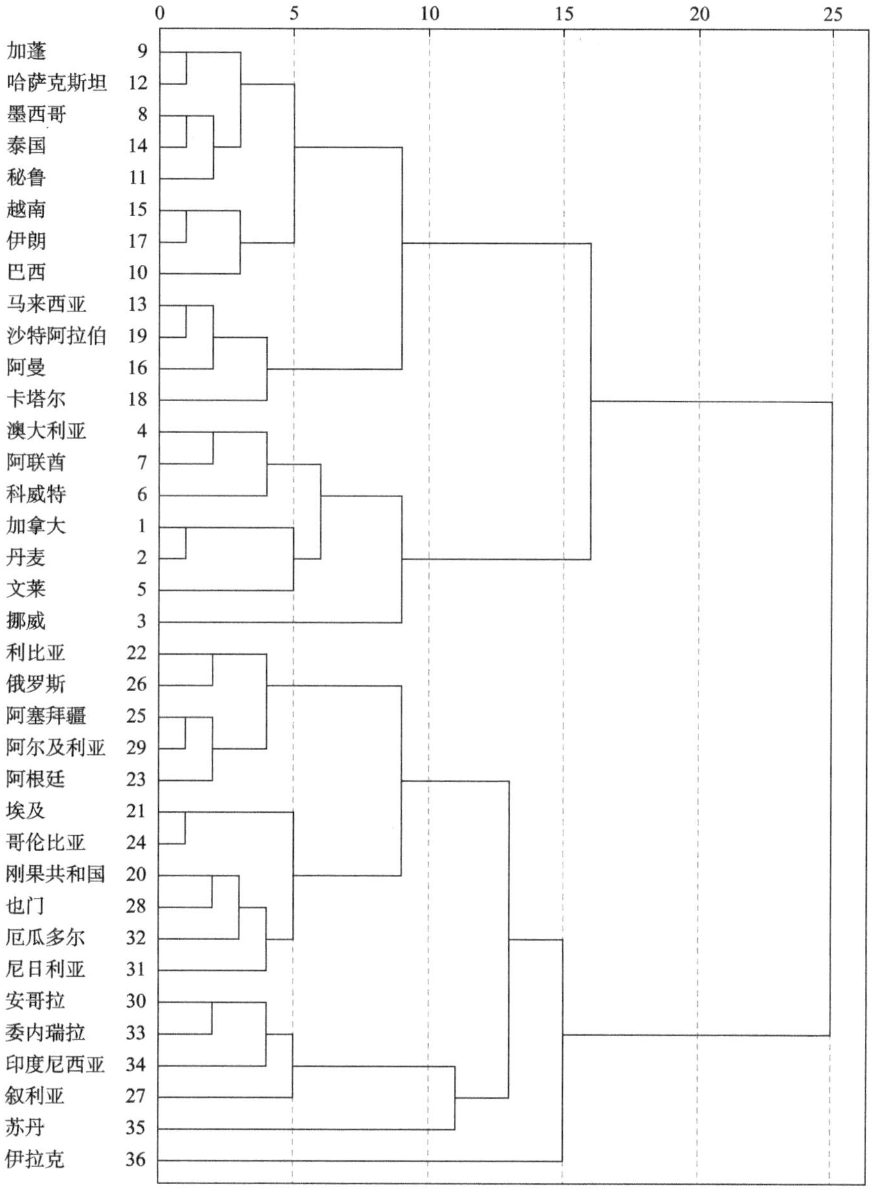

图 6-1　油气输出国样本集层次聚类结果

表 6-3　油气输出国国家风险：国家风险聚类

聚类	国家	区间	均值	标准差均值
I	伊拉克	[23.50，63.30]	51.73	8.63
II	安哥拉、苏丹、委内瑞拉、叙利亚、印度尼西亚	[34.80，72.75]	59.20	7.77

续表

聚类	国家	区间	均值	标准差均值
Ⅲ	阿尔及利亚、阿根廷、阿塞拜疆、埃及、俄罗斯、厄瓜多尔、刚果共和国、哥伦比亚、利比亚、尼日利亚、也门	[47.00，81.75]	65.78	5.97
Ⅳ	阿曼、巴西、哈萨克斯坦、加蓬、卡塔尔、马来西亚、秘鲁、墨西哥、沙特阿拉伯、泰国、伊朗、越南	[56.54，84.25]	72.41	3.56
Ⅴ	阿联酋、澳大利亚、丹麦、加拿大、科威特、挪威、文莱	[70.30，93.50]	83.74	2.83

作为油气供应方的油气输出国，其国家风险表征主要集中在贸易、投资两方面，选取 36 个油气输出国作为研究样本，并借助 ICRG 综合国家风险指数对样本国的基本国家风险状况进行层次聚类，可以发现伊拉克显著异于其他国家，在考察油气输出国国家风险时，有必要将伊拉克区别对待。

需要强调的是，国家风险是一个涉及政治、经济、社会、文化、国际关系及突发事件等十分复杂的范畴。但是对特定国家而言，其国家风险是该国政治、经济、社会等诸多风险要素共同作用下的综合表征，油气行业则构成众多油气输出国经济增长的基石，故此在研究油气输出国国家风险特征时，有必要进一步考察油气特征与国家风险的相关关系。

基于 36 个样本国，选取 1998 年 12 月～2018 年 7 月的 ICRG 综合国家风险指数数据。对于样本国的国家风险变化 ΔCRR_t^i、分段转换值 I_k 及西得克萨斯中质油（West Texas intermediate crude，WTI）油价的变化值进行 ΔOP_t^i 建模。当前国际市场石油交易大多以各主要地区的基准油为定价参考，其他品种的石油根据这些标准定出高低不等的价格。在三大期货市场中纽约商品交易所能源期货和期权交易量占到三大期货市场总量的一半以上，其 WTI 是全球交易量最大的商品期货，也是全球石油市场最重要的定价基准之一。在实际交易中，WTI 油价与 Brent 油价和 OPEC 一揽子油价差别并不大，它们的相关性非常强。与此同时，各地区的油价也与 WTI 油价高度相关（表 6-4），故而本节选用 WTI 油价作为石油价格的替代变量，并将其作为体现刻画油气输出国油气属性的特征指标。

表 6-4　区域性离岸油价与 WTI 离岸油价相关度

区域性离岸油价	相关度
Brent	0.9853
波斯湾	0.9786
OPEC	0.9855
非 OPEC	0.9869
安哥拉	0.9828
哥伦比亚	0.9821

续表

区域性离岸油价	相关度
墨西哥	0.9777
尼日利亚	0.9837
沙特阿拉伯	0.9793
英国	0.9965
委内瑞拉	0.9845

资料来源：美国能源署网站，F.O.B. Costs of Imported Crude Oil by Area 月度数据，时间长度为 1998 年 12 月～2018 年 7 月；波斯湾包含巴林、伊朗、伊拉克、科威特、卡塔尔、沙特阿拉伯和阿联酋

从油气输出国的净油气收益占 GDP 份额来看，可以将其分为两大类：低油气收益依赖型和高油气收益依赖型。表 6-5 中给出 2017 年部分油气输出国油气收益与国家风险截面数据对比，其中净油气收益/GDP 数据取自世界银行；国家风险（CRR）数据取 ICRG 综合国家风险分值 2017 年 12 月的月度数据，对于 36 个油气输出国而言，2017 年 12 月的国家风险样本均值为 67.28；国家风险与同期 WTI 油价（OP_t^i）相关度记为 R（CRR，OP_t^i），与同期 WTI 油价变动（ΔOP_t^i）相关度记为 R（CRR，ΔOP_t^i），考察样本区间为 2016 年 7 月～2018 年 6 月。

表 6-5　2017 年部分油气输出国油气收益与国家风险截面数据

国家		净油气收益/GDP	CRR	R（CRR，OP_t^i）	R（CRR，ΔOP_t^i）
低油气收益依赖型	丹麦	0.38%	82.00	0.820	0.053
	阿根廷	0.74%	69.30	0.047	0.149
	印度尼西亚*	0.83%	68.00	0.535	0.165
	加拿大	0.89%	83.00	0.203	0.299
	越南	1.27%	68.30	−0.379	−0.196
	墨西哥	1.72%	66.80	−0.081	0.139
	马来西亚	2.36%	75.50	0.772	0.363
	哥伦比亚	2.67%	68.30	0.528	0.092
	挪威	3.75%	89.00	0.867	0.207
	埃及	4.08%	59.50	0.786	0.252
	厄瓜多尔*	4.96%	63.30	0.474	0.038
	相关度绝对值均值			0.499	0.177
高油气收益依赖型	尼日利亚*	6.12%	61.50	0.592	0.107
	俄罗斯	6.43%	70.00	0.730	0.133

续表

国家		净油气收益/GDP	CRR	R（CRR，OP_t^i）	R（CRR，ΔOP_t^i）
高油气收益依赖型	哈萨克斯坦*	10.19%	68.00	0.670	0.171
	委内瑞拉*	11.29%	47.80	0.552	0.068
	阿联酋*	13.13%	78.80	0.218	−0.002
	卡塔尔*	14.23%	70.80	−0.578	−0.239
	阿塞拜疆	17.87%	66.30	0.753	0.059
	阿曼	21.80%	69.50	0.305	−0.134
	沙特阿拉伯*	23.10%	73.00	0.698	0.209
	科威特*	36.61%	73.50	0.656	0.028
	相关度绝对值均值			0.575	0.115

*表示 OPEC 成员国

具体考察 R（CRR，OP_t^i），发现除阿根廷和墨西哥的相关度绝对值较弱外，其他国家均具有较高的相关度。阿根廷和墨西哥的国家风险水平与油价变动程度的相关度 R（CRR，ΔOP_t^i）较 R（CRR，OP_t^i）有明显提升。并且可以发现，高油气收益依赖型国家的 R（CRR，OP_t^i）均值比低油气收益依赖型国家要高。对于大部分国家而言，国家风险指数与油价水平是正相关关系，仅有少数国家（越南、墨西哥和卡塔尔）国家风险指数与油价水平呈现负相关关系。当净油气收益/GDP 比例>15%时，R（CRR，OP_t^i）的数值普遍相对较高，说明国家风险与油价波动的相关性在高油气收益依赖型的国家中体现得更为明显。

为了避免出现伪回归，需对面板数据 ΔCRR_t^i、$|\Delta CRR_t^i|$等的平稳性进行检验，最常用的办法就是单位根检验，常用的检验方法包括 LLC（Levin，Lin & Chu）检验、IPS（Im Pesaran & Shin）检验、Hadri 检验（基于拉格朗日检验的残差检验）、Fisher-ADF（Fisher-augmented Dickey-Fuller，费希尔增广迪基–富勒）检验和 Fisher-PP（Fisher Philip-Perron）检验。其中 Hadri 检验和 LLC 检验都限定每个截面的单位根检验系数相同，而其他检验方法对条件的限制则相对宽松，故而，选用 IPS 检验及 ADF-Fisher Chi-square（Fisher-ADF）和 PP-Fisher Chi-square（Fisher-PP）检验对数据平稳性加以判断。根据表 6-6 检验结果，可知 IPS，Fisher-ADF，Fisher-PP 统计量在 1% 的水平下皆拒绝了原假设，因此判断 ΔCRR_t^i、$|\Delta CRR_t^i|$数据是平稳的，可以做进一步的回归分析。同理，可以实现对分段转换值 I_k 的平稳性检验。

表 6-6　面板数据单位根检验结果

检验模式		M1		M2		M3	
检验变量		$\lvert \Delta CRR_t^i \rvert$	ΔCRR_t^i	$\lvert \Delta CRR_t^i \rvert$	ΔCRR_t^i	$\lvert \Delta CRR_t^i \rvert$	ΔCRR_t^i
检验方法	IPS	−92.714	−102.604	−85.115	−96.594		
	Fisher-ADF	3900.66	4261.87	3728.20	4161.75	1387.46	4888.66
	Fisher-PP	4072.93	4294.01	4182.25	4211.15	4028.99	4975.59

注：检验类型 M1，含有常数项和时间趋势项；M2，含有常数项但不含时间趋势项；M3，不含常数项和时间趋势项。以上检验统计量全部在 1%显著性水平下拒绝原假设（存在异质单位根过程），即数据平稳

6.3.2　假设检验分析

考虑金融危机期间油价大幅波动可能对油气输出国家风险产生与其他时期所不同的影响，研究以 2007 年 1 月和 2010 年 1 月为节点（图 6-2），将样本划分为三个区间：1999 年 1 月～2006 年 12 月（P1）、2007 年 1 月～2009 年 12 月（P2）和 2010 年 1 月～2018 年 7 月（P3）。其中，P1 区间内国家风险评级数据在[23.00，93.50]，P2 区间内国家风险评级数据在[44.5，92.25]，P3 区间内国家风险评级数据在[34.80，91.80]，三个区间均考虑面板回归建模。假设出现截面异方差和同期相关，采用截面似不相关回归（cross-section SUR，cross-section seeming unrelated regression）方法对模型进行相应的广义最小二乘估计。

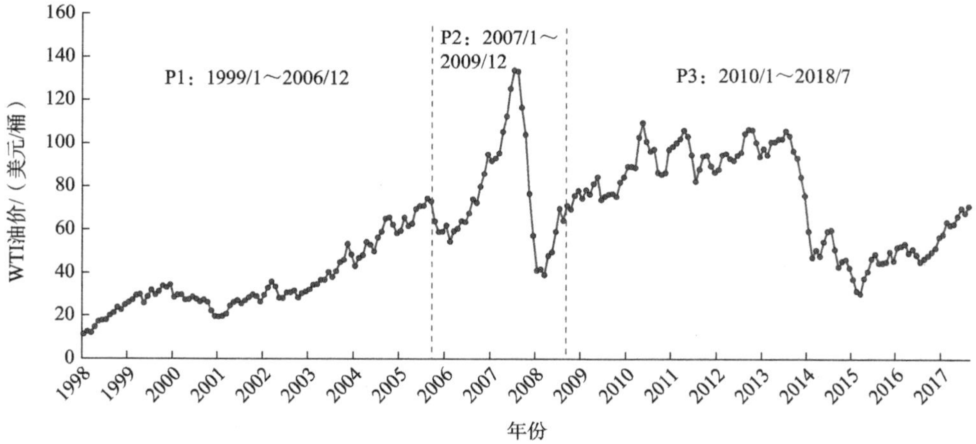

图 6-2　各样本区间内油价走势

1. 假设检验 H1：波动集聚特征

在不考察油价波动影响时，估计$\lvert \Delta CRR_t^i \rvert = \sum_{k=1}^{5} \alpha_j I_k(CRR_{t-1}^i) + \varepsilon_t^i$，由表 6-7 可

知，对于 1999/1～2006/12 时间段，55 分以下[I_1 [0，40)和 I_2 [40，55)]范围国家风险评级是最不稳定的，平均波动为 1.377；对于 2007/1～2009/12 时间段，40～55 分[I_2 [40，55)]范围是最不稳定的，波动为 0.8255；对于 2010/1～2018/7 时间段，40 分以下[I_1 [0，40)]范围是最不稳定的，波动为 1.1448。对比 P1、P2 与 P3 可以发现，国家风险分值偏低时（CRR<55）时，评级易出现较大波动。

表 6-7　波动集聚特征检验估计：五分段转换

区间	解释变量	系数估计	标准误	系数估计	标准误
		$\lvert \Delta CRR_t^i \rvert = \sum_{k=1}^{5} \alpha_j I_k (CRR_{t-1}^i) + \beta OP_t^i + \varepsilon_t^i$		$\lvert \Delta CRR_t^i \rvert = \sum_{k=1}^{5} \alpha_j I_k (CRR_{t-1}^i) + \varepsilon_t^i$	
P1	I_1 [0，40)	1.7510	0.3055***	1.7428	0.3059***
	I_2 [40，55)	1.0171	0.0568***	1.0121	0.0568***
	I_3 [55，70)	0.5775	0.0240***	0.5719	0.0239***
	I_4 [70，85)	0.4001	0.0201***	0.3951	0.0199***
	I_5 [85，100)	0.2965	0.0223***	0.2921	0.0222***
	ΔOP	−0.0077	0.0057		
P2	I_2 [40，55)	0.8283	0.0169***	0.8255	0.0171***
	I_3 [55，70)	0.4191	0.0098***	0.4198	0.0101***
	I_4 [70，85)	0.3723	0.0103***	0.3722	0.0106***
	I_5 [85，100)	0.2498	0.0097***	0.2502	0.0099***
	ΔOP	0.0019	0.0010*		
P3	I_1 [0，40)	1.1396	0.2991***	1.1448	0.2989***
	I_2 [40，55)	0.5905	0.0466***	0.5905	0.0466***
	I_3 [55，70)	0.4347	0.0161***	0.4349	0.0161***
	I_4 [70，85)	0.3434	0.0142***	0.3435	0.0142***
	I_5 [85，100)	0.2382	0.0297***	0.2384	0.0298***
	ΔOP	−0.0020	0.0023		

注：括号内为对应国家风险评级区间

***表示在 1%显著性水平下通过检验；*表示在 10% 显著性水平下通过检验

当考虑油价波动影响时，估计 $\lvert \Delta CRR_t^i \rvert = \sum_{k=1}^{5} \alpha_j I_k (CRR_{t-1}^i) + \beta OP_t^i + \varepsilon_t^i$，可以发现，在 P1 和 P3 阶段油价波动 ΔOP 对国家风险评级波动绝对值的影响是不显著的，但是在 P2 阶段则是显著的。虽然影响系数较小，但是在一定程度上说明在全球油价大幅波动的情况下，油气输出国的国家风险与油价之间的关联也在逐渐显著。需要说明的是，在五分段函数下，CRR<50 作为一个整体考虑，可能会丢失风险非常高状态下的相关信息，故而采用十分段函数式（6-15）对 ICRG 综合国家风险数值转换时，再次对模型加以估计。由于国家风险评级数据在[23.00，93.50]，故 I_1, I_2 未出现 1，故而在建模估计时不需考虑 I_1、I_2。考察整个样本区间，同样采用 cross-section SUR 方法对模型进行广义最小二乘估计。

当采用十分段转换原始数据时，由表 6-8 模型估计结果可知，[20，40)范围国家风险评级是最不稳定的，平均波动为 2.1542；[40，60)范围国家风险评级平均波动为 0.7654，[60，80)、[80，100)范围国家风险评级平均波动分别为 0.4166、0.2704。将[20，40)范围看作钟形曲线中心（预期履约程度 50%）的话，那么评级波动的集聚模式相比五分段转换时更加体现出钟形曲线特征。当考虑油价波动影响时，可以发现系数估计值相比不考虑油价波动冲击都有所增加，也就是说，虽然油价波动影响较弱，但是却能够增大各分数段的波动水平。

表 6-8　波动集聚特征检验估计：十分段转换

解释变量	系数估计	标准误	系数估计	标准误
	$\lvert \Delta CRR_t^i \rvert = \sum_{k=1}^{10} \alpha_j I_k (CRR_{t-1}^i) + \beta OP_t^i + \varepsilon_t^i$		$\lvert \Delta CRR_t^i \rvert = \sum_{k=1}^{10} \alpha_j I_k (CRR_{t-1}^i) + \varepsilon_t^i$	
I_3 [20，30)	3.0261	0.7715***	3.0236	0.7715***
I_4 [30，40)	1.2847	0.1925***	1.2849	0.1925***
I_5 [40，50)	0.8410	0.0561***	0.8401	0.0561***
I_6 [50，60)	0.6913	0.0329***	0.6907	0.0329***
I_7 [60，70)	0.4588	0.0177***	0.4580	0.0177***
I_8 [70，80)	0.3758	0.0165***	0.3752	0.0165***
I_9 [80，90)	0.2898	0.0153***	0.2892	0.0153***
I_{10} [90，100)	−0.0186	0.0430	−0.0188	0.0430
ΔOP	−0.0027	0.0023		

注：括号内为对应国家风险评级区间

***表示在 1%显著性水平下通过检验

2. 假设检验 H2：不对称调整特征

均值回复是指当国家风险评级向钟形曲线中心靠近时，当预期履约程度低于 50%时，国家风险评级预期调整为正，反之为负。而均值回复的不对称调整是指，当国家风险评级分布在钟形曲线的尾部时，即国家风险非常高或者非常低时，此时国家风险评级变化相对稳定，理论上讲评级调整应该为零。

在五分段转换时，在不考虑油价波动冲击的情况下，[55，85)范围系数值很小甚至接近于 0，[85，100)范围内显著性弱，其中 P1 阶段中 I_1～I_5 系数[85，100)范围系数不显著；而 P2 阶段则在[55，70)、[70，85)和[85，100)范围出现显著性负值。油价波动冲击的影响与 H1 检验分析相似（表 6-9）。

表 6-9　不对称调整特征检验估计：五分段转换

区间	解释变量	系数估计	标准误	系数估计	标准误
		$\Delta CRR_t^i=\sum_{k=1}^{5}\alpha_j I_k(CRR_{t-1}^i)+\beta OP_t^i+\varepsilon_t^i$		$\Delta CRR_t^i=\sum_{k=1}^{5}\alpha_j I_k(CRR_{t-1}^i)+\varepsilon_t^i$	
P1	I_1 [0，40)	0.9934	0.4946**	0.9947	0.4943**
	I_2 [40，55)	0.3052	0.0663***	0.3072	0.0662***
	I_3 [55，70)	0.0942	0.0231***	0.0972	0.0226***
	I_4 [70，85)	0.0507	0.0238**	0.0534	0.0238**
	I_5 [85，100)	−0.0111	0.0286	−0.0085	0.0283
	ΔOP	0.0071	0.0064		
P2	I_2 [40，55)	0.3176	0.0151***	0.3144	0.0141***
	I_3 [55，70)	−0.0367	0.0071***	−0.0353	0.0071***
	I_4 [70，85)	−0.1550	0.0076***	−0.1547	0.0077***
	I_5 [85，100)	−0.0715	0.0098***	−0.0705	0.0098***
	ΔOP	0.0018	0.0006***		
P3	I_1 [0，40)	1.0458	0.3617***	1.0455	0.3617***
	I_2 [40，55)	−0.0233	0.0578	−0.0230	0.0578
	I_3 [55，70)	−0.0117	0.0182	−0.0120	0.0184
	I_4 [70，85)	−0.0239	0.0180	−0.0242	0.0180
	I_5 [85，100)	0.0104	0.0374	0.0099	0.0375
	ΔOP	0.0050	0.0028*		

***表示在 1%显著性水平下通过检验；**表示在 5%显著性水平下通过检验；*表示在 10%显著性水平下通过检验

对比五分段转换，当采用十分段转换时，[30，60)范围系数通过显著性水平验证；当分数趋向 100 时，系数不显著。油价波动冲击影响依然存在，影响幅度比较微弱（表 6-10）。

表 6-10　不对称调整特征检验估计：十分段转换

解释变量	系数估计	标准误	系数估计	标准误
	$\Delta CRR_t^i = \sum_{k=1}^{10} \alpha_j I_k(CRR_{t-1}^i) + \beta OP_t^i + \varepsilon_t^i$		$\Delta CRR_t^i = \sum_{k=1}^{10} \alpha_j I_k(CRR_{t-1}^i) + \varepsilon_t^i$	
I_3 [20，30)	2.9775	0.8757***	2.9781	0.8758***
I_4 [30，40)	0.5905	0.2366**	0.5889	0.2366**
I_5 [40，50)	0.1447	0.0633**	0.1457	0.0633**
I_6 [50，60)	0.1197	0.0361***	0.1209	0.0361***
I_7 [60，70)	0.0258	0.0183	0.0270	0.0183
I_8 [70，80)	−0.0201	0.0187	−0.0190	0.0187
I_9 [80，90)	−0.0223	0.0183	−0.0213	0.0184
I_{10} [90，100)	0.0683	0.0529	0.0691	0.0529
ΔOP	0.0061	0.0026**		

***表示在 1%显著性水平下通过检验；**表示在 5%显著性水平下通过检验

6.3.3　国家风险评级波动自相关性

进一步考察国家风险评级变化的自相关性，如表 6-11 所示，在 1999/1～2018/7 整个样本考察期内，国家风险评级变化 ΔCRR_t^i 与滞后一期呈现出显著的自相关性；1999/1～2006/12 时间段内，自回归效应显著，影响系数为−0.0212；2010/1～2018/7 时间段内，自回归效应显著，影响系数为−0.0554，并在 1%显著性水平下通过检验。国家风险评价变动与滞后一期的自相关性显著，为依据当前信息对未来国家风险预测提供了依据。

表 6-11　自相关检验估计：五分段转换

区间	解释变量	系数估计	标准误	系数估计	标准误
		$\Delta CRR_t^i = \rho \Delta CRR_{t-1}^i + \sum_{k=1}^{5} \alpha_j I_k(CRR_{t-1}^i) + \beta OP_t^i + \varepsilon_t^i$		$\Delta CRR_t^i = \rho \Delta CRR_{t-1}^i + \sum_{k=1}^{5} \alpha_j I_k(CRR_{t-1}^i) + \varepsilon_t^i$	
P1	ΔCRR_{t-1}^i	−0.0212	0.0061***	−0.0212	0.0061***
	I_1 [0，40)	0.9772	0.4936**	0.9795	0.4933**
	I_2 [40，55)	0.3067	0.0663***	0.3086	0.0662***
	I_3 [55，70)	0.0969	0.0231***	0.0997	0.0227***
	I_4 [70，85)	0.0557	0.0239**	0.0584	0.0239**
	I_5 [85，100)	−0.0106	0.0286	−0.0081	0.0283
	ΔOP	0.0073	0.0064		

续表

区间	解释变量	系数估计	标准误	系数估计	标准误
		$\Delta CRR_t^i = \rho\Delta CRR_{t-1}^i + \sum_{k=1}^{5}\alpha_j I_k(CRR_{t-1}^i) + \beta OP_t^i + \varepsilon_t^i$		$\Delta CRR_t^i = \rho\Delta CRR_{t-1}^i + \sum_{k=1}^{5}\alpha_j I_k(CRR_{t-1}^i) + \varepsilon_t^i$	
P2	ΔCRR_{t-1}^i	−0.0237	0.0119**	−0.0224	0.0117*
	I_2 [40，55)	0.3242	0.0156***	0.3208	0.0147***
	I_3 [55，70)	−0.0382	0.0071***	−0.0367	0.0072***
	I_4 [70，85)	−0.1586	0.0079***	−0.1580	0.0080***
	I_5 [85，100)	−0.0744	0.0099***	−0.0732	0.0099***
	ΔOP	0.0018	0.0007***		
P3	ΔCRR_{t-1}^i	−0.0550	0.0164***	−0.0554	0.0164***
	I_1 [0，40)	1.0454	0.3662***	1.0445	0.3663***
	I_2 [40，55)	−0.0397	0.0578	−0.0396	0.0578
	I_3 [55，70)	−0.0143	0.0183	−0.0147	0.0185
	I_4 [70，85)	−0.0236	0.0182	−0.0241	0.0182
	I_5 [85，100)	0.0122	0.0373	0.0115	0.0374
	ΔOP	0.0049	0.0028*		

***表示在 1%显著性水平下通过检验；**表示在 5%显著性水平下通过检验；*表示在 10%显著性水平下通过检验

6.4 小　结

本章着眼于油气输出国国家风险波动的统计特征描述。为了能够对油气特征加以刻画，引入油价波动变量，借助 Cruces（2006）对国家风险评级特征的分析框架，利用 Coplin 和 O'Leary（1994）的五分段函数对国家风险评级数据加以转换，分别在 1999 年 1 月～2006 年 12 月，2007 年 1 月～2009 年 12 月和 2010 年 1 月～2018 年 7 月三个时间段内对数值检验模型加以估计，并利用十分段函数重新对整个样本区间加以估计，以验证模型估计的稳定性。从而，可以得出以下结论。

（1）对于国家风险非常高和非常低的油气输出国，尤其是国家非常低的油气输出国而言，其国家风险评级往往相对稳定；而对于国家风险低和一般的油气输出国，尤其是国家风险一般的油气输出国而言，其国家风险评级是最容易发生波动的。

（2）油价冲击下，资源国国家风险波动呈现出显著性增强的现象，因此在海外油气资源投资过程中，油气输出国的国家风险与油价波动的关联是需要引起注意的。

第7章　考虑风险要素交互作用的国家风险评价

7.1　引　　言

国家风险评价是国家风险最为重要的研究范畴之一。风险评级机构通过筛选核心风险要素，利用一致性的风险评级方法提供独立的国家风险分析，旨在帮助市场参与者解决信息不对称性问题。然而，不同风险要素之间存在复杂的相关关系。风险要素之间相互作用共同影响整体国家风险水平。现有国家风险评价框架却很少考虑要素间相关性。

不同于国家风险演化中常见的联动、溢出、传导等相关性表现形式，国家风险评价中的多风险要素相关性通常表现为非线性的交互作用，且更多地源于复杂的经济社会文化环境及发展演化规律。危机是风险的极端表现形式，一个国家如果同时爆发政治危机及金融危机，政治与经济相互作用会进一步放大风险，因此对该国的整体破坏力显然要高于爆发单种危机的破坏力之和。在这种情况下，在进行整体风险评价时，政治风险与金融风险会呈现出“互补”的交互作用形式，即“1+1>2”效应。如果不关注这种交互作用，则可能导致对整体风险水平的低估。此外，有些风险要素之间可能因自身来源及刻画对象的相似性，在进行整体风险评价时会有一定的信息“冗余”，即“1+1<2”效应，如果不关注这种交互作用，则可能导致对整体风险水平的高估。

目前，定性与定量相结合的评价方法被主流评级机构广泛采用。在评级过程中，对定量和定性的权衡是评级结果准确性及有效性的关键。定性过多，可能影响评级结果的客观公正性；定量过多，则可能无法准确识别经济社会复杂性带来的影响。因此，目前风险评级机构所采用的评价方法中，即使是量化程度最高的方法，在考虑风险要素相关性和分配阈值时也是基于主观判断的，而未能实现完全准确客观的度量（李建平等，2014）。目前国家风险学术评价领域最常用的方法主要是基于传统可加测度上的多属性评价方法，如线性加权、层次分析法、逼近理想解排序法（technique for order preference by similarity to an ideal solution，TOPSIS）等。随着决策问题及决策环境的日益复杂，指标间的复杂关联逐渐得到关注，如利用主成分分析或因子分析方法等对风险指标之间的相关性进行简单处理，以消除指标之间的冗余性。在评价过程中考虑指标间的交互作用，不仅有助于增强国家风险评价的科学性及实际指导性，同时有助于决策者更深入理解国家风险（Felix，1994）。综上，定性与定量相结合依然是目前较为有效的国家风险评价方法，在此基础上如何尽可能借助定量方法规范定性判断，如何将风险要素间的复杂交互作用纳入国家风险评价框架，是本章的关注重点。

本章首次提出考虑风险要素交互作用的国家风险评价方法：利用模糊测度对风险要素之间的交互作用进行全面刻画，并利用 Choquet 积分进行国家风险综合集成。模糊测度及 Choquet 积分在刻画指标复杂的相关性上相较于常见的可加测度表现出显著的优势，因为模糊测度不仅可以刻画单个风险要素的“权重”，而且可以全面刻画所有可能的风险要素组合权重（Grabisch，1997；Branke et al.，2016；Li et al.，2018；Yao et al.，2018）。

7.2　模 型 方 法

国家风险评价实质是一种基于多种风险要素的多属性决策过程，但不同要素之间可能存在复杂的交互作用，如相互补充（促进）或相互冗余（抑制）。常见的可加测度并不能对这种“效用相关”进行有效刻画。相较于可加测度，模糊测度不仅关注单个要素的测度（权重），同时对所有可能的要素组合测度进行度量，所以其可以灵活、全面地刻画要素之间的互补、冗余或是相互独立的关系。

7.2.1　模糊测度基础知识介绍

在介绍本节具体研究思路及方法之前，首先对模糊测度、菱形成对比较法及 Choquet 积分进行简要介绍。

1. 模糊测度

在利用多属性评价方法集成过程中，模糊测度可以视为对经典可加测度中权重向量的一般化推广（Grabisch，1997）。相较于可加测度，模糊测度的一大特点是利用单调性代替了可加性。

定义 1：假设非空有限集合 X，如果定义在该集合上的集函数 $\mu: P(X) \to [0,1]$ 满足以下条件，则称 μ 为非可加测度或是模糊测度：

$$\mu(\phi)=0, \mu(X)=1 \quad （边界条件）$$

$$S,T \subset X, S \subset T \Rightarrow \mu(S) \leqslant \mu(T) \quad （单调性）$$

对于经典可加测度，$\mu(A_1, A_2)=\mu(A_1)+\mu(A_2)$。但是对于非可加测度，由于指标交互作用的存在，以上等式可能不再成立。如果 $\mu(A_1, A_2)>\mu(A_1)+\mu(A_2)$ 成立，表明该测度是超可加的，即两个集合是互补的，整体测度大于单个测度之和。如果 $\mu(A_1, A_2)<\mu(A_1)+\mu(A_2)$ 成立，表明该测度是次可加的，即两个集合是可替代的或是冗余的。因此，一旦获得集合 X 的模糊测度，风险要素之间的交互作用就可以被识别。相应地，如果已知单个风险要素的权重及风险要素之间的交互作用，集合 X 的模糊测度即可被识别。在模糊测度的实际识别过程中，一种常见的等价转化定义如下。

定义 2：对于非空有限集合 X 上的任意集函数 $\mu: P(X) \to [0,1]$，模糊测度的默比乌斯变换（Möbius 变换）定义如下：

$$m(S)=\sum_{T \subset S}(-1)^{|S|-|T|} \mu(T), \forall S \subset X \tag{7-1}$$

逆向转换：

$$\mu(S)=\sum_{T \subset S} m(T), \forall S \subset X$$

模糊测度的一大优势是可以刻画不同指标之间复杂的交互作用，而 Shapley 值则可以实现对交互作用的刻画。

定义 3：对于非空有限集合 X 上的任意集函数 $\mu: P(X) \to [0,1]$，Shapley 值定义如下：

$$I_{\mathrm{Sh}}(S)=\sum_{T \subset X \backslash S} \frac{(|X|-|S|-|T|)!|T|!}{(|X|-|S|+1)!} \sum_{L \subset S}(-1)^{|S|-|L|} \mu(L \cup T), \forall S \subset X \tag{7-2}$$

逆向转换：

$$\mu(S)=\sum_{T \subset X} \beta_{|S \cap T|}^{|T|} I_{\mathrm{Sh}}(T), \forall S \subset X \tag{7-3}$$

$$\beta_k^l=\sum_{j=0}^k\binom{k}{l} B_{l-j}, B_k=-\sum_{l=0}^{k-1} \frac{B_l}{k-l+1}\binom{k}{l}, k>0, B_0=1$$

模糊测度的识别问题一直是模糊测度应用中的难点之一。目前模糊测度识别方法主要可以分为三类：第一类方法是数据驱动方法。该方法要求获取大量的样本数据，且样本的具体属性评分及整体评分均已知。这种情况下，利用已有样本数据作为训练集，应用人工智能或机器学习如神经网络或遗传算法等可以很容易地对模糊测度进行度量（Klir et al.，1997；Shi et al.，2011；Wang et al.，2011b）。第二类方法借助决策者偏好进行模糊测度识别（Marichal and Roubens，2000；Angilella et al., 2004; Liginlal and Ow, 2005; Wang and Parkan, 2005; Kojadinovic, 2007；Mayag et al.，2011；Hsu et al.，2013；Merad et al.，2013）。决策者偏好包括但不仅限于以下形式：对部分或全部被评价主体的偏好、对部分或全部属性的偏好、对属性间交互作用的主观判断等。第三类方法即完全客观的识别方法。一般做法是选取其他特征或变量，如互信息熵（Kojadinovic，2004）、集合子结构（Shieh et al.，2009）或非关联属性的个数（Rowley et al，2015）等，直接代替模糊测度对交互作用进行度量。

第一类方法需要有足够的样本训练集，但在大部分情况下，构建大样本的训练集对于决策者是极大的挑战。第三类方法采用其他指标代替模糊测度，即使替代指标可以部分满足模糊测度的性质，但在刻画指标间交互作用时不够灵活、全面，更多地刻画冗余性而很难刻画互补性。在三类模糊测度识别方法中，目前应用最为广泛的仍然是第二类方法，即借助决策者偏好的识别方法。

2. Choquet 积分

Choquet 积分是基于模糊测度的一种积分形式。假设 $\mu:\mathrm{P}(X)\to[0,1]$ 是定义在指标集 $X=(x_1,x_2,\cdots,x_n)$ 的模糊测度，在模糊测度 μ 下，针对向量 $a=(a_1,a_2,\cdots,a_n)$ 的 Choquet 积分定义如下：

$$C_\mu(a)=\sum_{i=1}^{n}\left[\mu\left(X_{(i)}\right)-\mu\left(X_{(i+1)}\right)\right]a_i=\sum_{i=1}^{n}(a_{(i)}-a_{(i-1)})\mu\left(X_{(i)}\right) \qquad (7\text{-}4)$$

$$a_{(1)}\leqslant a_{(2)}\leqslant\cdots\leqslant a_{(n)},\quad X_{(i)}=\left\{x_i,\cdots,x_n\right\},X_{(n+1)}=\varnothing$$

根据模糊测度定义，对于包含 n 个指标的集合需要识别 2^{n-1} 个模糊测度。考虑到实际应用的计算复杂性，一般将模糊测度简化为 2-可加测度。对于 2-可加测度，如果 $\forall S\subset X,|S|>2,m(S)=0$。模糊测度与默比乌斯变换之间的相互转换关系，2-可加模糊测度下基于默比乌斯变换及 Shapley 值的 Choquet 积分形式如下：

$$\begin{aligned}C_\mu(a)&=\sum_{x_i\in X}m\left(\left\{x_i\right\}\right)a_i+\sum_{\left\{x_i,x_j\right\}\in X}m\left(\left\{x_i,x_j\right\}\right)\left[a_i\wedge a_j\right]\\&=\sum_{x_i\in X}\left[I_i-0.5\sum_{\left\{x_i,x_j\right\}}I_{ij}\right]a_i+\sum_{\left\{x_i,x_j\right\}\in X}I_{ij}\left[a_i\wedge a_j\right] \qquad (7\text{-}5)\\&=\sum_{I_{ij}>0}\left[a_i\wedge a_j\right]I_{ij}+\sum_{I_{ij}<0}\left[a_i\vee a_j\right]\left|I_{ij}\right|+\sum_{i=1}^{n}a_i\left[I_i-0.5\sum_{j\neq i}\left|I_{ij}\right|\right]\end{aligned}$$

式（7-5）中，$I_i=I_{\mathrm{Sh}}(x_i),I_{ij}=I_{\mathrm{Sh}}\left(\left\{x_i,x_j\right\}\right)$。

7.2.2 基于模糊测度的国家风险评价

本节基于模糊测度及 Choquet 积分提出国家风险多要素风险集成框架（图 7-1）。

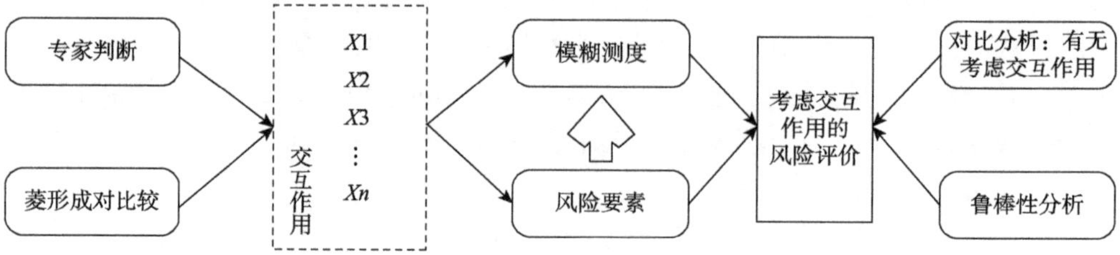

图 7-1 基于交互作用的国家风险评价框架

该框架主要流程如下。

步骤 1：基于专家调查问卷初步判断不同风险要素间的交互作用。

通过专家调查问卷的形式对不同风险要素间的交互作用进行调研，调查问卷按菱形成对比较法思路进行设计，要求被调研者给出不同风险要素两两之间的相对重要度及交互作用程度。

模糊测度应用中的一大难点，目前应用最广泛的识别方法即基于已有知识和经验，结合主观判断及定量分析进行识别，基本识别思路与多属性评价中的层次分析法类似。层次分析法利用两两成对比较法确定指标权重，但是仍然无法识别指标之间的交互作用。基于 Grabisch 的对模糊测度的图解说明（Grabisch，2000），Takahagi（2008）提出菱形成对比较法，如图 7-2 所示。横坐标轴代表单个指标的相对重要性，纵坐标轴代表指标之间的交互作用。菱形成对比较法可以直观地帮助决策者判断指标之间的相对重要性及交互作用。

关于指标 A 与 B 之间的相对重要性及交互作用，调查问卷有以下四个维度：①仅判断 A 的重要性；②仅判断 B 的重要性；③判断“A 与 B 同时存在”的重要性；④判断“A 或 B 存在（但不要求同时存在）”的重要性。

步骤 2：识别模糊测度。

基于步骤 1 得到的初始权重及交互作用值，利用菱形成对比较法识别模糊测度，本节中采用 2-可加模糊测度。

步骤 3：利用 Choquet 积分集成得到综合国家风险。

在 ICRG 各风险要素的基础上，利用 Choquet 积分进行集成得到考虑风险要素交互作用的综合国家风险评价。

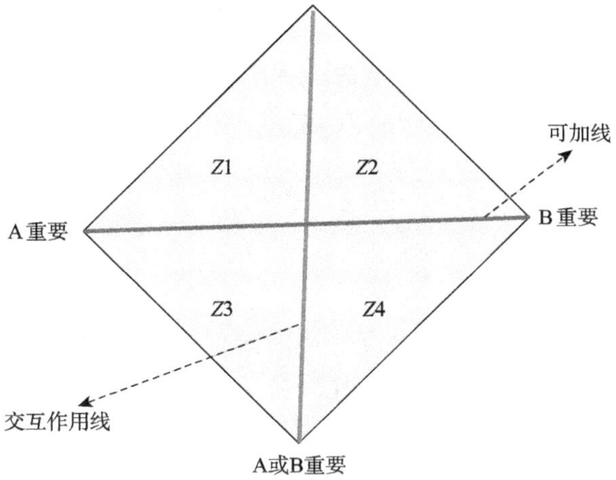

图 7-2　菱形成对比较法

Z1：A 比 B 重要；互补性

Z2：B 比 A 重要；互补性

Z3：A 比 B 重要；可替代性

Z4：B 比 A 重要；可替代性

步骤 4：分析对比。

分别从时间、空间尺度上对原始综合国家风险评级及修正后的综合国家风险评级进行分析对比，研究风险要素相关性在国家风险评价中的影响。

具体流程如下。

（1）基于菱形成对比较法，给定相对重要度系数矩阵 P 和交互作用矩阵 Q：$P=\left[I_i^{ij}\right]_{n\times n}$，$0\leqslant I_i^{ij}<1$，$i,j=1,\cdots,n$，矩阵元素表示风险要素两两比较的相对重要度。$Q=\left[I_{ij}^{-}\right]_{n\times n}$，$i,j=1,\cdots,n$，$i\neq j$，矩阵元素表示风险要素两两之间的交互作用。

（2）基于相对重要度系数矩阵 P，计算相对重要度矩阵：

$$C=\left[c_{ij}\right]_{n\times n}, c_{ij}=I_i^{ij}/I_j^{ij}$$

（3）计算相对重要度矩阵的最大特征向量 $I^*=\left(I_1^*,\cdots,I_n^*\right)$，并将其作为每个风险要素的相对重要度。进一步，根据向量 I^* 将矩阵 Q 调整为最终的交互矩阵 Q^*：

$$I_{ij}^*=\operatorname{sgn}\left(I_{ij}\right)\min\left(\left|\frac{I_i^* I_{ij}^-}{(n-1)I_i^{ij}}\right|,\left|\frac{I_j^* I_{ij}^-}{(n-1)I_j^{ij}}\right|\right),\quad i,j=1,\cdots,n,\quad i\neq j$$

显然 $I_{ij}^*=I_{ji}^*$。

（4）对于 2-可加测度，如果 $|T|>2$，$I_T^*=0$，$m(\varnothing)=0$。根据 Shapley 值与模糊测度/默比乌斯变换之间的相互转化关系，基于第（3）步得到的 Shapley 值，

可以得到相对应的模糊测度 μ^* 及其默比乌斯形式。通过以上流程推导得到的不可加测度可以被证明是 2-可加测度（武建章和张强，2010；Wu et al.，2015）。

（5）基于模糊测度 μ^*，利用 Choquet 积分将政治风险、经济风险、金融风险集成为综合国家风险。

7.2.3 比较分析

为研究分析考虑风险要素间交互作用对国家风险评价的影响，分别在时间尺度和空间尺度上对两种评价方法进行比较分析。在时间尺度上，分析对于同一国家主体，考虑风险要素交互作用后国家风险评级的不同时期对比；在空间尺度上，分析在同一时间点上，不同国家主体国家风险评级的相对变化。具体分析对比思路设计如图 7-3 所示。

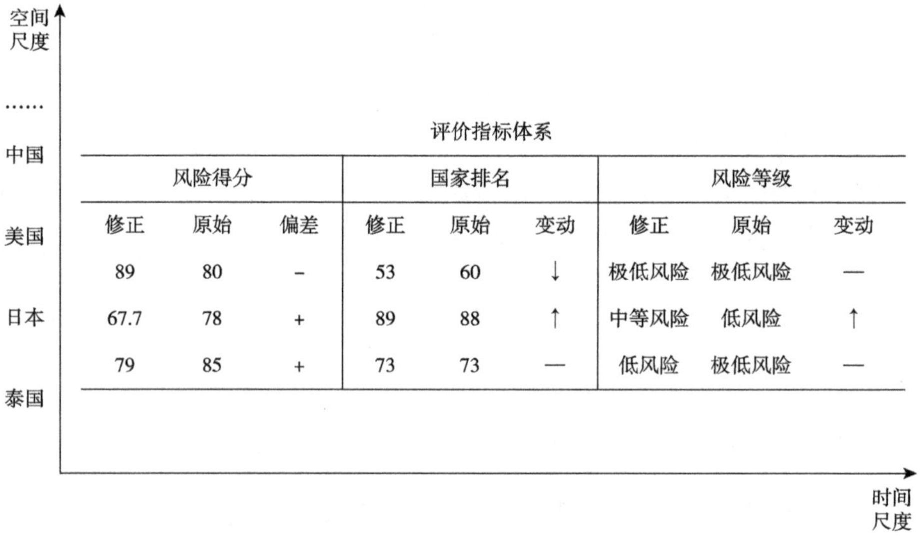

风险得分			国家排名			风险等级		
修正	原始	偏差	修正	原始	变动	修正	原始	变动
89	80	–	53	60	↓	极低风险	极低风险	—
67.7	78	+	89	88	↑	中等风险	低风险	↑
79	85	+	73	73	—	低风险	极低风险	—

图 7-3 结果对比的指标体系示意图

↑表示国家排名（风险等级）上升，↓表示国家排名（风险等级）下降，—表示不变

1. 风险评级偏差

该类指标主要度量原始国家风险评级及考虑交互作用后的国家风险评级在分值上的不同，包括平均绝对百分比误差（mean absolute percent error，MAPE）及均方误差（root mean square error，RMSE）。对这两个指标分别在时间尺度及空间尺度上进行度量。

平均绝对百分比误差：

$$\mathrm{MAPE\_T}(i)=\sum_j\left|\frac{C(i,j)-C'(i,j)}{C(i,j)}\right|,\mathrm{MAPE\_S}(j)=\sum_i\left|\frac{C(i,j)-C'(i,j)}{C(i,j)}\right| \quad (7\text{-}6)$$

其中，$C(i,j)$ 表示国家 j 在时间点 i 上的原始国家风险评分，$C'(i,j)$ 表示修正后的国家风险评分。进一步，MAPE_T 表示在同一时间点 i 上所有国家的平均 MAPE 值，反映了所有国家在特定时间点的整体偏差。MAPE_S 表示特定国家在给定时间段内的平均绝对百分比误差值。

均方误差：

$$\mathrm{RMSE\_T}(i)=\sqrt{\sum_j\left(C(i,j)-C'(i,j)\right)^2},\mathrm{RMSE\_S}(j)=\sqrt{\sum_i\left(C(i,j)-C'(i,j)\right)^2} \quad (7\text{-}7)$$

同样地，$\mathrm{RMSE\_T}(i)$ 表示同一时间点 i 上所有国家的均方误差，$\mathrm{RMSE\_S}(j)$ 表示第 j 个国家所有时间点的均方误差。

2. 国家排名变动

除国家风险值的变动外，考虑风险要素后的相对国家排名同样有可能发生变化。所有国家按风险值由高到低排列，分值越高，说明风险越低。$R1\_\mathrm{T}$ 表示在特定时间点，考虑风险要素间交互作用后排名上升的国家数目，$R1\_\mathrm{S}$ 表示对于特定国家，考虑风险要素间交互作用后排名发生上升的次数。考虑风险要素后排名上升，表示该国风险原来被高估。同样地，$R2\_\mathrm{T}$ 和 $R2\_\mathrm{S}$ 分别表示在时间尺度和空间尺度上排名下降的国家数或次数，不考虑风险要素间交互作用该类国家风险被低估。

3. 风险级别变动

国家风险值的变动同样可能会带来该国风险级别的变动，如由“中等风险”转变为“高风险”。Rating1_T 及 Rating1_S 分别表示考虑风险要素间交互作用后，在特定时间点风险级别上升的国家及特定国家整体时间段内风险级别上升的次数。Rating2_T 及 Rating2_S 分别表示考虑风险要素间交互作用后，在特定时间点风险级别下降的国家及特定国家整体时间段内风险级别下降的次数。

7.3 实 证 分 析

本节利用 7.2 节中提出的研究框架及基本流程，引入模糊测度替代常见可加测度对国家风险评价进行实证分析，考察风险要素间交互作用对评价过程的影响。首先对模糊测度进行识别，其次考虑风险要素间交互作用并进行国家风险评价，最后从多角度对比分析评价结果。

7.3.1 样本与数据

在集成综合国家风险时，直接采用简单的线性加权方法，而不考虑不同风险要素之间的交互作用，可能造成对实际风险状况的高估或低估，进而给国际投资者或是风险监管者带来误导信息。为了便于分析对比风险要素交互作用对国家风险评价的影响，本节采用 ICRG 的政治、经济及金融风险数据作为要素风险，引入模糊测度分析交互作用并进行风险评价。基础指标的统一确保了考虑交互作用后的风险评价结果与原始 ICRG 国家风险评价结果的可比性。

本节选取 ICRG 风险评级所涵盖的 144 个国家作为样本国家，时间跨度为 1984 年 1 月～2018 年 7 月。在原始 ICRG 国家风险评价中，政治风险值最高为 100，而经济风险及金融风险值最高仅为 50，默认政治风险有更高的权重。因此，本节首先对原始政治风险数据进行处理，将其折算为 50，确保 3 种风险要素具有同样的基础权重。

7.3.2 模糊测度识别

（1）基于菱形成对比较法，首先给出相对重要度系数矩阵 P 和交互矩阵 Q 。考虑到目前国家风险度量中普遍认为政治风险所占比重更大（Agliardi et al.，2012），政治风险、经济风险及金融风险比重仍设为 2∶1∶1，因此可以给出相对重要度矩阵 P ：

$$P=\begin{bmatrix} 1 & 0.66 & 0.66 \\ 0.34 & 1 & 0.5 \\ 0.34 & 0.5 & 1 \end{bmatrix}$$

政治风险与经济风险和金融风险具有一定的异质性，表征了国家风险的不同方面。一般来讲，政治风险代表“支付意愿”，而经济和金融风险表征“支付能力”（Erb et al.，1996；Agliardi et al.，2012）。因此政治风险与经济风险、政治风险与金融风险之间的交互作用是正值，即具有一定的互补性。经济风险与金融风险都表征“支付能力”，在一定程度上具有冗余性，因此经济风险与金融风险之间的交互作用为负值。为初步判断不同风险要素之间的交互作用值，我们邀请 50 名从事风险管理研究的科研人员、市场投资者、银行监管者等进行调查问卷。调查问卷根据菱形成对比较法思路（Grabisch，2000；Takahagi，2008）设计，要求根据自身经验及知识判断风险要素之间的交互作用值。基于调查问卷结果，选取 3 种风险要素交互作用情景（表 7-1）。基准情景选取所有调查问卷结果的均值，代表被调查者对风险要素间交互作用最一般的判断；为进行鲁棒性分析，选取问卷结果的下四分位数与上四分位数，并分别将它们设置为情景 1 与情景 3，来表征被调查者对风险要素交互作用判断的临界值。

表 7-1　交互作用情景分析

风险组合	交互作用方向	情景 1（下四分位数）	情景 2（均值）	情景 3（上四分位数）
政治风险和金融风险	+	0.2954	0.3342	0.3713
政治风险和经济风险	+	0.3179	0.3516	0.3957
金融风险和经济风险	−	0.5367	0.5965	0.6607

基于调查问卷结果，可以确定交互作用矩阵 $Q=[I_{ij}^{-}]_{n\times n}$。以情景 2 为例，

$$Q=\begin{bmatrix} 0 & 0.3342 & 0.3516 \\ 0.3342 & 0 & -0.5965 \\ 0.3516 & -0.5965 & 0 \end{bmatrix}$$

初始交互作用的图形表达见图 7-4，其中 P、E、F 分别代表政治风险、经济风险及金融风险；I 表示单个元素的重要度及元素间的交互作用，对应于 P、Q 矩阵中的元素。

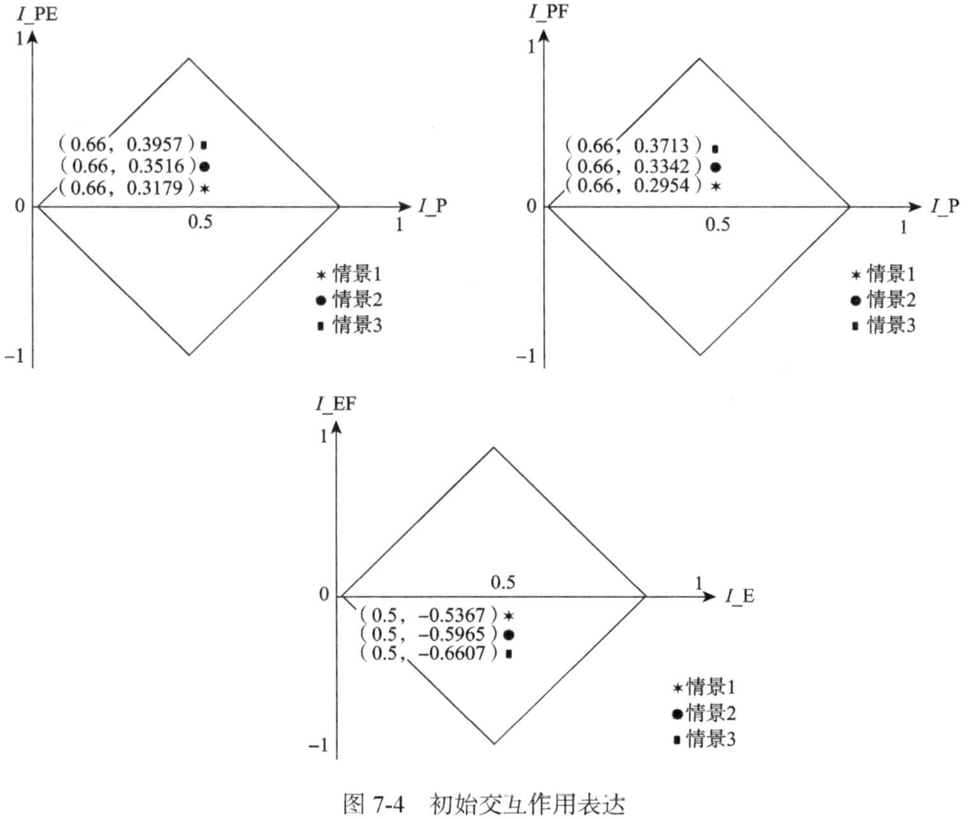

图 7-4　初始交互作用表达

（2）相对重要度矩阵$C=\begin{bmatrix}1 & 2 & 2\\0.5 & 1 & 1\\0.5 & 1 & 1\end{bmatrix}$。

（3）计算矩阵C的最大特征向量$I^*=$（0.5，0.25，0.25）。

（4）对交互作用矩阵Q进行调整得到最终的交互作用矩阵Q^*。具体风险要素交互作用如表 7-2 所示。

表 7-2　调整后的风险要素交互作用

风险组合	交互作用方向	情景 1（下四分位数）	情景 2（均值）	情景 3（上四分位数）
政治风险和金融风险	+	0.1086	0.1229	0.1365
政治风险和经济风险	+	0.1169	0.1293	0.1455
金融风险和经济风险	−	−0.1342	−0.1491	−0.1652

（5）计算模糊测度。

以情景 2 为例，得到模糊测度如表 7-3 所示。如果 3 种风险要素得分均为 50，即最低风险状态，那么根据 Choquet 积分最终得到的综合国家风险值也是 50，$C_\mu(50,50,50)=50$。为了与原始 ICRG 国家风险进行对比，修正后的综合国家风险值设置为$C'=2C_\mu(a)$，其中a为风险要素得分向量。

表 7-3　模糊测度（情景 2）

风险集合	$m(A)$	$\mu(A)$
政治风险	0.3793	0.3793
金融风险	0.2631	0.2631
经济风险	0.2599	0.2599
政治风险和金融风险	0.1229	0.7653
政治风险和经济风险	0.1293	0.7685
金融风险和经济风险	−0.1491	0.3740
政治风险、金融风险和经济风险	0	1

7.3.3　结果比较

在本节中，分别在三种情景下对原始 ICRG 国家风险进行修正，进一步通过对比两种风险评级结果分析考虑风险要素间交互作用给国家风险带来的影响。具体分析从风险评分偏差、国家排名变动及风险级别变动三个方面开展，并分别从时间、空间尺度进行分析。最后通过对比三种情景下的结果来进行鲁棒性分析。

1. 时间尺度分析

从时间尺度上进行分析。根据最终的国家风险评价结果，考虑风险要素交互作用后的国家风险评分低于原始 ICRG 国家风险评分。这也意味着，如果不考虑风险要素之间的交互作用，国家风险是相对被低估的。这种对国家风险的相对低估，主要源于忽略了风险要素之间的冗余效应。考虑交互作用下的不同风险评级结果偏差指标 MAPE 和 RMSE 如图 7-5 所示。

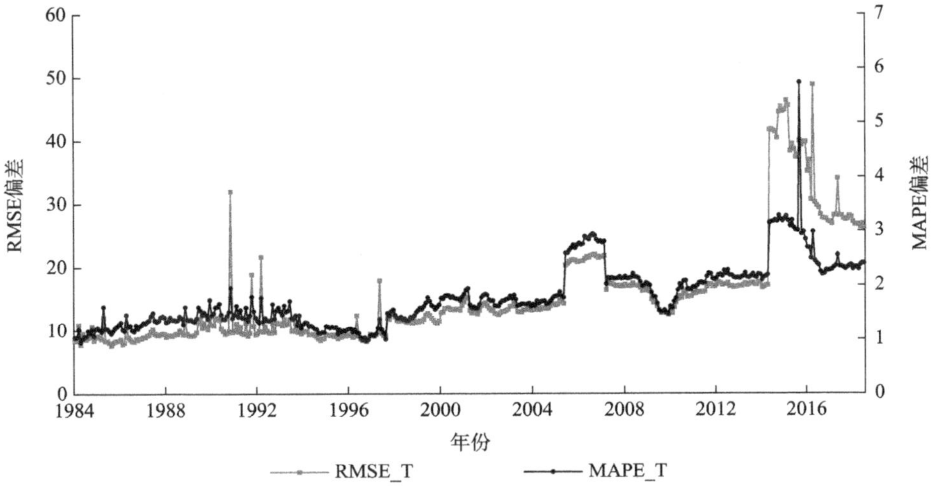

图 7-5　两种国家风险评级模型结果偏差：时间尺度

测度某一时间点所有国家平均偏差程度

两种指标走向基本一致，具有很高的相关性。整体样本区间可以分为三个阶段：第一个阶段为 1984～1995 年，MAPE 和 RMSE 相对比较稳定，且处于低位，是否考虑交互作用对整体评价结果的影响比较小；第二个阶段为 1996～2013 年，该阶段内两个偏差指标缓慢升高；第三个阶段为 2014～2016 年年中，在该阶段 MAPE 和 RMSE 两个指标快速升高之后下降，但仍高于 2014 年之前水平。近年来，世界政治、经济、金融环境变化越来越复杂，是否考虑交互作用对评价结果影响显著。

进入 21 世纪以后，国际环境越发复杂，国家间的经济关系伴随着显著的政治色彩。不同的风险要素相互作用，使国家风险呈现出复杂系统特征，进而给风险监控及管理带来极大的挑战。这种交互作用给国家风险评价带来的影响可以通过原始国家风险评价及修正后的结果对比进行反映。风险要素间的交互作用在第二个阶段的影响更为明显。在不考虑交互作用的情况下，国家风险持续被高估，进而影响了对真实国家风险状况的判断，尤其是在金融危机期间。2005～2008 年，两种度量结果之间的偏差相对比较显著。在此期间，实际风险水平未能有效地反映在风险评价上。一旦危机爆发，在进行风险评级时会更多地考虑当前大环境，因此采用简单线性加权方法进行风险集成的结果与考虑风险要素交互作用的评级方法的结果间差异并不显著，因为在度量不同风险要素时已经将其他风险要素的可能影响考虑其中。而在非危机时期，风险要素间的交互作用难以被衡量，因此采用线性加权方法很难实现对交互作用的刻画。

考虑风险要素交互作用后，国家排名变化次数如图 7-6 所示。由于国家异质性，考虑交互作用后国家风险相对排名可能发生变化，排名按照得分从大到小进行。也就是说，得分越高，风险程度越低，排名越靠前。综合来看，在整个时间区间内，排名上升的国家数目高于风险排名下降的国家数目。而且随着时间推移，发生变动的国家数目不断增长，再次验证了日益复杂的国际环境。

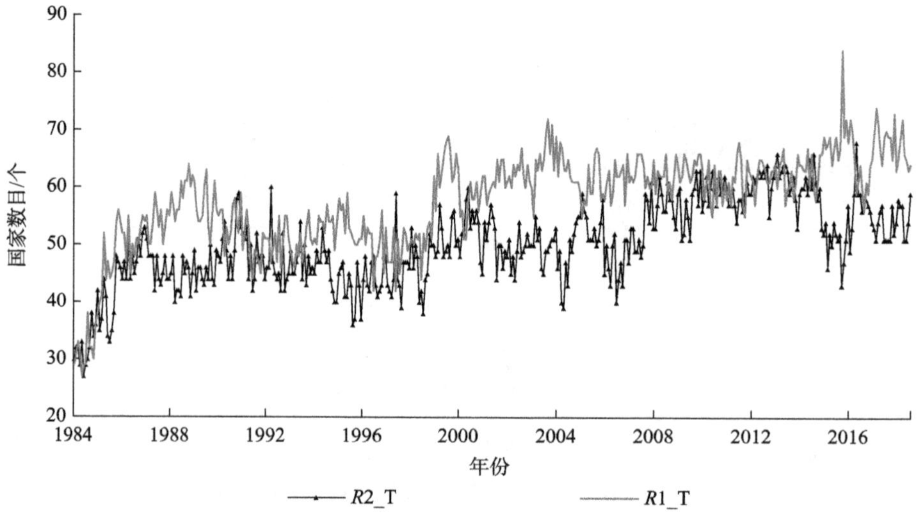

图 7-6　国家排名变动：时间尺度

考虑风险要素间的交互作用后，国家风险评分可能会发生较大的变化，甚至会造成该国风险级别的变化。时间尺度上国家风险级别变动情况如图 7-7 所示。鉴于考虑风险要素交互作用后国家风险评分普遍低于原始 ICRG 国家风险评分，因此风险评级下降（风险“恶化”至下一风险等级）的国家数要多于风险评级上升（风险“改善”至上一风险等级）的国家数目。此外，进入 21 世纪后，风险评级下降的国家数据呈现出缓慢上升的趋势。但近年来，风险等级上升的国家偶尔出现，同时风险等级下降的国家数目略有减少。

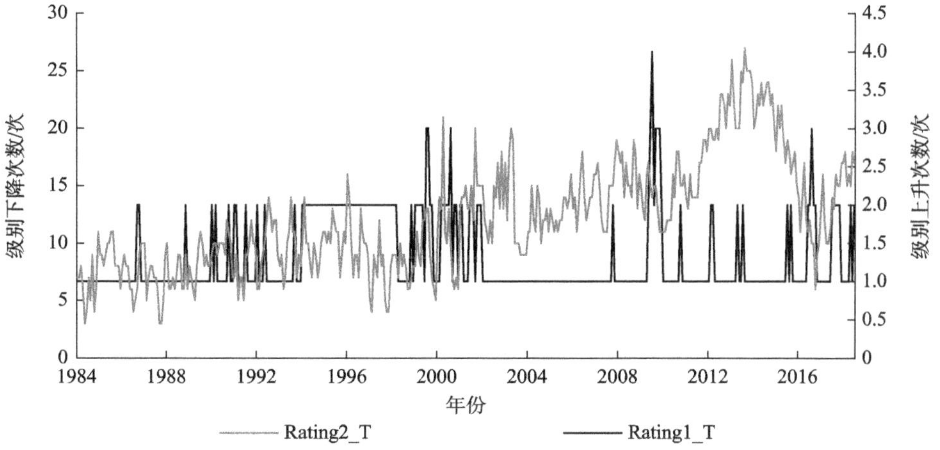

图 7-7　风险级别变动的国家数目：时间尺度

2. 空间尺度分析

从空间尺度上分析风险要素间交互作用的影响，即分析特定国家在整个时间段内的平均变动情况。鉴于不同国家政治风险、经济风险及金融风险的异质性，交互作用对综合国家风险评价产生的影响各不相同。

国家异质性导致整个样本区间内所有国家的平均 RMSE_S 指标显著不同。具有更大 RMSE_S 指标的前 15 个国家包括乌克兰、乌干达、阿联酋、缅甸、索马里、尼日利亚、阿尔及利亚、伊拉克、朝鲜、加蓬、刚果共和国、科威特、利比亚、沙特阿拉伯、泰国。与具有较小 RMSE_S 指标的国家如德国、瑞士、比利时、法国、瑞典等相比较，具有较大 RMSE_S 指标的国家呈现出较高的政治风险及不稳定的经济、金融环境。因此，风险要素间的交互作用对于风险状况高且不稳定的国家影响更为明显，需要引起足够的重视。

根据一个国家在整个时间区间内排名的平均变动（上升或下降）次数，可以将所有样本国进行分类。在所有 144 个样本中，有 62 个国家风险排名下降的次数超过上升的次数。如果不考虑风险要素之间的交互作用，这类国家的国家风险更可能被低估。这类国家包括阿尔及利亚、科威特、文莱、以色列、马耳他、加蓬、印度尼西亚、朝鲜。值得注意的是，中国同样属于该类国家，考虑风险要素之间的交互作用后，出现 309 次风险排名下降、58 次上升。除这些国家之外，如果不考虑风险要素之间的交互作用，剩余国家的国家风险在大部分时间内更倾向于被高估。

与时间尺度分析类似，风险等级下降的国家要多于风险等级上升的国家数目。也有一些国家在整个时间段内从未发生风险级别变动，如澳大利亚、奥地利、比利时、加拿大、丹麦、芬兰、德国、日本、荷兰、新西兰、挪威、新加坡、瑞典、瑞士、英国、美国。结合两种模型的结果偏差分析（表 7-4）可以发现，偏差较低的国家大多是发达国家，政治经济环境稳定。因此对这些国家而言风险评级更为稳定。

表 7-4 风险偏差最高/最低的 15 个国家列表

15 个最高偏差国家列表	15 个最低偏差国家列表
乌克兰	瑞士
阿联酋	比利时
缅甸	法国
索马里	斯洛文尼亚
阿尔及利亚	德国
尼日利亚	突尼斯
伊拉克	克罗地亚
科特迪瓦	瑞典
利比亚	坦桑尼亚
加蓬	卢森堡
科威特	拉脱维亚
朝鲜	意大利
沙特阿拉伯	坦桑尼亚
巴基斯坦	约旦
刚果共和国	日本

3. 鲁棒性分析

接下来对本节提出的国家风险评价框架进行鲁棒性分析。在该评价框架中，风险要素间的交互作用作为参数利用模糊测度及积分纳入综合国家风险集成过程中。基于调查问卷中对交互作用的专家判断构建了三种情景，交互作用的平均水平作为基准情景，上下四分位数分别设定为另外两种情景以分析交互作用变动下该评价框架的鲁棒性。三种情景下相关参数具体如表 7-5 和表 7-6 所示。

表 7-5 三种情景比较：时间尺度

评价指标	情景 1	情景 2（基准情景）	情景 3
MAPE_T	2.50	1.79	2.85
RMSE_T	51.76	15.47	52.78
R1_T	58	58	61
R2_T	45	50	46

续表

评价指标	情景 1	情景 2（基准情景）	情景 3
Rating1_T	1	1	1
Rating2_T	11	12	13

表 7-6　三种情景比较：空间尺度

评价指标	情景 1	情景 2（基准情景）	情景 3
MAPE_S	7.12	7.58	8.10
RMSE_S	31.93	33.80	35.89
R1_S	165	164	175
R2_S	128	143	132
Rating1_S	4	4	4
Rating2_S	32	35	38

随着风险要素间交互作用逐渐变大，原始 ICRG 国家风险评价与修正后的国家风险评价结果差异越来越显著。尽管如此，但评价指标表现出的基本规律却比较稳定，这也在一定程度上说明了提出的风险评价框架的鲁棒性。

4. 讨论

本节选取葡萄牙（Portugal）、意大利（Italy）、爱尔兰（Ireland）、希腊（Greece）、西班牙（Spain）作为具体研究样本国来分析风险要素间交互作用的具体影响机理。它们无法偿还债务而造成比较严重的欧债危机。

两种风险评价方法得到的评价结果差值定义如下 difference = C_ori− C_mod，其中 C_mod 表示考虑风险要素交互作用的综合国家风险值，C_ori 表示基于简单的线性加权方法得到的 ICRG 国家风险值。两者之间的差值能够反映交互作用对风险评级影响的方向和强度。如果差值小于 0，说明不考虑风险要素间的交互作用时，该国的国家风险是被高估的，考虑交互作用后风险水平更低；如果差值大于 0，则说明一定程度上不考虑风险要素间的交互作用时国家风险被低估了。对于这五个国家，两种方法之间的差值如图 7-8 所示。

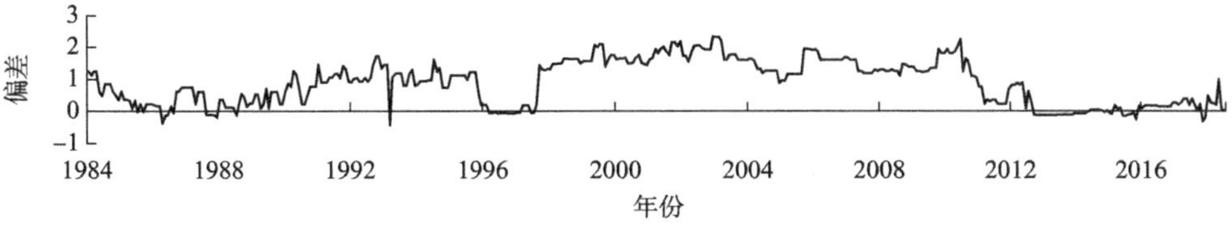

（a）葡萄牙

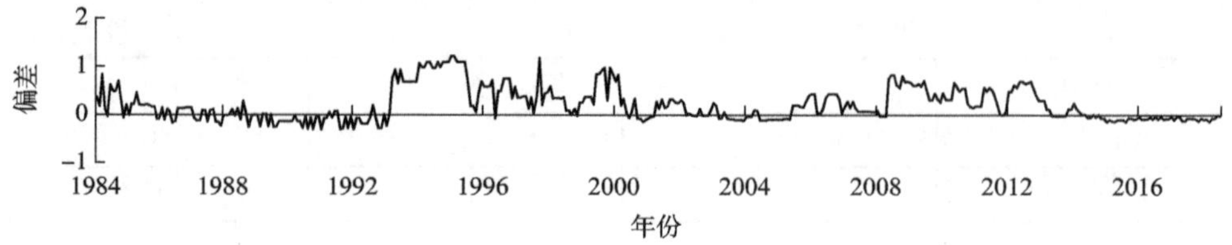

（b）意大利

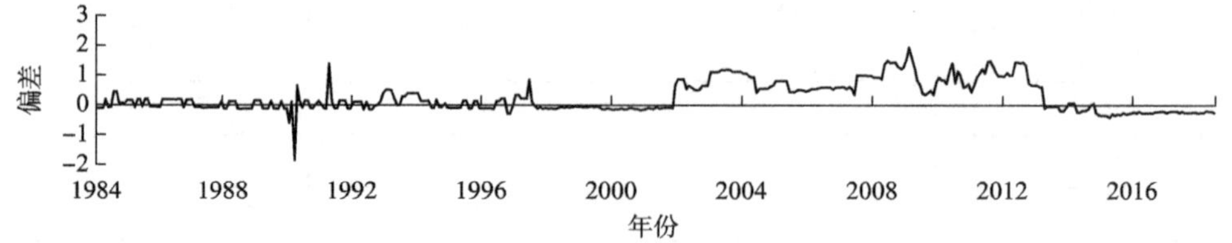

（c）爱尔兰

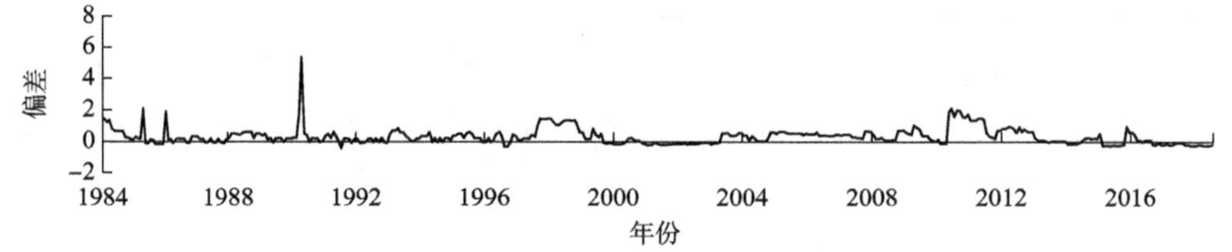

（d）希腊

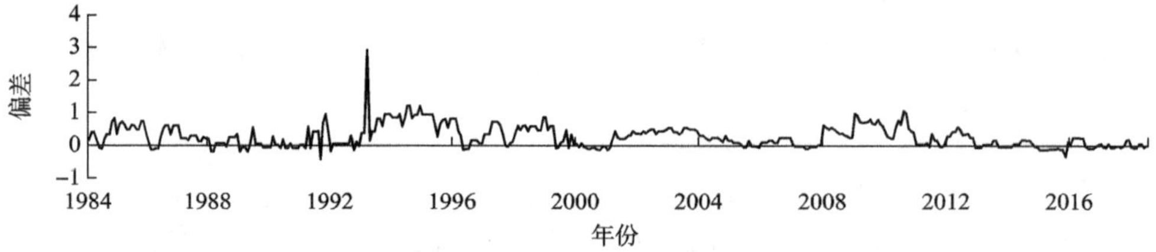

（e）西班牙

图 7-8　两种风险评价方法差异对比

葡萄牙：对于葡萄牙来讲，两种风险评价方法的差异要显著高于其他四个国家。尤其是 1998 年以后，差异明显增大。我们试图从三种风险要素的演化（图 7-9）来寻找造成这种现象的原因。1997 年以来，葡萄牙的经济风险及金融风险急剧增大，“偿还能力”明显降低，因此国家风险会随之显著上升。考虑风险要素之间的交互作用，尽管金融风险与经济风险都表示“偿还能力”具有一定的冗余性，但政治风险与经济风险、政治风险与金融风险之间均存在一定的互补性，会“放大”金融风险与经济风险的急剧上升，而这种“互补”效应的影响最终小于经济风险与金融风险之间的“冗余”效应。因此，考虑风险要素的交互作用后，国家风险值要低于原始值，而且随着经济风险与金融风险的不断升高，差异越来越明显。

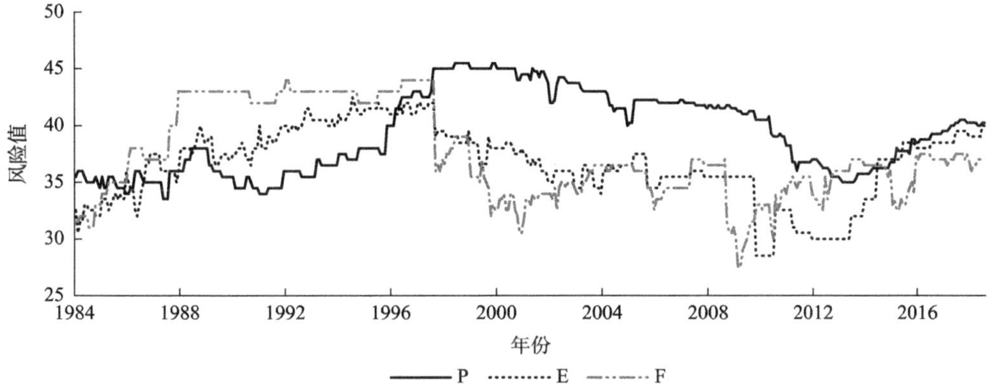

（a）葡萄牙

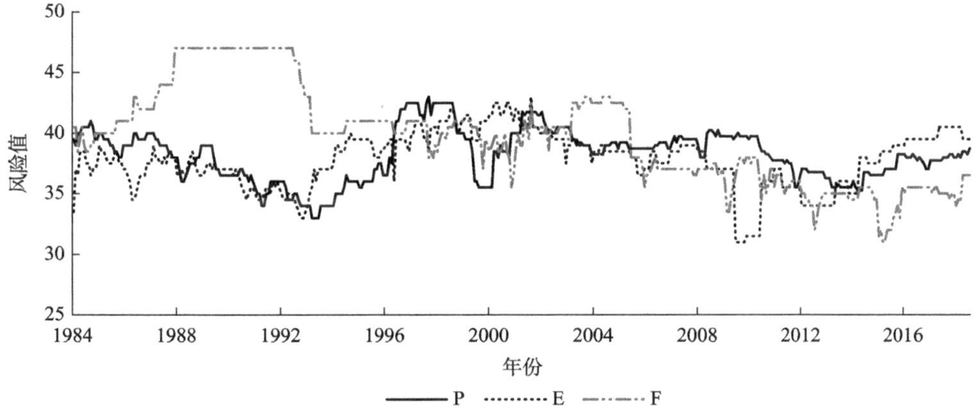

（b）意大利

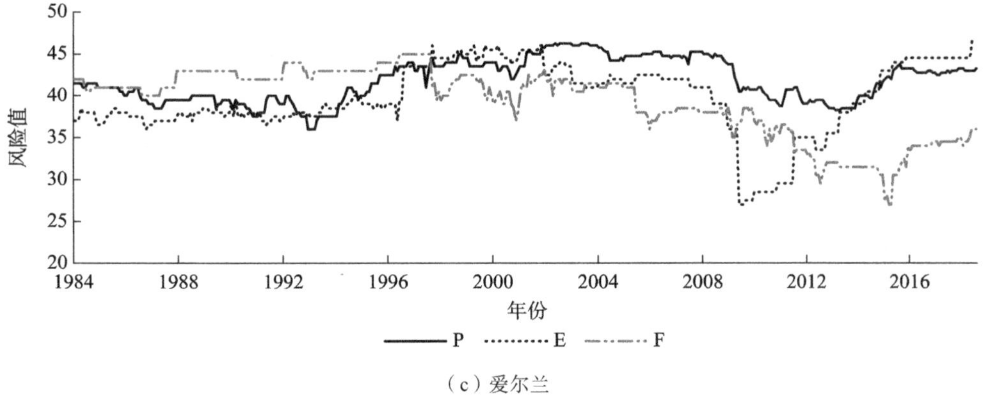

（c）爱尔兰

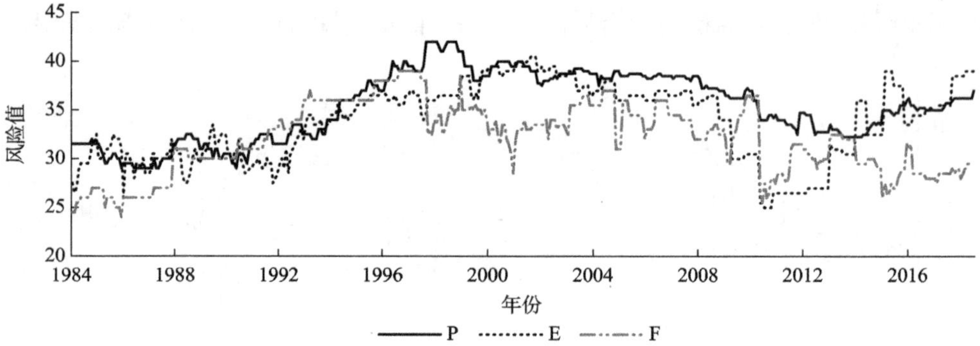

（d）希腊

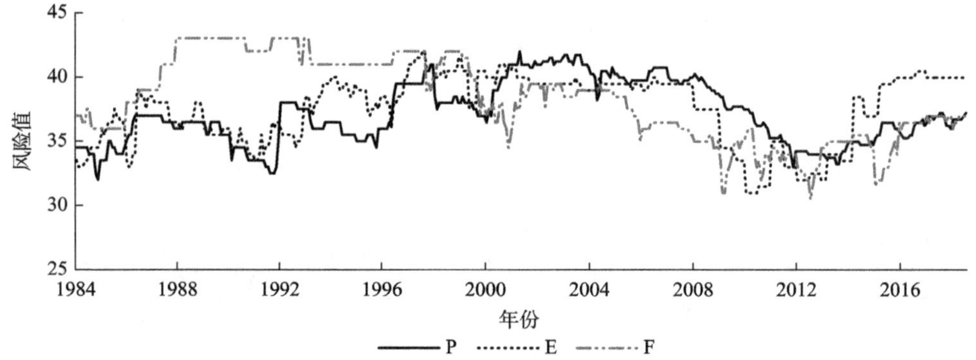

（e）西班牙

图 7-9　风险要素演化

爱尔兰与希腊：2002 年爱尔兰的经济风险与金融风险整体不断上升，而 2010～2011 年，希腊的经济风险及金融风险也开始上升。类似于葡萄牙，经济与金融风险的同时上升导致考虑风险要素交互作用后风险值低于原始值。

意大利与西班牙：对于意大利与西班牙，有两个阶段两种方法评价差异显著高于其他时期，但造成差异的风险要素却有所不同。第一个阶段是 1992 年下半年～1994 年，该阶段受货币危机影响，金融风险显著上升；第二个阶段是 2008～2012 年，该阶段三种风险整体同时上升。

尽管风险要素间的交互作用对于这五个国家的影响阶段有所差异，但有一个阶段对所有国家影响均比较明显，即 2007 年次贷危机结束至 2010 年欧债危机爆发前。该阶段内，如果不考虑风险要素之间的交互作用，国家风险会在一定程度上被低估，因为考虑交互作用后的风险值要低于原始值，而风险值越低，表明风险越高。对这些国家风险状况的错误估计会加深信息的不对称性，而给投资者或政策制定者带来错误的启示，而这又会进一步加速欧债危机的爆发。更为重要的是，2014 年两种风险评价方法得到的结果差异基本重新变为 0，即基于三种风险要素，是否考虑要素间的交互作用对整体风险评价结果没有影响。分析其原因：随着欧债危机的爆发，风险要素之间的交互作用显性化。在对政治风险、经济风险、金融风险进行评估时，肯定会考虑到整个危机环境。因此，在度量单个风险要素时，风险要素之间复杂的交互作用已经被考虑在内。在这种情况下，即使采用最简单的线性加权方法，得到的风险评价结果仍然是相对准确的。而在非危机时期，风险要素之间的交互作用难以进行有效的识别判断，因此对单个风险要素评价时，并未考虑其他因素的影响。综上，在刻画风险要素交互作用方面，模糊测度要比可加测度更具优势。

7.4 小　　结

本章基于模糊测度与 Choquet 积分将风险要素间的交互作用纳入国家风险评价框架中。首先，通过专家调研对风险要素间的交互作用进行初步判断，并设置三种情景进行鲁棒性分析；其次，对模糊测度进行识别，在此基础上利用 Choquet 积分进行综合国家风险集成；最后，分别从时间尺度和空间尺度分析风险要素间的交互作用给国家风险评价带来的影响，并选取五个欧洲国家展开具体分析。

实证结果说明，考虑风险要素间交互作用的国家风险评级更能刻画真实的风险状况，可以识别危机爆发前被“掩盖”的风险。进入 21 世纪以后，风险要素之间呈现出复杂的交互作用，对国家风险评价的影响也越来越明显，需要引起足够的重视。尤其在非危机时期，风险要素之间的交互作用难以被识别，因此在度量单个风险要素时相对比较独立。在这种情况下，采用常见的可加测度方法不能有效地对交互作用进行刻画，进而导致评价结果一定程度上的“不准确性”，但模糊测度则在刻画交互作用方面体现出一定的优越性。此外，风险要素间交互作用对风险评价的影响对于不同国家各不相同。一般来讲，风险要素间的交互作用对于政治、经济等不稳定国家的风险评价影响更为明显，因此更加重要；相对地，对于政治、经济、社会状况更加稳定的国家，风险评级更加稳定，是否考虑风险要素间交互作用影响并不明显。

第8章 考虑决策者风险容忍度的国家风险评价

8.1 引 言

现有主流国家风险评级机构给出了国家风险评价的通用框架，确保了风险评价结果的一致性与可比较性。然而在实际资本流动或是投资决策过程中，因企业等利益相关机构所处环境及自身国家风险应对能力的不同，即使面对同一个东道国，不同企业或国际投资者的风险感受可能出现很大的差异。国家风险要素本身无法解释不同决策者的风险感知能力及对未来收益的概率判断，因此决策者对于风险的认知及偏好同样重要。一方面，决策者通常来讲是风险规避的，在进行区位及进入模式选择时通常会有一定的最大容忍风险标准（Hadjikhani and Johanson，2002）；另一方面，风险偏好理论认为决策者并非对所有风险要素均呈现同样的规避态度（Wu and Knott，2006）。决策者自身认知及偏好的不同不仅影响风险评价过程中单个风险要素的权重，也会给不同风险要素之间的复杂交互作用带来一定的影响。截至目前，现有研究仍没有在考虑风险要素交互作用的前提下，将决策者的风险偏好纳入国家风险评价中，对决策者能动性关注不足（Helfat and Peteraf，2015；Buckley et al.，2016）。鉴于此，本章通过识别决策者对不同风险要素的“容忍程度”，提出一种新的模糊测度识别方法，度量在不同“容忍度”下风险要素之间呈现出的复杂交互作用，最后实现对综合国家风险的评价。

什么是决策者对不同风险要素的容忍度？实际风险管理实践中，除了对不同风险要素的“重要度”偏好外，决策者对不同风险要素的接受能力不同。换句话说，不同的需求下，决策者对不同风险要素可能有一定的“要求”或是“限制”（Li et al.，2018；Yao et al.，2018）。某些风险指标可能对整体风险值具有决定性，整体风险值可能受限于部分风险要素得分（Marichal，2004）。换句话说，在多属性决策中部分风险要素一定程度上扮演“否决”或“赞成”角色。如果该风险要素的表现是决策者可以接受的整体风险值的上限，该风险要素在整体评价过程中可以视为“否决”指标。如果该风险要素的表现是整体风险值的下限，该风险要素可以视为“赞成”指标。风险要素自身在评价过程中的角色不同，会直接影响要素之间的交互作用（姚晓阳，2017）。

一家外资企业在进行海外投资时，首先面临的是来自东道国的国家风险。国家风险来源复杂，且表现不同，如何综合度量国家风险是企业面临的首要问题。即使面临同样的东道国环境，由于自身风险管理能力及背景等其他因素影响，不同企业对风险的容忍程度是不同的。例如，企业所在母国与东道国社会文化背景相似、政治关系密切，与其他国家相比，该企业对该国政治风险的容忍程度相对要高一些。因而，经济及金融风险则成为重点关注的目标。在进行投资决策时，只有在东道国经济风险值高于一定水平时，企业才会进行投资。在该情况下，东道国的经济风险可以视为“赞成”指标，即该指标的表现是整体风险状况评估的下限。即使其他要素风险水平高，只要经济风险低，该企业对东道国的风险评价仍然会比较低。对于一般的企业，在对政治环境比较动荡的国家进行投资时，政治风险是首要考虑因素，直接决定着投资决策的制定。在该情况下，政治风险可以视为“否决”指标，即该指标的表现是整体风险状况评估的上限。如果东道国政治环境恶劣，政治风险水平高，即使经济及金融风险很低，该企业同样会认定东道国的整体风险高。显然，在同一多属性评价过程中，不可能同时出现绝对的“否决”指标及“赞成”指标。通常情况下，决策者对风险要素的容忍度不会表现得很极端，而仅仅是程度不同，即容忍度不同。

在可加模型或有序加权平均模型中，决策者的容忍度首先以 orness（或）指标反映决策者的“乐观”态度或全局“容忍度”（Yager，1993；Salido and Murakami，2003；de Almeida，2013）。决策者越“乐观”，其对具体属性的全局容忍度越高。Marichal（2004）系统研究了决策者的“容忍”态度，并提出“否决和赞成”“andness（和）和 orness 指标”分别对局部容忍度及全局容忍度进行刻画，完整构建了模糊测度与决策者的容忍度之间的关联。这也正是本章最主要的研究基础。在此基础上，Liginlal 和 Ow（2006）根据实际投资决策，利用模糊测度识别出决策者对不同属性的容忍度。

本章基于决策者容忍度进行模糊测度识别，全面刻画不同风险要素间的交互作用，并在此基础上实现国家风险多属性评价。首先，通过调研获得决策者对不同风险要素的容忍度；其次，选取最大熵作为优化函数，构建优化函数并进行模糊测度识别。考虑到计算复杂度及实际需求，本章采用 2-可加模糊测度。通过深入分析决策者容忍度对不同风险要素相对重要度及交互作用的影响机制，将决策者容忍度考虑在内，对综合国家风险进行评价，并与原始线性加权结果进行对比。

8.2 模型方法

8.2.1 基础知识介绍

本节首先就刻画决策者对属性的“容忍”态度的全局容忍度及局部容忍度指标进行简要介绍。

1. 全局容忍度

andness 和 orness 指标最初提出用来刻画集成算子的连接及分离程度，后来被拓展至模糊集成算子中，用来刻画集成函数分别接近最小值算子及最大值算子的程度（Grabisch，1997；Salido and Murakami，2003；Dujmović，2015；Li et al.，2018；Yao et al.，2018），以此为基础人们进一步将其应用到实际决策问题中。Yager 和 Alajlan（2015）认为通过 andness/orness 指标刻画的算子连接及分离程度可以被视为决策者的“乐观程度”度量指标，Marichal（2004）则认为其刻画了决策者对决策属性的容忍度。

Choquet 积分下的 andness 指标和 orness 指标定义如下：

$$\text{orness}(\varphi_\mu):=\frac{E(\varphi_\mu)-E(\min)}{E(\max)-E(\min)},\quad \text{andness}(\varphi_\mu):=\frac{E(\max)-E(\varphi_\mu)}{E(\max)-E(\min)} \qquad (8\text{-}1)$$
$$E(\varphi_\mu):=\int_{[0,1]^n}\varphi_\mu(x)\mathrm{d}x$$

显然，$\text{andness}(\varphi_\mu)+\text{orness}(\varphi_\mu)=1$。

通常来讲，如果决策者对决策属性具有较高的容忍度，这意味着决策者可以接受只有某些属性满足自身要求，此时 $\text{orness}(\varphi_\mu)>0.5$。如果决策者全局容忍度比较低，一定程度上决策者希望所有属性都能满足自身要求，此时 $\text{orness}(\varphi_\mu)<0.5$。如果决策者对属性整体无任何偏好，此时 $\text{orness}(\varphi_\mu)=0.5$。根据 Choquet 积分及 andness 指标和 orness 指标定义，Marichal（2004）推导得到模糊测度下更具体的表达形式。对于任意模糊测度 $\mu:P(X)\to[0,1]$，andness 指标和 orness 指标表示如下。andness 指标越大，orness 指标越小，决策者全局容忍度越低。

$$\text{orness}(\varphi_\mu)=\frac{1}{n-1}\sum_{T\subseteq N}\frac{n-t}{t+1}m(T),\quad \text{andness}(\varphi_\mu)=\frac{1}{n-1}\sum_{T\subseteq N}\frac{nt-1}{t+1}m(T) \qquad (8\text{-}2)$$

2. *局部容忍度*

多属性决策过程中，决策者的全局容忍度可以通过 andness 指标和 orness 指标进行度量，但决策者针对具体属性的局部容忍度同样具有重要的实际指导意义。可加模型中定义否决（veto）指标及赞成（favor）指标来刻画决策者对具体属性的容忍程度（de Almeida，2013）。Grabisch（1997）将这一概念进一步延伸至模糊模型。当一个属性的表现更多地成为整体评价过程的“阻碍者”时，可以称为否决指标。这就意味着，如果该指标表现不差或并未达到决策者期待时，即使其他属性表现优秀整体风险评分也会很低。与之相对，如果一个属性的良好表现即使在其他属性表现不佳的情况下也可以直接提高整体评分，该属性可以被视为“推动者”，是赞成指标。Grabisch（1997）与 Marichal（2004）对模糊测度下的否决或赞成属性进行了定义，这也是本节的研究基础。值得注意的是，在基于模糊测度进行多属性评价时，所有的属性评分首先应该确保尺度相同（Branke et al.，2016）。具体定义如下。

命题 1：假设 $k \in N$ ，$\mu : P(X) \to [0,1]$ 。$x = (x_1, x_2, \cdots, x_k, \cdots, x_n)$ 是被评价对象，其中 x_k 表示属性 k 的得分。以下论断等价，具体证明过程可参考 Marichal（2004）。

（1）对于模糊测度积分 φ_μ ，k 是否决指标。

（2）$\varphi_\mu(x) \leqslant x_k$ ，$\forall x \in \{0,1\}^n$ 。

（3）$\mu(T) = 0$，$k \notin \mathrm{T}$ 。

（4）$\mu(N \setminus k) = 0$ 。

（5）$\forall \lambda \in [0,1]$，$\forall x \in [0,1]^n$ ，$x_k \leqslant \lambda \Rightarrow \varphi_\mu(x) \leqslant \lambda$ 。

（6）$\forall \lambda \in [0,1]$，$\varphi_\mu(\mathrm{I}_{N \setminus k} + \lambda I_k) = \lambda$ 。

（7）$\exists \lambda \in [0,1)$，$\forall x \in [0,1]^n$ ，$x_k \leqslant \lambda \Rightarrow \varphi_\mu(x) \leqslant \lambda$ 。

（8）$\exists \lambda \in [0,1)$，$\varphi_\mu(\mathrm{I}_{N \setminus k} + \lambda I_k) = \lambda$ 。

如果某个具体属性是否决指标，则表明决策者对该属性容忍度很低。例如，在国家风险评价中政治风险被视为否决指标，如果某个国家的政治风险值为 0.6，则该国综合国家风险值必定低于 0.6，即使该国的经济风险及金融风险值远高于 0.6。

命题 2：假设 $k \in N$ ，$\mu : P(X) \to [0,1]$ 。以下论断等价。

（1）对于模糊测度积分 φ_μ ，k 是赞成指标。

（2）$\varphi_\mu(x) \geqslant x_k, \forall x \in \{0,1\}^n$ 。

（3）$\mu(T) = 1, k \notin \mathrm{T}$ 。

（4）$\mu(k) = 1$ 。

（5）$\forall \lambda \subset [0,1]$，$\forall x \in [0,1]^n$ ，$x_k \geqslant \lambda \Rightarrow \varphi_\mu(x) \geqslant \lambda$ 。

（6）$\forall\lambda\in[0,1]$，$\varphi_\mu(\lambda \mathrm{I}_k)=\lambda$。

（7）$\exists\lambda\in[0,1)$，$\forall x\in[0,1]^n$，$x_k\geqslant\lambda\Rightarrow\varphi_\mu(x)\geqslant\lambda$。

（8）$\exists\lambda\in[0,1)$，$\varphi_\mu(\lambda \mathrm{I}_k)=\lambda$。

如果某个具体属性是赞成指标，则表明决策者对该属性容忍度高。例如，在国家风险评价中经济风险如果被视为赞成指标，这就意味着如果某个国家的经济风险值为 0.6，则该国综合国家风险值必定高于 0.6，即使该国的政治风险及金融风险值远低于 0.6。

上面提到的否决指标或赞成指标是决策者容忍态度的极端表现形式，大部分情况下，决策者对具体属性表现出不同的“容忍程度”。在 Choquet 积分下考虑容忍度实质是考虑以下概率形式，$\Pr\left[\varphi_\mu(x)\leqslant x_k\right]$ 或 $\Pr\left[\varphi_\mu(x)\geqslant x_k\right]$，即利用接近绝对否决指标或赞成指标的可能性表征容忍度，然而这种概率形式对于模糊测度来讲并不总是连续的。鉴于此，Marichal（2004）构建了与模糊测度线性关联的否决指标和赞成指标来度量决策者的容忍态度。具体定义如下。

$$\begin{aligned}\mathrm{veto}(\varphi_\mu,j)&:=\sum_{T\subseteq N}a_T\mathrm{veto}'(\varphi_\mu(x);j)=\sum_{T\subseteq N}a_T\Pr(\min_T(x)\leqslant x_j)\\&=1-\frac{1}{n-1}\sum_{T\subseteq N\setminus j}\frac{(n-t-1)!t!}{(n-1)!}\mu(T)=1-\frac{n}{n-1}\sum_{T\subseteq N\setminus j}\frac{1}{t+1}m(T)，\ j\in N\end{aligned}\tag{8-3}$$

$$\begin{aligned}\mathrm{favor}(\varphi_\mu,j)&:=\sum_{T\subseteq N}a_T\mathrm{favor}'(\varphi_\mu(x);j)=\sum_{T\subseteq N}a_T\Pr(\min_T(x)\geqslant x_j)\\&=1-\frac{1}{n-1}\sum_{T\subseteq N\setminus j}\frac{(n-t-1)!t!}{(n-1)!}\mu(T)=1-\frac{n}{n-1}\sum_{T\subseteq N\setminus j}\frac{1}{t+1}m(T)，\ j\in N\end{aligned}\tag{8-4}$$

$\mathrm{veto}(\varphi_\mu,j)$ 越接近于 1，决策者越愿意接受属性 j 为否决指标，即决策者越愿意接受属性 j 的得分为整体得分的上限；$\mathrm{veto}(\varphi_\mu,j)$ 越接近于 0，决策者越不愿意接受属性 j 为否决指标，即决策者越不愿意接受属性 j 的得分为整体得分的上限。类似的，$\mathrm{favor}(\varphi_\mu,j)$ 越接近于 1，决策者越愿意接受属性 j 为赞成指标，即决策者越愿意接受属性 j 的得分为整体得分的下限；$\mathrm{favor}(\varphi_\mu,j)$ 越接近于 0，决策者越不愿意接受属性 j 为赞成指标，即决策者越不愿意接受属性 j 的得分为整体得分的下限。当 $\mathrm{veto}(\varphi_\mu,j)$ 或 $\mathrm{favor}(\varphi_\mu,j)$ 等于 0.5，决策者对属性 j 表现出中立态度。

3. 全局容忍度与局部容忍度关联关系

全局容忍度与局部容忍度之间存在一定的内在关联：

$$\text{andness}(\varphi_\mu) = \frac{1}{n}\sum_{j=1}^{n}\text{veto}(\varphi_\mu, j),\quad \text{orness}(\varphi_\mu) = \frac{1}{n}\sum_{j=1}^{n}\text{favor}(\varphi_\mu, j) \tag{8-5}$$

$$\text{veto}(\varphi_\mu, j) + \text{favor}(\varphi_\mu, j) = 1 + \frac{nI_{\text{sh}}(j) - 1}{n-1} \tag{8-6}$$

在模糊测度中，Shapley 值表示单个属性在评价过程中的重要度，由式（8-6）可以发现，容忍度及不可容忍度指标实质上是对属性重要度的进一步分解。

8.2.2　基于决策者容忍度的国家风险评价

1. 决策者容忍度识别

为了便于理解容忍度指标，设计如下量表（图 8-1 和图 8-2），并在量表中添加标签帮助决策者进行判断。决策者可根据自身风险偏好给出 0～1 的任意取值，再次强调，在同一个多属性评价问题中不能同时出现绝对否决属性及赞成属性，具体而言，否决度及赞成度指标不能同时为 1。

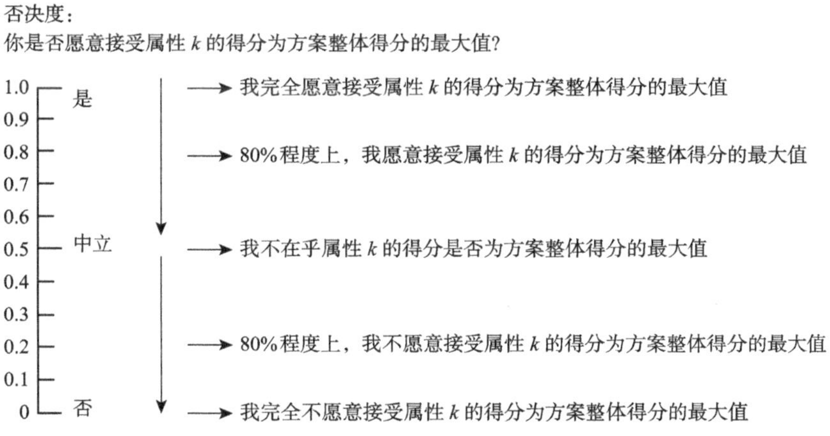

图 8-1　否决度量表

2. 优化模型构建

对于有 n 个属性的评价问题，需要识别 2^n-2 个具体测度值。值得注意的是，前面提及的决策者容忍度不是强制要求的，决策者完全可以对某些属性呈中立态度，在这种情况下无法从决策者获取任何额外信息。综上，考虑到从决策者获取的信息有限且是不确定的，无法给出模糊测度的解析解，即无法给出模糊测度明确的表达公式。然而，一旦对随机变量有一定的认识或已有知识，可以通过最大化丢失信息的不确定性来估算其概率分布。换句话说，应该尽可能地利用现有信

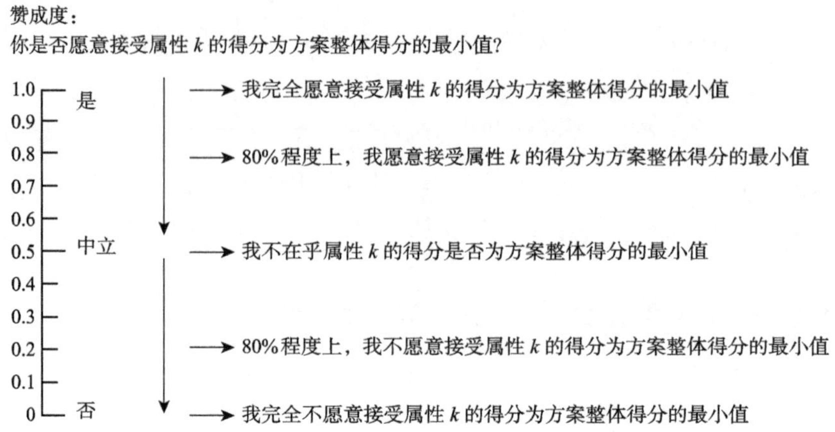

图 8-2　赞成度量表

息，同时尽可能不受丢失信息的影响。Shannon 熵具有严格凹函数性，且在一定程度上可以刻画不确定性，因此可以利用最大熵原则确定模糊测度（Jaynes，1957）。最大熵原则要求，所有符合已有信息或知识的概率分布中，应该选择有着最大不确定性或最具“一般性”的概率分布。

鉴于此，我们利用最大熵方法构建优化问题并进行模糊测度识别，确定符合已有信息（决策者态度等）的最具“一般性”的模糊测度。因无法获取解析解，该优化问题旨在寻找启发式或算数解。从实际应用角度看，在所有符合决策者要求的模糊测度中，寻找最具“普遍性”的一个。

最优化问题如下：

$$\max H_M(\mu)=\sum_{i\in N}\sum_{S\subseteq N\setminus i}\frac{(n-|S|-1)!|S|!}{n!}\sum_{T\subseteq S}h[m(S\cup i)+m(i)]\text{，}\quad h(x)=\begin{cases}-x\ln x, & x>0\\ 0, & x=0\end{cases} \tag{8-7}$$

s.t.

$$①\begin{cases}1-\dfrac{n}{n-1}\displaystyle\sum_{T\subseteq N\setminus j}\dfrac{1}{t+1}m(T)=\text{veto}(\varphi_\mu,j)\\ \dfrac{n}{n-1}\displaystyle\sum_{T\subseteq N\setminus j}\dfrac{1}{t+1}\left[m\left(T\cup j\right)+m\left(T\right)\right]-\dfrac{1}{n-1}=\text{favor}(\varphi_\mu,j)\end{cases}$$

$$② m(T)=o\text{，}\ |T|>2\text{，}\ \forall T\subseteq X$$

$$③\begin{cases}\displaystyle\sum_{S\subseteq X}m\left(S\right)=1\text{，}\ \forall S\subseteq X\\ m\left(\phi\right)=0\end{cases}$$

$$④ m(S)\geqslant 0$$

⑤ $\sum_{L\subseteq A} m(L) \leqslant \sum_{K\subseteq B} m(K)$，$\forall A \subset B \subseteq X$

⑥ $n=|X|$

目标函数是模糊测度下的最大熵表达（Marichal，2004）。为方便计算，目标函数及约束条件均采用模糊测度的默比乌斯变换形式。在 2-可加测度的前提下，上述优化问题实质可以归纳为线性约束条件下的严格凹函数优化问题（Marichal，2004；Kojadinovic，2007）。在优化问题中，约束条件①表示决策者对具体属性的容忍度，通过调查问卷或直接给定。具体而言，$\mathrm{veto}(\varphi_\mu, j)$ 和 $\mathrm{favor}(\varphi_\mu, j)$ 分别表示决策者对属性 j 的否决度和赞成度。除此之外，约束条件②是 2-可加模糊测度的固有性质；约束条件③是边界条件；约束条件④确保模糊测度的非负性；约束条件⑤确保模糊测度的单调性，这也是模糊测度与可加测度最本质的区别；约束条件⑥表示集合 X 中元素的数目为 n。优化问题在 Lingo11 的环境下实现。

8.3　实 证 分 析

本节首先基于 8.2 节提出的模糊测度识别方法，构造多种情景来识别模糊测度；其次，探讨决策者容忍度对模糊测度具体而言即风险要素权重或交互作用等的影响；最后，选取部分情景对国家风险进行评价，并与原始基于加权平均的风险集成结果进行分析对比。

8.3.1　样本与数据

类似于第 7 章，本节直接采用 ICRG 的政治风险、经济风险及金融风险数据作为要素风险，确保了最终结果的可对比性。本节选取 ICRG 风险评级所涵盖的 144 个国家作为样本，时间跨度由 1984 年 1 月到 2018 年 7 月。在原始 ICRG 国家风险评价中，政治风险值最高为 100，而经济风险及金融风险值仅为 50，默认政治风险有更高的权重。因此，在本节中，首先对原始政治风险数据进行处理 $P'=P/2$，确保三种风险要素具有同样的基础权重。

8.3.2　基于容忍度的模糊测度识别

基于决策者的容忍度可以实现对模糊测度的识别，决策者就不同属性的容忍度对模糊测度的影响机理，具体而言如何影响属性重要性及之间的交互作用是本节的研究重点。为权衡计算复杂度及对实际问题的解释力，本节选用 2-可加测度，具体涉及单个属性重要性及两两属性间的交互作用，而不涉及三个及以上属性间复杂的关联关系。2-可加测度的默比乌斯变换形式如下：

$$\mu(x_j)=m(x_j),\mu(x_i,x_j)=m(x_i)+m(x_j)+m(x_i,x_j),\quad i,j=1,2,3,\quad i\neq j \tag{8-8}$$

本节主要就海外投资贸易中面临的综合国家风险进行评价，直接选用 ICRG 现有的政治风险、金融风险及经济风险值作为三个风险要素，分别表示为 x_1、x_2 及 x_3。$\mu(x_j)=m(x_j)$ 意味着对于单个属性而言其模糊测度等于默比乌斯变换形式。$m(x_i,x_j)$ 实质刻画了两两风险要素之间的交互作用，如果 $m(x_i,x_j)$ 小于 0，表示两个风险要素之间是“次可加”的，整体测度小于部分测度之和；如果 $m(x_i,x_j)$ 大于 0，表示两个风险要素之间是“超可加”的，整体测度大于部分测度之和。在这种情况下，整体重要度大于部分重要度之和。

在将决策者容忍度引入多属性评价前，首先要对模型的有效性进行验证。如果决策者对所有属性呈中立态度即没有任何偏好，则最终得到的模糊测度应该是“最一般性”的，即所有属性权重相同且独立。为了进行验证，首先将三个风险要素容忍度向量设定为[0.5, 0.5, 0.5]，模糊测度识别结果如表 8-1 所示，度量结果完全符合预期，说明基于决策者容忍度构建的模糊测度识别方法是有效的。

表 8-1　中立态度下的模糊测度

集合	$m(x_1)$	$m(x_2)$	$m(x_3)$	$m(x_1, x_2)$	$m(x_1, x_3)$	$m(x_2, x_3)$
测度值	0.333	0.333	0.333	0	0	0

1. 全局容忍度影响机制分析

就决策者全局容忍度对模糊测度的影响机制进行分析，因模糊测度识别模型中决策者容忍态度均以局部容忍度表示，如果决策者仅表达其全局容忍度 andness 指标，即意味着对具体风险要素无任何偏好，即容忍度向量为 $[\theta,\theta,\theta]$。基于不同的全局容忍度，具体模糊测度识别如下（表 8-2）。andness 指标越大，决策者的全局容忍度越低。

表 8-2　不同全局容忍度下的默比乌斯变换

andness 指标	$m(x_1)$	$m(x_2)$	$m(x_3)$	$m(x_1,x_2)$	$m(x_1,x_3)$	$m(x_2,x_3)$
0.2	0.633	0.633	0.633	−0.3	−0.3	−0.3
0.3	0.533	0.533	0.533	−0.2	−0.2	−0.2
0.4	0.433	0.433	0.433	−0.1	−0.1	−0.1
0.5	0.333	0.333	0.333	0	0	0
0.6	0.233	0.233	0.233	0.1	0.1	0.1

续表

andness 指标	$m(x_1)$	$m(x_2)$	$m(x_3)$	$m(x_1,x_2)$	$m(x_1,x_3)$	$m(x_2,x_3)$
0.7	0.133	0.133	0.133	0.2	0.2	0.2
0.8	0.033	0.033	0.033	0.3	0.3	0.3

通过表 8-2，可以总结出如下结论。

（1）即使表 8-2 中模糊测度表现各异，但因决策者对三种风险要素并未呈现出任何偏好，因此三种风险要素的 Shapley 值均等于 0.333。模糊测度中 Shapley 值等同于可加测度中的权重概念，但显然相较于可加测度，模糊测度可以提供更多的信息。决策者对风险要素的容忍程度是对 Shapley 值的进一步分解。

（2）随着 andness 指标的增大即决策者全局容忍度的降低，具体风险要素的测度逐渐降低，而两两风险要素之间的交互项绝对数值逐渐变大。全局容忍度降低代表决策者更加重视所有风险要素的整体表现，因此单个风险要素的重要度降低，要素间交互作用越来越重要。

（3）如果决策者是“低容忍”的（andness 指标大于 0.5），风险要素之间的交互作用普遍为正值，即不同风险要素之间呈现出互补性。相对的，如果决策者是“高容忍”的（andness 指标小于 0.5），风险要素之间的交互作用普遍为负值，即表现出一定的可替代性或冗余性。如果 andness 指标大于 0.5，决策者对每个风险要素均呈现出很低的容忍度。他们更加希望所有的风险要素均尽可能满足预期或表现良好，而不仅仅是单个指标表现突出，此时风险要素之间呈现出互补性。综上分析，此时决策者更加倾向于风险规避性。如果决策者的全局容忍度相对比较高，他们更加看重单个要素的表现，并且可以在一定程度上容忍其他要素表现不佳。风险要素之间呈现出一定的可替代性，高风险高收益，此时决策者更加倾向于风险偏好型。

2. 局部容忍度影响机制分析

依据全局容忍度与局部容忍度之间的转换关系，可以发现即使对于同样的全局容忍度，具体风险要素的局部容忍度也可能不同。例如，对于不同的局部容忍度变量[0.5, 0.65, 0.65]和[0.8, 0.5, 0.5]，全局容忍度指标均为 0.6。为进一步研究局部容忍度对模糊测度的影响机制，具体设置 13 种情景进行分析，结果如表 8-3 和图 8-3 所示。根据全局容忍度的不同，andness 指标可以大致分为 3 类，但为了分析局部容忍度的影响，设置不同情景进行分析对比。例如，对在同样的 andness 指标 0.6 下（图 8-3），情景 1～情景 3 分别选取 1 个风险要素为否决指标，其他两个风险要素保持中立。情景 4 中 3 个风险要素均为否决指标，情景 5 中包括 2 个否决指标，情景 6 中仅包含 2 个否决指标。

表 8-3　不同容忍度下的模糊测度默比乌斯变换形式

情景	andness 指标	veto	$m(x_1)$	$m(x_2)$	$m(x_3)$	$m(x_1,x_2)$	$m(x_1,x_3)$	$m(x_2,x_3)$
1	0.6	[0.8，0.5，0.5]	0.511	0.095	0.095	0.092	0.092	0.116
2		[0.5，0.8，0.5]	0.095	0.511	0.095	0.092	0.116	0.092
3		[0.5，0.5，0.8]	0.095	0.095	0.511	0.116	0.092	0.092
4		[0.7，0.55，0.55]	0.374	0.163	0.163	0.095	0.095	0.111
5		[0.5，0.65，0.65]	0.090	0.305	0.305	0.108	0.108	0.084
6		[0.4，0.7，0.7]	0	0.35	0.35	0.075	0.075	0.15
7	0.5	[0.6，0.5，0.4]	0.481	0.334	0.180	−0.030	0.082	0.021
8	0.4	[0.2，0.5，0.5]	0.048	0.626	0.626	−0.011	−0.011	−0.278
9		[0.5，0.2，0.5]	0.626	0.048	0.626	−0.011	−0.278	−0.011
10		[0.5，0.5，0.2]	0.626	0.626	0.048	−0.278	−0.011	−0.011
11		[0.3，0.45，0.45]	0.260	0.520	0.520	−0.070	−0.070	−0.160
12		[0.5，0.35，0.35]	0.589	0.356	0.356	−0.117	−0.117	−0.067
13		[0.6，0.3，0.3]	0.735	0.283	0.283	−0.126	−0.126	−0.048

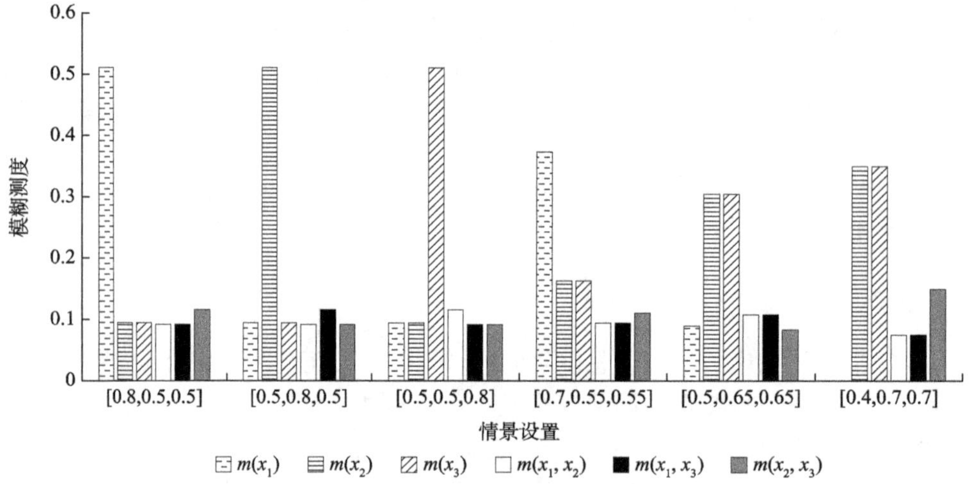

图 8-3　模糊测度的默比乌斯变换形式：andness 指标=0.6

（1）如果决策者对某个具体风险指标有降低的容忍度（否决度指标大于 0.5），则该风险要素相较于其他要素有更高的重要度。例如，否决度指标为 0.8 的风险要素测度值为 0.511，远高于其他风险要素测度值。然而值得注意的是，否决指标与中立指标之间的交互作用却低于中立指标之间的交互作用。换句话说，否决指标比其他指标的交互作用相对较微弱。

（2）如果决策者的全局容忍度比较高（andness 指标小于 0.5），必定存在一个显著的赞成指标。这个赞成指标的重要度低于其他指标，同时与其他变量的替代效应也比较弱。

8.3.3　综合国家风险评价

在进行国家风险评价时，首先要确保国家风险的多主体可比较性，因此需要在同一框架下对全球各国及地区进行风险评估。与此同时，考虑多种因素，如母国与东道国关系、投资者或投资企业自身风险应对能力等的差异，国家风险评价也要体现出一定的异质性。本节基于决策者（此处为投资者）对不同风险要素的容忍度，选取四个情景分别对国家风险进行评价。所选取的四种情景包含了决策者对不同风险要素的容忍度。对同一风险要素，决策者容忍程度相同，但该风险要素分别表现为赞同指标和否决指标。四种情景相互补充，又构成对比，有助于分析决策者容忍度给国家风险评价带来的影响。

具体情景描述如下。

情景 1：投资者对国家风险的三种风险要素（政治风险、金融风险、经济风险）的容忍度向量为[0.8, 0.5, 0.5]。此时，政治风险表现出一定的否决指标特征，经济风险及金融风险均为中立要素。投资者对政治风险容忍程度比较低，东道国的政治风险状况 80%程度上可以视为综合国家风险评价的上限。投资者对政治风险基本状况“有要求”。

情景 3：投资者对国家风险的三种风险要素（政治风险、金融风险、经济风险）的容忍度向量为[0.5, 0.5, 0.8]。此时，经济风险表现出一定的否决指标特征，政治风险及金融风险均为中立要素。投资者对经济风险容忍程度比较低，东道国的经济风险状况 80%程度上可以视为综合国家风险评价的上限。投资者对经济风险基本状况“有要求”。

情景 8：投资者对国家风险三种风险要素（政治风险、金融风险、经济风险）的容忍度向量为[0.2, 0.5, 0.5]。此时，政治风险表现出一定的赞成指标特征，经济风险及金融风险均为中立要素。决策者对政治风险容忍程度比较高，东道国的政治风险状况 80%程度上可以视为综合国家风险评价的下限。投资者对政治风险基本状况“有期待”。

情景 10：投资者对国家风险三种风险要素（政治风险、金融风险、经济风险）的容忍度向量为[0.5, 0.5, 0.2]。此时，经济风险表现出一定的赞成指标特征，政治风险及金融风险均为中立要素。投资者对经济风险容忍程度比较高，东道国的经济风险状况 80%程度上可以视为综合国家风险评价的下限。投资者对经济风险基本状况“有期待”。

不同情景下对全球 144 个国家的国家风险进行评价，国家风险排名变动如表 8-4 所示。

表 8-4　国家的国家风险排名变动（单位：次）

国家	情景 1	情景 3	情景 8	情景 10
阿尔巴尼亚	（219）	20	311	（8）
阿尔及利亚	228	（241）	（223）	（338）
安哥拉	205	（58）	（244）	（12）
阿根廷	（165）	286	242	107
亚美尼亚	（96）	（44）	42	27
澳大利亚	（260）	373	393	353
奥地利	（197）	265	370	262
阿塞拜疆	135	（223）	（192）	（172）
巴哈马	（233）	230	292	211
巴林	313	（104）	（335）	54
孟加拉国	365	（262）	（409）	（107）
白俄罗斯	（115）	（13）	85	15
比利时	（106）	189	178	276
玻利维亚	138	（236）	（172）	（200）
博茨瓦纳	318	（117）	（216）	（82）
巴西	（205）	110	262	（1）
文莱	334	（296）	（276）	（129）
保加利亚	（294）	201	323	148
布基纳法索	10	216	（51）	339
喀麦隆	283	（208）	（348）	32
加拿大	（178）	230	290	182
智利	（136）	（31）	184	129
中国	253	（203）	（237）	（162）
哥伦比亚	148	（337）	（225）	（203）
刚果民主共和国	161	24	（220）	135
刚果共和国	152	（278）	（366）	（63）

续表

国家	情景 1	情景 3	情景 8	情景 10
哥斯达黎加	(314)	183	411	70
科特迪瓦	106	(80)	(88)	(67)
克罗地亚	(212)	157	194	228
古巴	(113)	22	71	(81)
塞浦路斯	(57)	(47)	25	51
捷克共和国	(255)	94	298	204
捷克斯洛伐克	(64)	12	81	48
丹麦	(155)	135	353	130
多米尼加共和国	(135)	63	160	368
民主德国	(48)	39	69	(56)
厄瓜多尔	(32)	(54)	14	(20)
埃及	132	(313)	(205)	(205)
萨尔瓦多	(47)	111	29	249
爱沙尼亚	(216)	172	228	235
埃塞俄比亚	90	(199)	(292)	(1)
芬兰	(243)	413	415	310
法国	(224)	104	190	216
加蓬	288	(127)	(325)	128
冈比亚	(182)	163	135	228
德国	(114)	152	214	160
加纳	(321)	34	266	41
希腊	(388)	323	394	349
危地马拉	189	(326)	(355)	(73)
几内亚	(56)	(149)	(172)	130
几内亚比绍	(179)	(13)	166	(11)
圭亚那	(340)	(38)	181	(22)
海地	295	(201)	(405)	(90)
洪都拉斯	(18)	(346)	(140)	(177)
匈牙利	(332)	405	408	88
冰岛	(266)	415	415	167

续表

国家	情景 1	情景 3	情景 8	情景 10
印度	332	(393)	(366)	(289)
印度尼西亚	355	(359)	(403)	(95)
伊朗	173	(277)	(263)	(169)
伊拉克	161	(144)	(257)	(169)
爱尔兰	(245)	282	334	312
以色列	258	(362)	(314)	(83)
意大利	(147)	19	160	163
牙买加	(327)	272	381	(28)
日本	80	(230)	(20)	(207)
约旦	(78)	(36)	42	193
哈萨克斯坦	(138)	47	63	155
肯尼亚	(64)	(289)	(89)	(235)
朝鲜	(138)	59	42	(260)
科威特	395	(294)	(405)	(98)
拉脱维亚	(175)	55	146	143
黎巴嫩	(104)	(28)	(49)	50
利比里亚	(92)	103	(38)	166
利比亚	225	(199)	(262)	(150)
立陶宛	(174)	108	169	186
卢森堡	(98)	371	401	142
马达加斯加	(287)	179	212	43
马拉维	(333)	(118)	200	22
马来西亚	171	(208)	(165)	49
马里	(38)	(17)	(134)	142
马耳他	(165)	377	241	124
墨西哥	(114)	(93)	123	(49)
摩尔多瓦	(224)	150	218	122
蒙古国	(220)	173	301	(75)
摩洛哥	(113)	(313)	(90)	41
莫桑比克	(280)	10	316	(87)

续表

国家	情景 1	情景 3	情景 8	情景 10
缅甸	106	（203）	（234）	（166）
纳米比亚	（98）	36	145	98
荷兰	（226）	361	374	291
新喀里多尼亚	127	127	（127）	127
新西兰	（230）	347	384	174
尼加拉瓜	（369）	172	318	（33）
尼日尔	（152）	（25）	（9）	150
尼日利亚	196	（315）	（300）	（212）
挪威	（33）	95	241	211
阿曼	197	（313）	（259）	（114）
巴基斯坦	257	（388）	（387）	（148）
巴拿马	（66）	72	84	318
巴布亚新几内亚	13	（229）	（115）	（72）
巴拉圭	129	（364）	（190）	（318）
秘鲁	156	（310）	（270）	（199）
菲律宾	163	（254）	（261）	32
波兰	（377）	206	386	135
葡萄牙	（305）	225	244	176
卡塔尔	214	153	（240）	288
罗马尼亚	（278）	145	269	77
俄罗斯	220	（216）	（243）	（171）
沙特阿拉伯	357	（279）	（387）	（215）
塞内加尔	（58）	（144）	（149）	137
塞尔维亚	（142）	100	144	111
塞尔维亚和黑山	（183）	（45）	36	（26）
塞拉利昂	（234）	（80）	52	16
新加坡	136	（71）	34	112
斯洛伐克	（268）	239	285	134
斯洛文尼亚	（186）	154	208	165
索马里	25	（224）	（180）	（180）

续表

国家	情景 1	情景 3	情景 8	情景 10
南非	(229)	(136)	65	132
韩国	85	(180)	(96)	35
西班牙	(271)	101	207	195
斯里兰卡	83	(298)	(291)	(44)
苏丹	121	(265)	(347)	17
苏里南	0	(76)	(73)	(100)
瑞典	(210)	380	393	317
瑞士	(7)	13	222	(1)
叙利亚	(7)	(144)	(125)	(70)
坦桑尼亚	(315)	53	288	(66)
泰国	272	(334)	(320)	(205)
多哥	144	(370)	(402)	(78)
特立尼达和多巴哥	133	(367)	(242)	(223)
突尼斯	(338)	189	274	332
土耳其	(245)	11	20	116
阿联酋	(415)	(415)	(415)	(415)
乌干达	(37)	(195)	(211)	(170)
乌克兰	415	415	415	415
英国	(153)	95	179	26
美国	(110)	107	116	78
乌拉圭	(270)	35	273	139
苏联	(17)	(51)	17	(75)
委内瑞拉	93	(196)	(135)	(238)
越南	(274)	(85)	80	(171)
联邦德国	13	(61)	(78)	8
也门	6	(195)	(92)	(87)
赞比亚	(318)	146	250	(51)
津巴布韦	(274)	(53)	66	(40)

注：表格中为考虑不同偏好下整个时间段内“排名下降次数”减去“排名上升次数”的数据。括号中的数字表示负数。联邦德国、民主德国数据的时间跨度为 1984 年 1 月～1990 年 9 月。苏联数据的时间跨度为 1984 年 1 月～1991 年 12 月

此处选取比较典型的两个国家集团：G7 国家（美国、英国、日本、意大利、德国、法国和加拿大）及 BRICS 国家进行初步分析比较。考虑投资者对不同风险要素的容忍度后，利用模糊测度刻画风险要素间的交互作用，并将之纳入综合国家风险评价中。在整个样本区间内，前后排名变化情况如图 8-4 所示。

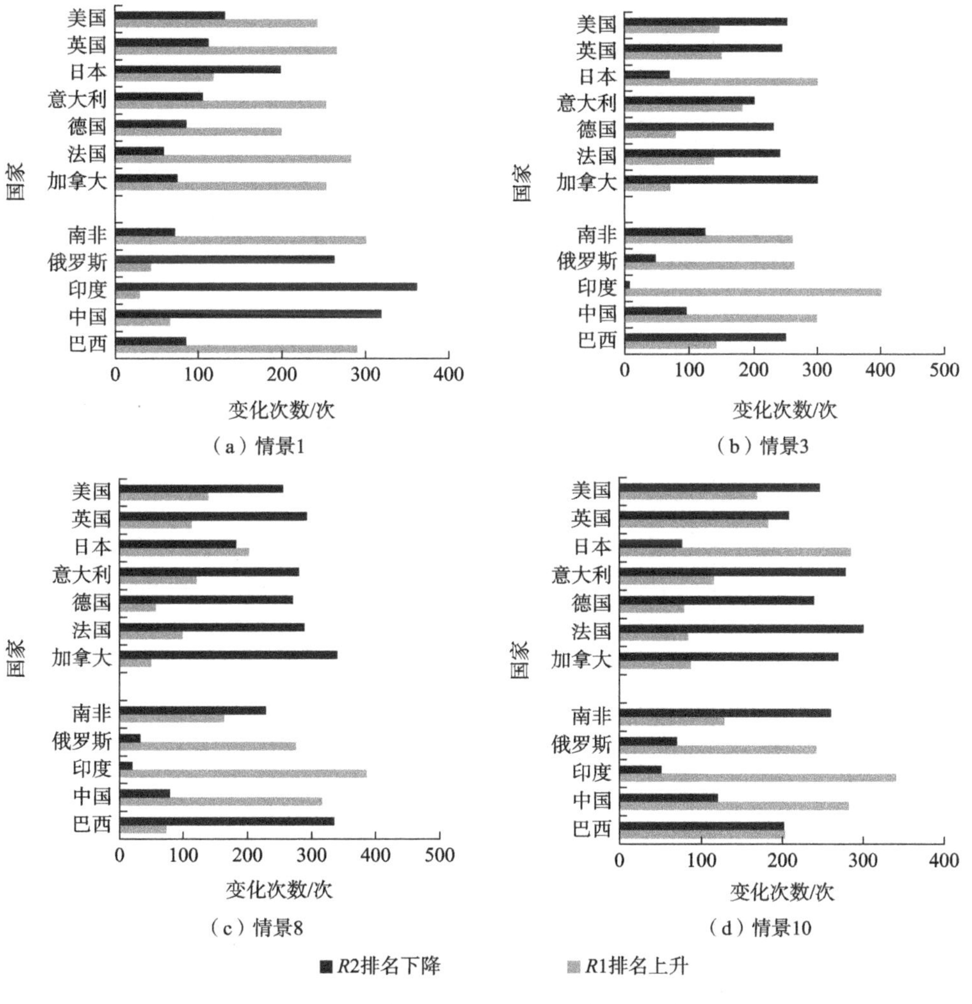

图 8-4　G7 国家与 BRICS 国家排名变动情况

当投资者对东道国政治风险状况有一定的“要求”时，即有较低的容忍度时（情景 1），由模糊测度识别可以发现，政治风险单个要素的测度显著高于其他两种风险要素，政治风险一定程度上具有更高的重要性。对比 G7 国家和 BRICS 国家：G7 国家除日本外在整个时间段内综合国家风险排名上升的次数要显著高于排名下降的次数；而 BRICS 国家中的印度及俄罗斯综合国家风险排名上升的次数要显著低于下降的次数。综合来看，G7 国家均为发达国家，国内政治环境相对于 BRICS 新兴经济体来讲更加成熟、稳定，因此如果投资者倾向于对东道国政治风险有较高的要求，国内政治环境更加稳定的国家优先级更高，而新兴经济体则排名倾向于下降。

当投资者对东道国经济风险状况有一定的“要求”，即有较低的容忍度时（情景 3），经济风险单个要素的测度显著高于其他两种风险要素，经济风险一定程度上具有更高的重要性。对比 G7 国家和 BRICS 国家：除日本外 G7 国家在整个时间段内综合国家风险排名上升的次数要显著低于排名下降的次数；而 BRICS 国家中的南非、俄罗斯、印度综合国家风险排名上升的次数要显著高于排名下降的次数。经济风险与政治风险呈现出截然不同的结果。新兴经济体国家发展动力比较充足，经济风险相对较低，但国内相对不稳定的政治环境给吸引海外投资带来不利影响。但如果投资者对经济风险有较高“要求”，这些国家的整体排名可以有所上升。这种情况下，发达经济体的综合国家风险则可能因国内经济萧条、经济危机等金融风险要素而倾向于排名下降。

当投资者对东道国政治风险状况有较高的容忍度时（情景 8），即政治风险值越高越好，也意味着决策者对东道国政治风险状况“有期待”但并无明确要求。由模糊测度识别可知，此时政治风险测度要低于经济风险及金融风险。对比 G7 国家和 BRICS 国家：G7 国家同样除日本外在整个时间段内综合国家风险排名下降的次数要显著高于排名上升的次数；而 BRICS 国家中的俄罗斯、印度综合国家风险排名下降的次数要显著低于上升的次数。如果投资者将东道国政治风险状况视为“加分项”但无明确要求时，考虑到新兴经济体的发展潜力及相对低廉的人力及土地等资源，相对来讲还是值得投资的。

当投资者对东道国经济风险状况有较高的容忍度时（情景 10），G7 国家中的美国、英国、意大利、德国、法国、加拿大在整个时间段内综合国家风险排名下降的次数要显著高于排名上升的次数；而 BRICS 国家中的俄罗斯、印度综合国家风险排名下降的次数要显著低于上升的次数。

8.4　小　　结

多属性决策方法是国家风险评价领域的主流方法之一，考虑到经典可加测度的局限性，现有研究仍然未能将国家风险视为内在相互作用、动态变化的整体。鉴于此，本章引入模糊测度替代可加测度进行国家风险评价。模糊测度在刻画多属性之间的交互作用上相较于经典可加测度表现出极大优势，但其识别一直是应用过程中的一大挑战。在进行投资决策时，投资者或企业考虑母国环境及自身风险应对能力等，会对东道国风险状况有不同的接受或容忍程度。本章在已有研究基础上进一步丰富和完善了借助决策者态度进行识别的方法，提出了基于决策者对属性容忍度的模糊测度识别方法。首先提出全局容忍度及局部容忍度概念和指标以刻画决策者对属性的容忍程度，相较于属性或方案重要度偏好，进一步对决策者容忍度这一偏好进行了刻画，更能满足实际问题需求。在此基础上，将决策者容忍度视为约束变量，利用最大熵作为目标函数构建优化问题进行模糊测度识别，并考察决策者容忍度对属性模糊测度及内在交互作用的影响机理。

选取几种投资者容忍度情景对国家风险重新进行评价，风险容忍程度及结构的不同会显著影响国家风险评价结果，如当对政治风险有较高要求时，政治环境比较稳定的国家评级整体会倾向于上升，而国内环境相对不稳定的国家评级会进一步降低；当对经济风险有较高要求时，经济发展较快的新兴经济体排名相对会上升，而一些发达国家则会相对降低。结合决策者容忍度的国家风险评价框架可以在一定程度上帮助决策者形成更满足自身需求的投资决策。

本章内容不仅丰富和扩展了模糊测度在多属性决策中的应用，同时为国际资本运作提供了更灵活的、更能刻画实际态度及需求的国家风险评价模型。

第9章　考虑国家风险的石油进口组合优化策略

9.1　引　　言

石油作为重要的工业原料和战略物资，对促进经济发展和实现国家战略具有十分重要的作用，能否获得充足的石油供应直接关系石油进口国政治、经济和军事的安全。20 世纪 70 年代爆发的两次中东石油危机，在给予西方主要发达国家经济重创的同时，也引起了各国政府、学术界及普通民众对能源安全的关注。能源安全，不同时期基于不同立场对其界定也不尽相同（Cohen et al.，2011）。而目前对能源安全普遍接受的定义是国际能源机构（International Energy Agency，IEA）提出的"以合理的价格获取充足的能源供给"。随着我国经济社会的迅猛发展，对石油资源需求日益旺盛，我国石油进口不仅面临较大的价格波动风险，而且过高的对外依存度、较为单一的进口来源和渠道及复杂的"石油地缘政治"形势等因素，构成了我国能源安全的巨大隐患。针对中国石油进口过程中面临的诸多威胁，如何全面地刻画各个风险要素，如何优化我国未来石油进口组合等问题值得深入分析，这对保障国家能源安全具有重要的意义。

在以"合理的价格获得稳定可持续的能源供应"的能源安全框架下，相关研究多从控制成本和风险两个角度以实现石油进口优化，其差异主要在于对风险要素的把握和选取的不同。石油作为一种重要的战略性资源，其地缘政治因素是多数学者关注的焦点，地缘政治风险通常被认为是影响能源安全的重要因素（孙晓蕾和何琬，2011；刘畅等，2016）。Li 等（2014a）主要关注资源国极端风险事件对进口造成的威胁，以资源国国家风险作为主要风险控制目标，通过设置极端事件未发生和发生两种情景，分别建立基于成本和风险最小化的多目标优化模型，对我国石油进口组合进行优化，其结果表明中东地区极端事件的发生将会加剧该地区国家风险暴露，我国石油进口应该相应做出调整，减少从中东地区的进口份额，同时增大从中南美地区的进口份额。Yang 等（2014）主要关注资源国国家风险和资源潜力因素，而 Wu 等（2007）主要考虑进口多元化因素。在 Li 等（2015）和 Wang 等（2018）进一步的研究中，综合考虑了进口成本、资源国国家风险及运输风险，构建基于成本和风险最小化的多目标规划模型，重点关注运输风险与资源国国家风险之间权重变化对优化结果的影响。相比单目标规划模型，多目标规划模型综合考虑成本和风险多重因素，更加符合“以合理的价格获得充足的能源供应”的内涵。

这些研究也给本章对风险要素的考虑提供了有益信息，首先，资源国国家风险对于进口国能源安全的影响重大，一旦资源国发生战争、冲突、自然灾害等极端事件，将会直接造成石油供应的中断，对该因素的考虑是必要的；而多元化策略是所有石油进口国家规避风险的主要做法（Vivoda，2009）。此外，在石油进口贸易中，一个持久稳定的贸易关系，能够有效保障石油进口的安全（Correljé and van der Linde，2006；郝俊等，2019），但在实际研究中这一因素常常被忽略。那么，实际进口策略主要考虑了哪些风险要素？本章研究目的希望对此问题提供一些思路和建议。

因此，基于 Li 等（2015）和 Yang 等（2014）的研究，本章综合考虑成本与各类风险要素，通过多目标优化算法模型对我国石油进口组合进行优化。本章构建的石油进口组合优化研究框架如图 9-1 所示。通过构建原油进口成本-风险的多目标优化模型，计算我国应从各个资源国进口多少原油以寻求原油进口成本和风险的最小化。在对我国石油进口风险因素进行详细分析的基础上，引入资源国国家风险和资源潜力，通过多目标优化算法对模型进行实证分析，研究我国石油进口组合的优化空间演化，并依据优化结果对原油进口组合与我国实际进口决策进行对比分析。此外，还通过不同的情景设置，识别我国实际进口决策的驱动因素。

基于该研究框架，本章的研究共分以下三个步骤。

（1）以原油购买成本为进口成本，选择资源国国家风险和资源潜力及进口来源分散化风险作为主要风险研究对象，通过多目标规划对我国 2005～2014 年石油进口组合进行优化，并与实际进口进行对比，分析 2005～2014 年我国石油进口优化空间变化情况。

（2）详细分析最优组合与进口成本之间的变化情况，并通过成本分解效应对优化结果中的进口成本和实际进口成本波动因素进行分析。

（3）通过设置三种情景：考虑资源国国家风险，考虑资源国国家风险、与我国石油贸易的关系，考虑资源国国家风险、与我国石油贸易的关系及进口多元化，进一步考察影响中国石油进口实际策略的驱动因素。

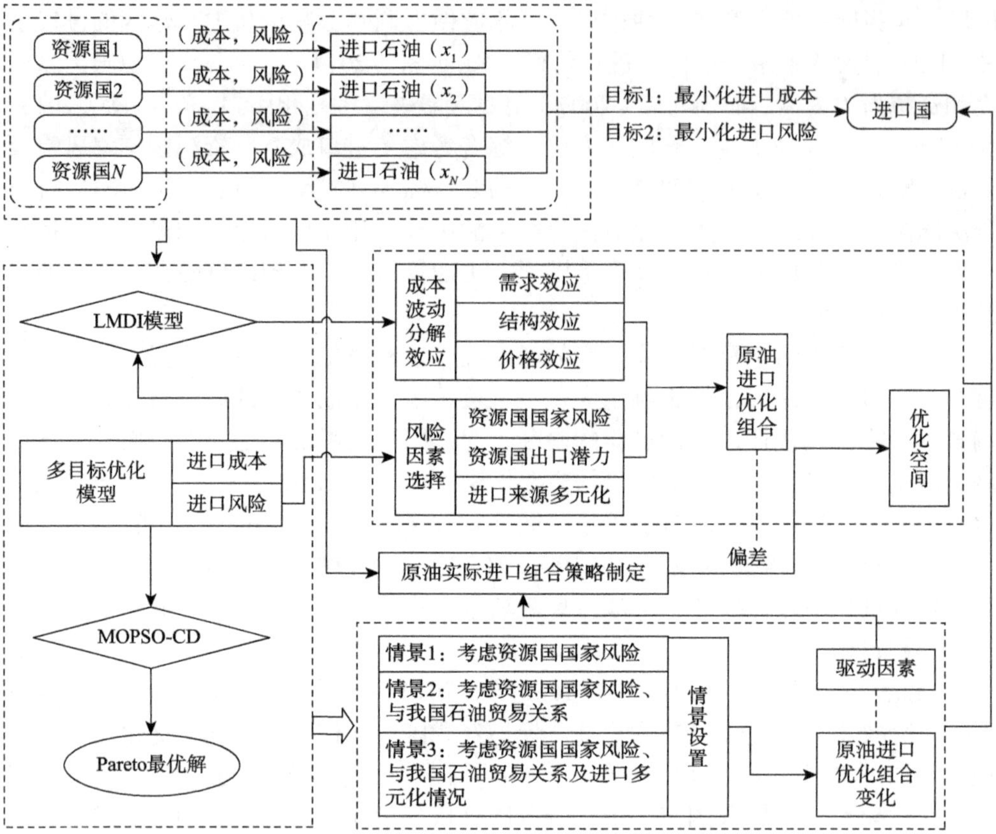

图 9-1　基于多目标规划的石油进口组合优化策略研究框架

LMDI（logarithmic mean Divisia index，对数平均迪氏指数）

MOPSO-CD（multi-objective particle swarm optimization algorithm with crowding distance，基于拥挤距离的多目标粒子群优化算法）

9.2　模型方法

本节内容首先介绍石油进口多目标规划模型，该模型的目标是在满足进口需求的条件下，同时实现石油进口成本和进口风险的最小化，优化从每个资源国进口原油量。进口成本主要考虑油价成本，风险要素主要考虑石油进口的分散化效应、石油资源的政治风险及出口潜力。

9.2.1　多目标优化模型构建

石油进口优化模型的两个目标函数分别为进口总成本和进口总风险，进口总成本主要由从不同资源国进口原油总量与相应单位价格的乘积进行求和得到，具体表达式如式（9-1）所示：

$$\min f_{\text{cost}} = \sum_i p_i x_i \tag{9-1}$$

其中，f_{cost} 表示从各资源国进口石油的总成本目标函数；p_i 表示从资源国 i 进口石油的单位成本，单位为美元/吨；x_i 表示从资源国 i 进口石油量，单位为吨。

在进口风险要素方面，本节主要借鉴 Li 等（2015）和 Yang 等（2014）的研究，综合考虑石油资源国的国家风险和出口潜力，改进传统分散化度量方式并对进口风险进行度量。针对进口分散化效应的度量，常用的方法是市场集中度指数（Herfindahl-Hirschman index，HHI）方法，其含义是指通过分散石油进口来源降低因依赖一个或少数几个石油进口源而带来的风险，HHI 可表示为 $\text{HHI} = \sum_{i=1}^{n}\left(x_i \Big/ \sum_i x_i\right)^2$。该指数越大说明石油进口越集中，越小表示进口越分散。从 HHI 表达式可知，它主要受进口源数量和进口量分配均衡度的影响，当只有一个进口源时，该指数值最大为 1，而当进口源数量增大或进口量分配更加均衡时，该指数值逐渐降低。

由于资源国在地理位置、地缘政治、社会经济、资源状况等方面的迟疑，不同的石油资源国风险要素也不同，而传统的 HHI 对于这一方面并未加以考虑，因此，本节希望通过引入资源国国家风险和资源潜力因素对 HHI 进行改进。其中，资源国国家风险采用美国 PRS 集团发布的 ICRG 评级指数来度量，该指数值介于 0～100，其值越大，表示国家面临的风险水平越低；同时，将资源国石油储产比与石油出口量占全球出口总量的份额相结合，构成资源国资源潜力指标来反映一国资源潜力状况。因此风险最小化目标函数可表示为

$$\min f_{\text{risk}} = \sum_i \text{CR}_i \cdot \overline{\text{PE}_i} \cdot \left(x_i \Big/ \sum_i x_i\right)^2 \tag{9-2}$$

其中，CR_i 表示资源国 i 的国家风险，$\text{CR}_i = 100 - \text{ICRG}_i$，$\text{ICRG}_i$ 表示资源国 i 的 ICRG 评级指数；资源国 i 的资源潜力可表示为 $\text{PE}_i = (R_i / P_i) \times s_i$，$R_i / P_i$ 表示资源国 i 的石油储产比，s_i 表示资源国 i 的出口量占世界出口量的比例，可见资源国资源潜力越大，对进口国的供应越充足，供应风险越小，因此为了保持与风险水平变化的一致性，对资源潜力指标做了如下修正，即 $\overline{\text{PE}_i} = \text{PE}_{\max} - \text{PE}_i + \text{PE}_{\text{mean}}$，

$\mathrm{PE}_i=(R_i/P_i)\times s_i$，$\mathrm{PE}_{\max}=\max\{\mathrm{PE}_1,\mathrm{PE}_2,\cdots,\mathrm{PE}_i\}$，$\mathrm{PE}_{\mathrm{mean}}=\left(\sum_i \mathrm{PE}_i\right)\Big/i$，这种修正不仅满足了解释的一致性，也避免了出现 0 值的情况。

目标函数确定后，还需满足一定的约束条件：

满足进口需求

$$\sum_i x_i \geqslant D \tag{9-3}$$

每年从各个资源国的进口量不得超过该国最大出口量

$$0 \leqslant x_i \leqslant E_i \tag{9-4}$$

其中，D 表示石油进口国的石油进口量；E_i 表示资源国 i 的最大石油出口量。

9.2.2 基于 MOPSO-CD 的模型实现

多目标优化问题不存在唯一的全局最优解，过多的非劣解是无法直接应用的，所以在求解时就是要寻找一个最优解。求解最优解主要有两类方法：首先，多目标优化问题往往通过加权等方式转化为单目标问题，然后用数学规划的方法来求解，每次只能得到一种权值情况下的最优解，同时，由于多目标优化问题的目标函数和约束函数可能是非线性、不可微或不连续的，传统的数学规划方法往往效率极低，且它们对于权重值或目标给定的次序较敏感（公茂果等，2009；Li et al.，2015）；其次，先求出大量的非劣解，构成非劣解的一个子集，然后按照决策者的意图找出最优解，而这些主要通过算法来实现，一直以来很多学者采用不同的算法解决多目标优化问题，如多目标粒子群算法、蚁群算法、模拟退火算法、遗传算法等（肖晓伟等，2011；马永杰和云文霞，2012；安晓亭和张梓琪，2019）。

多目标粒子群算法是一种基于迭代的优化工具系统初始化一组随机解，通过迭代搜寻最优值，不但具有全局寻优能力，而且具有较强的局部寻优能力。由于多目标粒子群算法具有高效的搜索能力有利于得到多目标意义下的最优解；通过代表整个解集种群，按并行方式同时搜索多个非劣解，即搜索到多个 Pareto 最优解；同时，多目标粒子群算法的通用性比较好，适合处理多种类型的目标函数和约束，并且容易与传统的优化方法结合，从而改进自身的局限性、更高效地解决问题，因此，将多目标粒子群算法应用于解决多目标优化问题上具有很大的优势。然而目标粒子群算法也不是万能的，在实际优化过程中，无法在太多的约束条件下进行优化，收敛性也不是很突出，优化结果的 Pareto 最优曲面通常不是很光滑。为解决这个问题，Raquel 和 Naval（2005）通过引入拥挤距离（crowding distance）对多目标粒子群算法进行改进，提出 MOPSO-CD，该算法无论是在 Pareto 最优求解能力、最优曲面的平滑度、寻优范围等方面都具有优势，并且实现起来相对比较容易，收敛次数较少，优化收敛能力也较强（裴胜玉和周永权，2010；Li et al., 2015）。因此，本节采用 MOPSO-CD 对多目标优化问题进行求解。

在 MOPSO-CD 运行过程中只有设置合适的迭代次数、速度等参数才能形成收敛的最优解，算法中的参数设置如下（Li et al.，2015）：

MOPSO-CD 粒子飞行速度：

$$w = w_{\max} - \frac{w_{\max} - w_{\min}}{T_{\max}} \cdot t \tag{9-5}$$

粒子迭代速度：

$$v(t+1) = w \cdot v(t) + c_1 \cdot \text{rand}(0,1) \cdot (x_{\text{best}} - x) + c_2 \cdot \text{rand}(0,1) \cdot (x_{\text{gbest}} - x) \tag{9-6}$$

其中，$T_{\max} = 10\,000$ 表示最大的迭代次数；t 表示当前迭代次数；$w_{\max}$ 和 $w_{\min}$ 分别表示粒子最大和最小飞行速度，分别为 0.1 和 1.2；c_1 表示粒子自身最优的影响因子；c_2 表示全局最优粒子的影响因子，取值均为 0.8；$v(t)$ 和 $v(t+1)$ 分别表示第 t 和第 $t+1$ 次粒子迭代速度；x_{best} 表示局部最优粒子；x_{gbest} 表示全局最优粒子；初始粒子数为 200，非劣解筛选密度为 0.05，非劣解集合为 100。

9.2.3　基于 LMDI 方法的成本波动分解效应

本节从需求因素、价格因素和进口来源结构因素对我国原油进口成本波动进行分析，试图解释这三个因素分别对实际进口成本波动和优化结果下进口成本波动的影响规律变化，分析实际进口和优化结果的差异。分解分析思想在能源经济学领域被广泛运用，它本质上是通过对数学恒等式的分解运算，将目标变量分解为若干项影响该分解目标的因素并进行定量计算，以期得到各因素对目标变量的相对驱动程度，而 LMDI 方法被认为是最优的分解模型法（Ang，2005）。因此本节采用 LMDI 方法对我国原油进口成本波动因素进行分析。利用分解分析思想，中国原油进口成本可以表示为

$$C = \sum_i C_i = \sum_i (Q_i \cdot P_i) = \sum_i \left(Q \cdot \frac{Q_i}{Q} \cdot P_i \right) = \sum_i (Q \cdot S_i \cdot P_i) \tag{9-7}$$

其中，C 表示中国原油进口总成本；C_i 表示从资源国 i 进口原油成本，它可用进口量 Q_i 和进口单位价格 P_i 来表示；$S_i = Q_i / Q$ 表示从资源国 i 进口原油占进口总量的比例，用来反映进口来源结构因素。

采用 LMDI 方法（Ang，2005），对式（9-7）进行加和分解，进口成本波动可以分解为

$$\Delta C = \Delta C_Q + \Delta C_S + \Delta C_P \tag{9-8}$$

其中，ΔC 表示相对基期原油进口成本的变化；ΔC_Q、ΔC_S 和 ΔC_P 分别表示需求

效应、结构效应和价格效应对原油进口成本波动的贡献值，计算过程如下：

$$\Delta C_Q = \sum_i \Delta C_{Q,i}^T,\quad \Delta C_{Q,i}^T = \begin{cases} 0, & C_i^T \cdot C_i^0 = 0 \\ \dfrac{C_i^T - C_i^0}{\ln C_i^T - \ln C_i^0} \cdot \ln\left(\dfrac{Q^T}{Q^0}\right), & C_i^T \cdot C_i^0 \neq 0 \end{cases} \tag{9-9}$$

$$\Delta C_S = \sum_i \Delta C_{S,i}^T,\quad \Delta C_{S,i}^T = \begin{cases} 0, & C_i^T \cdot C_i^0 = 0 \\ \dfrac{C_i^T - C_i^0}{\ln C_i^T - \ln C_i^0} \cdot \ln\left(\dfrac{S_i^T}{S_i^0}\right), & C_i^T \cdot C_i^0 \neq 0 \end{cases} \tag{9-10}$$

$$\Delta C_p = \sum_i \Delta C_{p,i}^T,\quad \Delta C_{p,i}^T = \begin{cases} 0, & C_i^T \cdot C_i^0 = 0 \\ \dfrac{C_i^T - C_i^0}{\ln C_i^T - \ln C_i^0} \cdot \ln\left(\dfrac{P_i^T}{P_i^0}\right), & C_i^T \cdot C_i^0 \neq 0 \end{cases} \tag{9-11}$$

在以上计算过程中，选择 2005 年作为基期，则 C_i^0 表示基期从资源国 i 进口的原油成本；$\Delta C_{Q,i}^T$ 、$\Delta C_{S,i}^T$ 和 $\Delta C_{P,i}^T$ 分别表示相对 2005 年，第 T 年需求效应、结构效应和价格效应对原油进口成本变化的贡献值。

为分析各效应对进口成本波动的贡献率，构建各效应贡献率指数如下：

$$D_Q = \frac{\Delta C_Q}{\Delta C} \tag{9-12}$$

$$D_S = \frac{\Delta C_S}{\Delta C} \tag{9-13}$$

$$D_P = \frac{\Delta C_P}{\Delta C} \tag{9-14}$$

9.3 实 证 分 析

9.3.1 样本与数据

如表 9-1 所示，本节选择中国的 22 个主要石油进口资源国，对 2005～2014 年中国石油进口组合进行优化。

表 9-1　中国主要石油进口资源国

中东地区	非洲地区	亚太地区	中南美地区	欧洲地区
沙特阿拉伯	安哥拉	印度尼西亚	委内瑞拉	俄罗斯
伊朗	利比亚	越南	巴西	

续表

中东地区	非洲地区	亚太地区	中南美地区	欧洲地区
阿曼	尼日利亚	马来西亚	阿根廷	
也门	阿尔及利亚	澳大利亚	厄瓜多尔	
阿联酋		哈萨克斯坦		
科威特				
伊拉克				
卡塔尔				

优化模型中各变量值及数据来源如表 9-2 所示（各指标数据均为年度数据）。

表 9-2　资料来源

变量	资料来源
2005～2014 年来自各资源国石油进口量、各资源国出口石油量及单位价格	国际贸易中心（International Trade Center） http://www.trademap.org/Country_SelProduct_TS.aspx
2005～2014 年资源国石油储产比	《BP 世界能源统计年鉴 2014》 https://www.bp.com/en/global/corporate/energy-economics/statistical-review-of-world-energy.html
2005～2014 年资源国国家风险综合指数	国际国家风险指南（International Country Risk Guide，ICRG） http://www.prsgroup.com/

9.3.2　考虑出口潜力的石油输出国风险分析

根据各资源国的历年总体风险 $\left[r_i \times \left(x_i / \sum_i x_i\right)^2\right]$ 指标，采用 SPSS 对其进行聚类分析，结果显示各资源国可被分成三类，如图 9-2 所示。

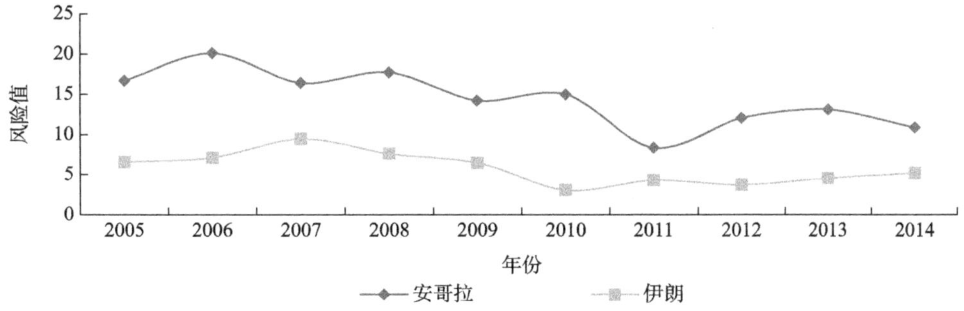

（a）Ⅰ类：高风险

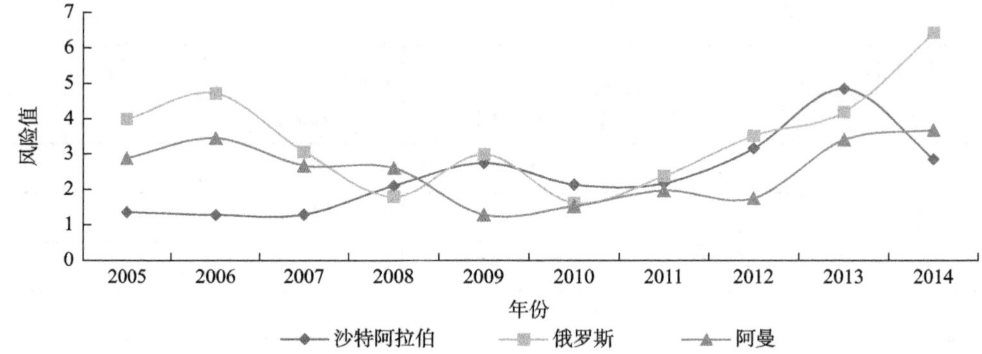

（b）Ⅱ类：中风险

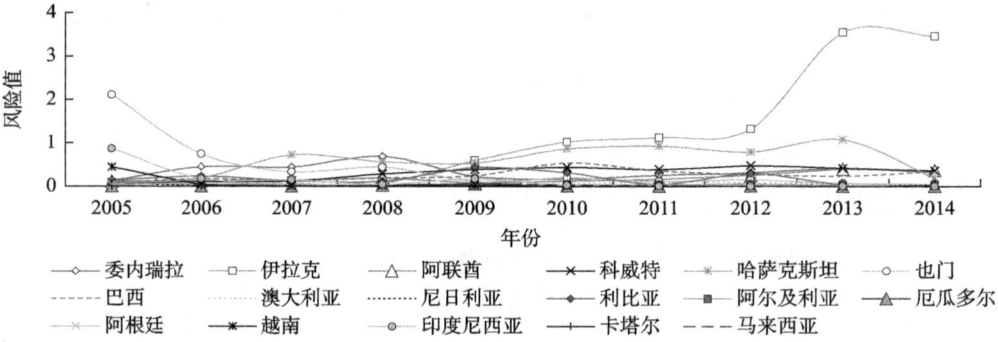

（c）Ⅲ类：低风险

图 9-2　三类资源国总体风险变化

安哥拉和伊朗 2005～2014 年总体风险一直处于高水平状态，沙特阿拉伯、俄罗斯和阿曼总体风险处于中等水平，而其他资源国总体风险相对较低。分析造成Ⅰ类和Ⅱ类资源国风险水平较高及其波动原因，如表 9-3 所示：

表 9-3　Ⅰ类、Ⅱ类资源国总体风险要素分解

年份	类别	资源国	$r_i \times \left(x_i / \sum_i x_i\right)^2$	PE_i	CR_i	$\left(x_i / \sum_i x_i\right)^2$
2007	Ⅰ类	安哥拉	16.416	0.749	29.979	0.034
		伊朗	9.468	4.126	32.396	0.023
	Ⅱ类	沙特阿拉伯	1.290	15.055	18.750	0.038
		俄罗斯	3.056	4.695	21.875	0.011
		阿曼	2.673	0.442	16.000	0.010
2011	Ⅰ类	安哥拉	8.349	0.622	30.375	0.019
		伊朗	4.284	6.624	33.875	0.015

续表

年份	类别	资源国	$r_i \times \left(x_i / \sum_i x_i\right)^2$	PE_i	CR_i	$\left(x_i / \sum_i x_i\right)^2$
2011	Ⅱ类	沙特阿拉伯	2.181	12.663	19.417	0.050
		俄罗斯	2.387	3.260	26.563	0.008
		阿曼	1.976	0.337	20.750	0.007
2014	Ⅰ类	安哥拉	10.865	0.927	30.858	0.023
		伊朗	5.217	3.692	39.458	0.010
	Ⅱ类	沙特阿拉伯	2.859	12.365	20.392	0.034
		俄罗斯	6.439	3.190	32.250	0.015
		阿曼	3.683	0.329	18.817	0.012

Ⅰ类资源国中，安哥拉资源潜力极低，而其国家风险相对也比较高，同时其在进口组合中所占进口比例也相对较高，因而造成整体风险水平较高；伊朗总体风险水平较高的主要原因在于，其国家风险一直处于高水平状态。

Ⅱ类资源国中，俄罗斯 2007 年和 2014 年的资源潜力与Ⅰ类的伊朗基本相当，而其国家风险在Ⅱ类资源国中最高，尤其是俄罗斯国家风险水平逐年增大，但其资源潜力并未出现明显增加；阿曼资源出口潜力极低，同时其国家风险水平和在进口组合中所占比例均较低，因而其总体风险也处于中风险水平；尽管沙特阿拉伯具有极高的资源潜力，相当于阿曼的 30 多倍，并且具有较低的国家风险，但其在进口组合中一直有着较大的比重，因而其总体风险水平也相比其他国家高，但其在Ⅱ类资源国中较低。

9.3.3　中国石油进口优化空间

从 2005～2014 年中国石油进口优化结果来看，如图 9-3 所示，2005～2014 年优化结果形成的 Pareto 曲线的斜率均为负值，表明石油进口多目标优化的进口成本与进口风险两个目标之间呈现负相关关系，如果降低石油进口成本将会增加进口风险，而降低进口风险又会增加进口成本，因此，优化结果同样体现了石油进口风险与进口成本之间的权衡。同时，优化进口成本与进口风险之间的负相关关系是非线性的，不同进口成本与进口风险的负相关关系有很大的不同，优化曲线的斜率绝对值在逐渐减小，说明单位进口成本的增加引起进口风险的降幅在逐渐降低，并且从 2005～2014 年优化结果来看，当进口成本达到一定值后，进口风险将稳定在某个水平不再继续降低。

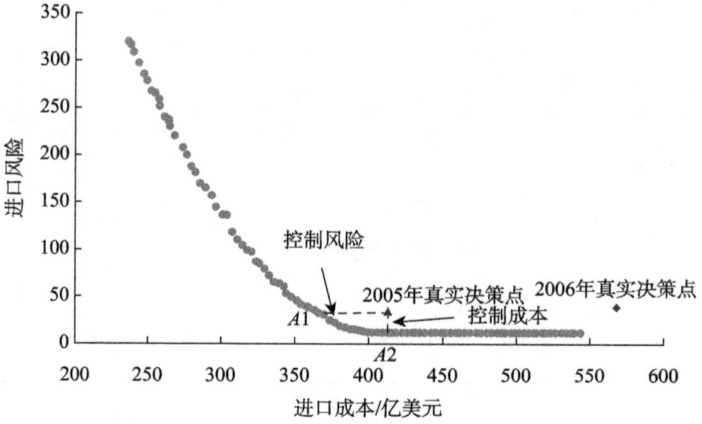

（a）2005 年 Pareto 最优解及实际决策点

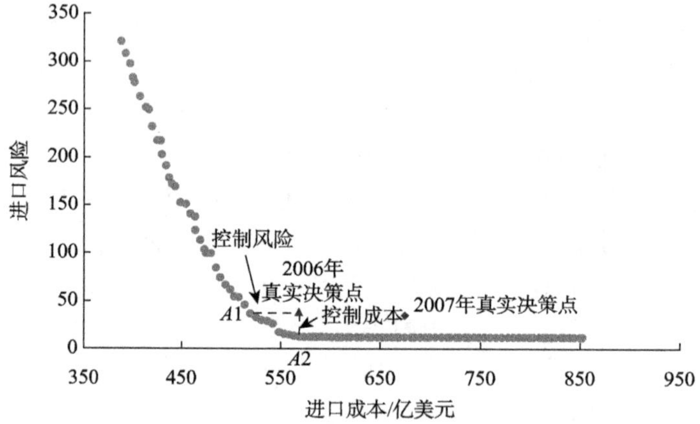

（b）2006 年 Pareto 最优解及实际决策点

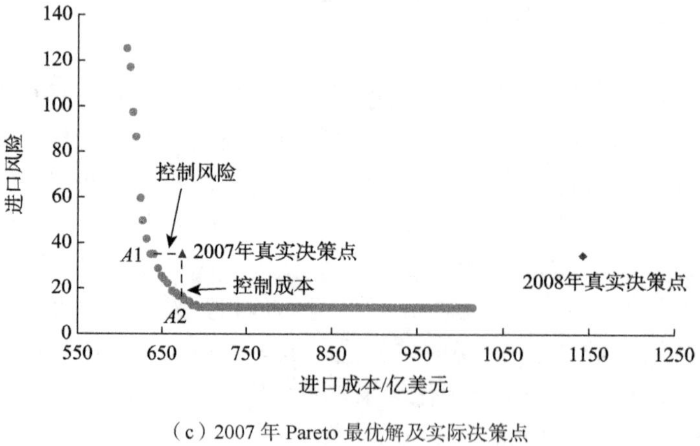

（c）2007 年 Pareto 最优解及实际决策点

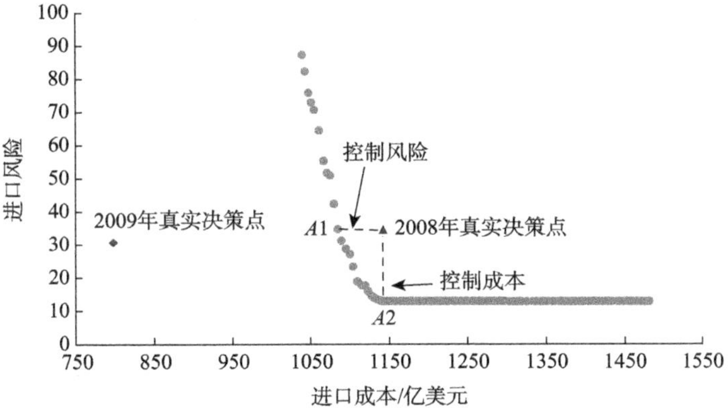

（d）2008 年 Pareto 最优解及实际决策点

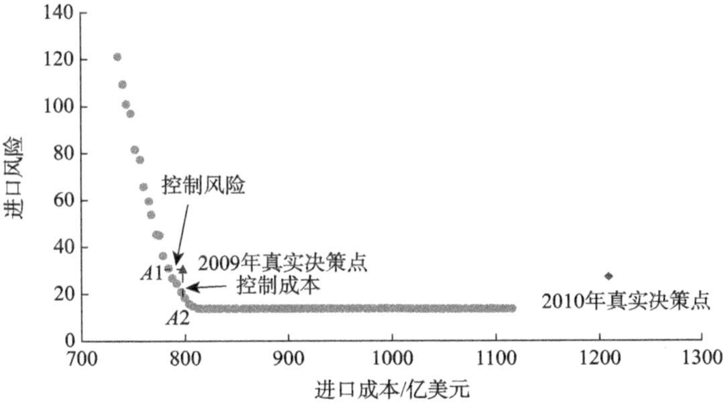

（e）2009 年 Pareto 最优解及实际决策点

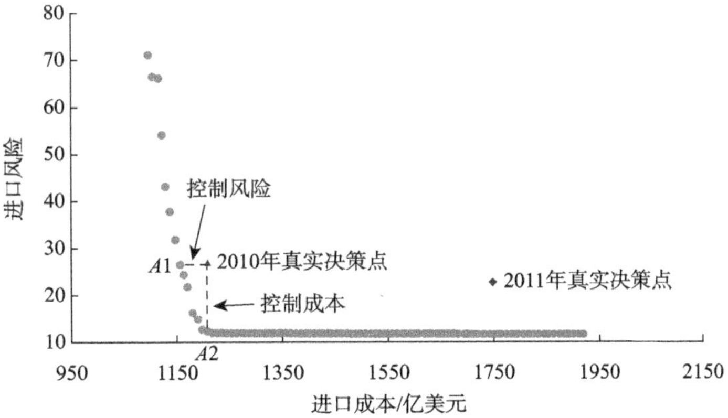

（f）2010 年 Pareto 最优解及实际决策点

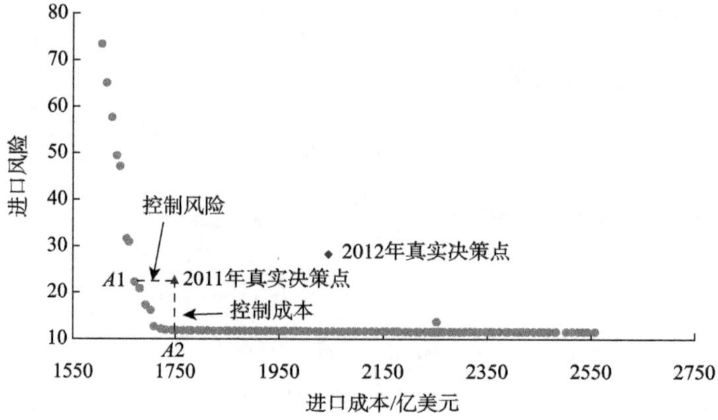

（g）2011 年 Pareto 最优解及实际决策点

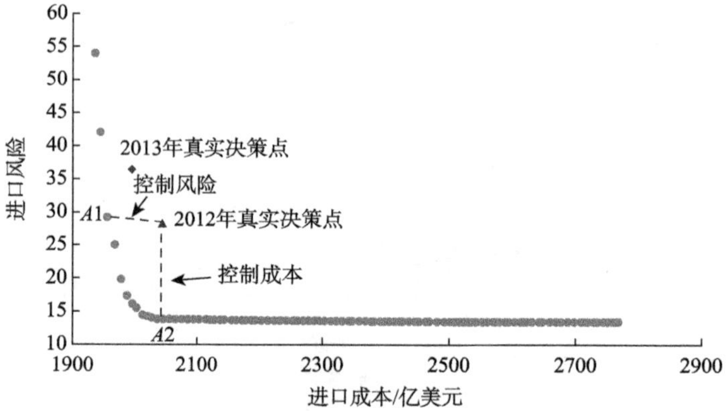

（h）2012 年 Pareto 最优解及实际决策点

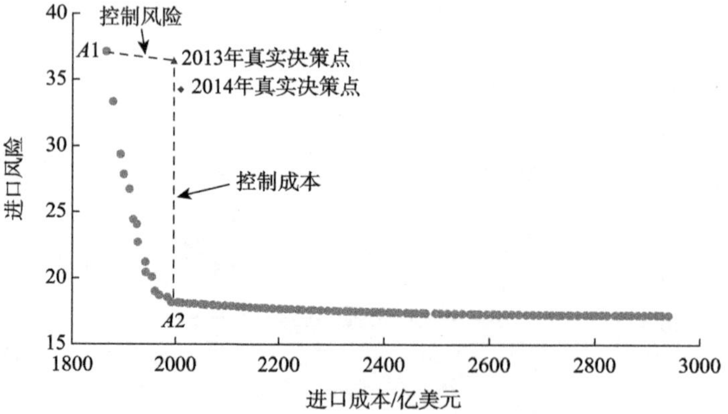

（i）2013 年 Pareto 最优解及实际决策点

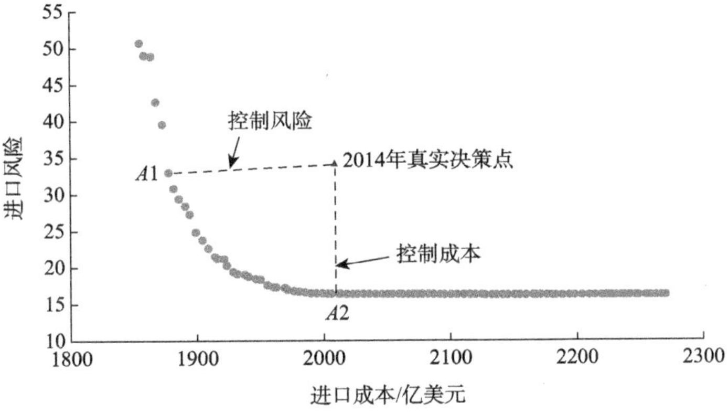

（j）2014 年 Pareto 最优解及实际决策点

图 9-3　历年中国石油进口组合优化结果

在 Pareto 最优解沿线上，定义与实际决策点进口风险相同或最相近的点，为控制风险点 $A1$；
定义与实际决策点进口成本相同或最相近的点，为控制成本点 $A2$

图 9-3 中，$A1$ 点表示控制石油进口风险处于当年实际进口风险水平的优化结果，$A2$ 点表示控制石油进口成本与当年实际成本相当时而得到的优化结果。两种策略下的优化结果与实际进口情况对比结果如图 9-4 所示。

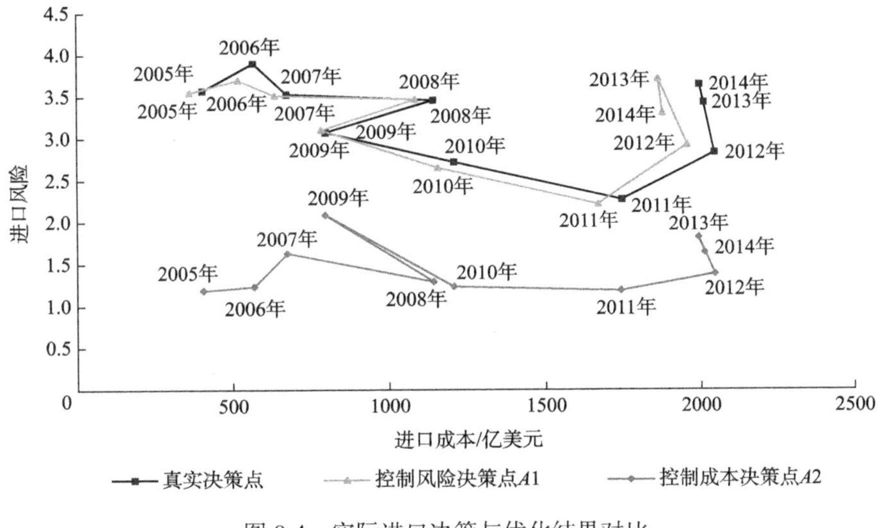

图 9-4　实际进口决策与优化结果对比

图 9-4 中，中国石油进口实际决策路径显示，2005~2014 年石油进口成本整体处于持续增长趋势，这是由于国内对于石油资源有着持续增长的需求，石油进口量持续攀升，进口成本也不断增加。但在个别年份进口成本出现明显缩减。比如，

2008 年石油价格暴涨造成当年进口成本也急剧增加，但 2009 年石油价格回落，因而 2009 年与 2008 年相比，进口成本出现明显缩减，但仍是高于 2007 年进口成本的。石油进口成本缩减的主要原因在于国际石油价格的下跌。通过分析图 9-3 中实际进口成本与进口风险之间的关系可以发现，尽管进口成本整体在增加，但 2011 年之前，进口风险是整体降低的，而 2011 年以后，进口风险增大，主要是由Ⅰ类和Ⅱ类资源国家的总体风险增大造成的。

同时，图 9-4 中两种策略下优化效果非常显著，即控制进口风险与当年实际进口风险处于同等水平时（*A*1 点），进口成本得到明显优化，如 2008 年石油进口成本为 1143 亿美元，通过优化，进口成本为 1085 亿美元，节省 58 亿美元，再如，2014 年进口成本 2009 亿美元，优化后为 1878 亿美元，节省 131 亿美元；控制进口成本与当年实际成本处于同等水平时（*A*2 点），进口风险明显降低。

这里把实际进口成本与控制风险时得到的优化成本之间的差值称为成本优化空间，类似的，实际进口风险值与控制成本时得到的优化风险值之差称为风险优化空间。由于不同控制策略下，成本、风险得到了优化，因此差值均为正，同时差值越小，表明实际进口决策与优化结果越接近。如图 9-5 所示，2009 年之前，成本优化空间和风险优化空间整体均在缩小，即实际进口成本和进口风险越来越接近优化结果，然而 2009 年之后，二者差值越来越大，尤其是进口成本仍有极大的优化空间。

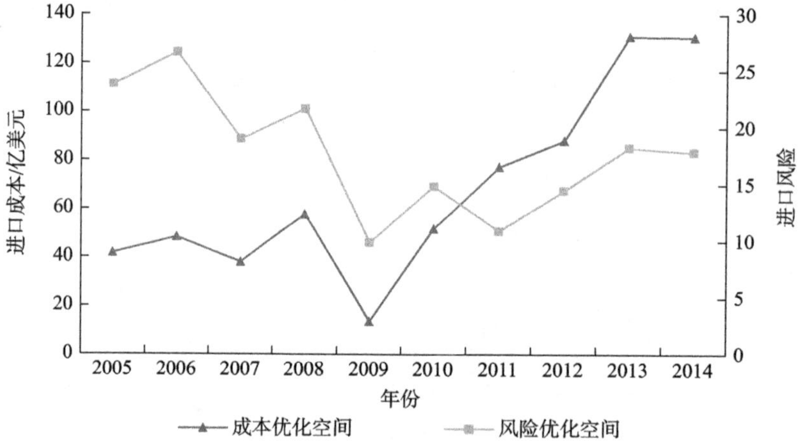

图 9-5　进口成本和进口风险优化空间变化

9.3.4　不同目标控制下的进口组合优化选择

图 9-3 中 Pareto 曲线上的 *A*1 点和 *A*2 点之间的解集对应的进口成本和进口风险都小于相应年份的实际进口成本和进口风险，因此在这段解集上的石油进口组

合都要优于该年度的实际进口组合。以 2014 年为例，从 $A1$ 点到 $A2$ 点之间的解集所对应的进口组合变量的变化趋势如图 9-6 所示。

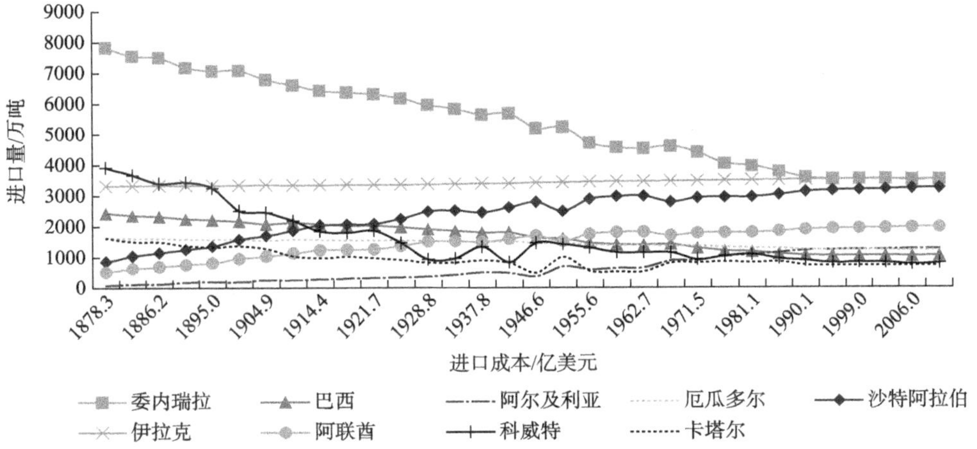

图 9-6　进口成本与最优解集变化

由图 9-6 可知，随着石油进口成本的增加，进口组合中来自委内瑞拉和科威特的石油进口量在快速下降，从伊拉克的进口石油量保持相对稳定，而从沙特阿拉伯、阿联酋进口的石油量在迅速增加。从 $A1$ 点到 $A2$ 点的过程，是进口成本逐渐增加的过程，也是控制不同的目标进行优化的过程，在不同的优化控制策略下，从各资源国进口量相对实际进口组合变量的变化方向整体上是一致的，两种策略下都是从安哥拉、沙特阿拉伯、俄罗斯、阿曼和伊朗进口的石油量将大幅降低，而从委内瑞拉、巴西、澳大利亚、利比亚、厄瓜多尔、伊拉克、也门、越南、印度尼西亚、卡塔尔进口的石油量将会增加，如图 9-7 所示。

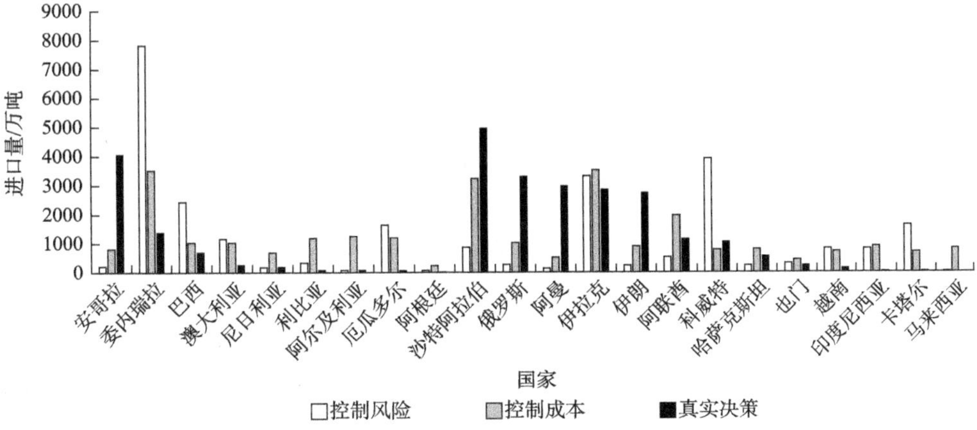

图 9-7　不同控制策略下进口组合优化结果与实际进口组合

值得注意的是，两种控制策略下，优化结果与实际进口决策相比也有不一致的变化，如在控制风险策略下，从阿联酋和哈萨克斯坦进口的石油量将会降低，而在控制成本策略下，从这些国家进口的石油量将会增大。这是由于在控制石油进口风险不变，进口优化的目标是成本最小化，委内瑞拉、伊拉克和科威特有极具竞争力的价格优势，因而在它们优化组合中所占比例也较大，分别占到了29%、12%和14%，所以从阿联酋和哈萨克斯坦进口的石油量相对降低；在控制石油进口成本不变时，优化目标是风险最小化，而阿联酋和哈萨克斯坦具有较高资源潜力和较低国家风险的优势，因而在该策略下，从这些国家进口的石油量将会增大。

从风险度量方式和成本分解效应两方面，进一步对控制成本和控制风险两种策略下的优化路径进行深入分析。当控制石油进口成本不变，石油进口优化的目标是风险最小化，从度量方式看，其优化过程包括两个方面，一是分散效应，使石油进口来源多元化，二是增加（减少）从低（高）风险水平国家的进口量。图9-8是实际进口组合与控制成本的优化组合，通过对比可以看出：首先，优化结果使得从各个资源国进口石油量更加均衡，实际进口组合主要集中在安哥拉、沙特阿拉伯、俄罗斯、阿曼、伊拉克和伊朗，这六个国家占石油进口总量的77.3%，进口组合极不均衡，此外通过计算两种组合的分散化效应的HHI也可以发现，实际进口决策下HHI为0.112，控制成本优化组合后HHI降低到0.071，石油进口分配更加均衡；其次，优化组合极大地缩减了从风险极高的Ⅰ类资源国安哥拉和伊朗的进口量，从实际组合的15.2%和10.2%的份额降到2.9%和3.3%，同时加大从低风险国家的进口量，如从委内瑞拉的进口份额从实际组合的5.1%增加到优化后的12.9%。

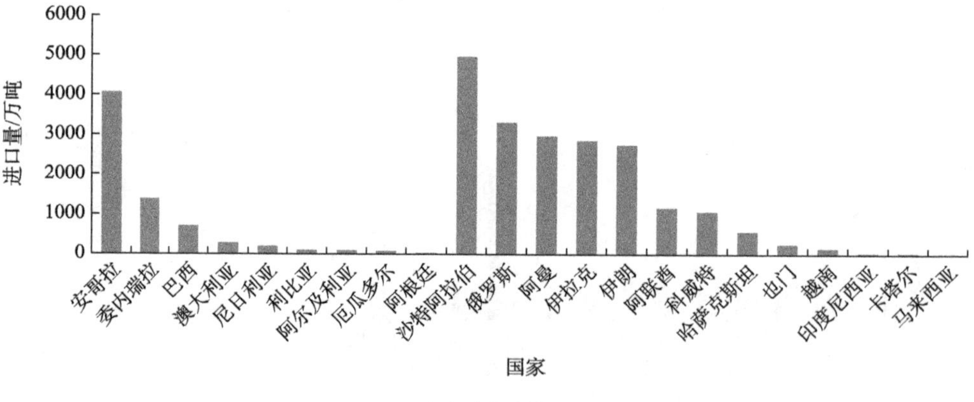

（a）真实决策

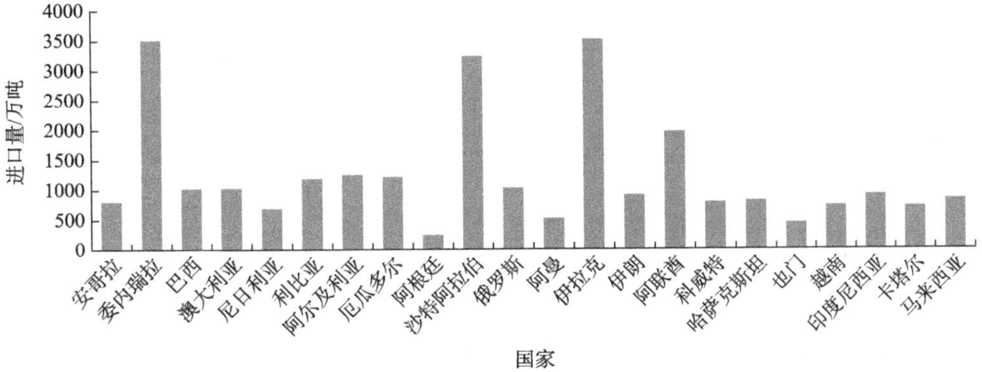

（b）控制成本

图 9-8　实际进口组合与控制成本优化组合

当控制石油进口风险不变时，石油进口优化的目标是成本最小化，而影响石油进口成本的因素主要包括三方面，即进口量、原油价格和来源结构，因此可以将影响石油进口成本波动的影响因素分为需求效应、结构效应和价格效应。图 9-9 为实际进口决策和控制风险策略下成本波动分解效应贡献率趋势图。

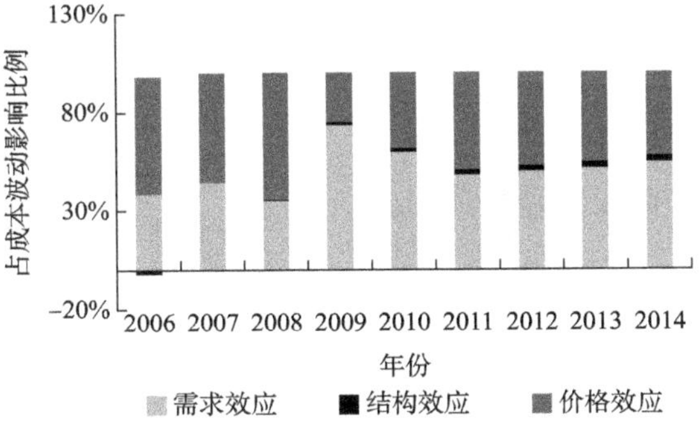

（a）实际进口决策下成本分解

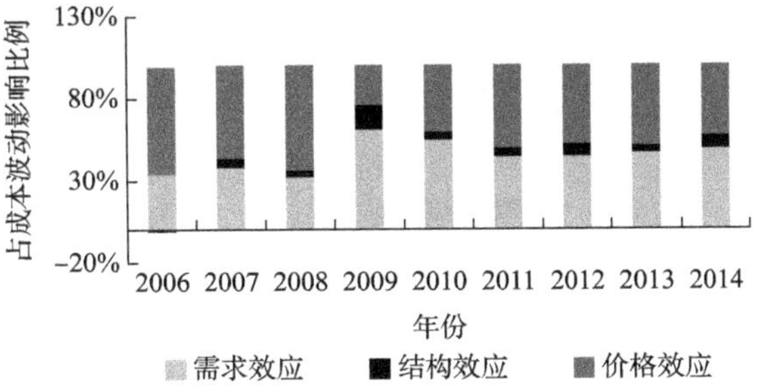

（b）控制风险策略下优化成本分解

图 9-9　实际进口决策与控制风险策略下的成本波动分解效应贡献率趋势图

从图 9-9 中对控制风险策略与实际决策的对比可以看出，优化后，需求效应和价格效应仍是影响进口成本的主导因素，但结构效应对成本波动分解效应的影响的贡献率增大了，表明在该优化策略下通过调整进口来源结构可达到缩减成本的目的，优化后进口成本降为 1878.3 亿元，比实际决策成本缩减了 131 亿元。

从以上分析可以看出，模型结果显示，两种控制策略下，石油进口组合均得到显著优化，这些优化结果可以对下一年的实际进口决策提供重要的参考支撑。2013 年，在控制风险和控制成本两种策略下的优化结果［图 9-10（a）］均显示，应大幅缩减从安哥拉、沙特阿拉伯、俄罗斯、阿曼、伊拉克和伊朗的石油进口量，同时增加从委内瑞拉的进口量，然而在 2014 年的实际进口决策中并未按照这一优化路径进行，如图 9-10（b）所示，2014 年与 2013 年相比，实际上仍然增大从安哥拉、俄罗斯、阿曼、伊拉克、伊朗的进口量，缩小从委内瑞拉的进口量，这与 2014 年优化结果相反［图 9-10（c）］。

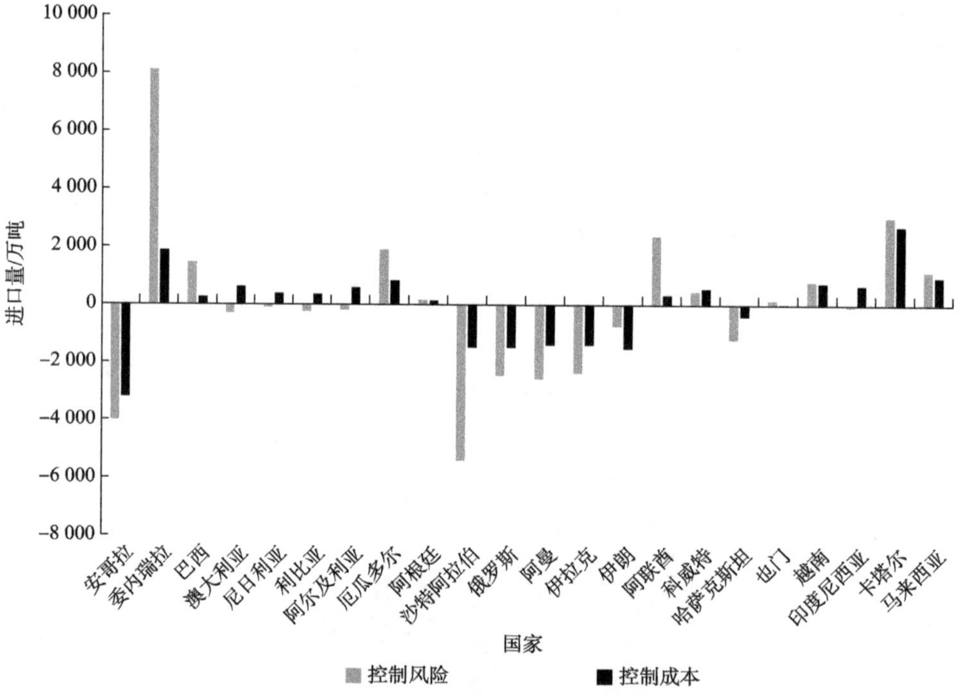

（a）2013 年两种策略下进口组合与实际进口组合之差

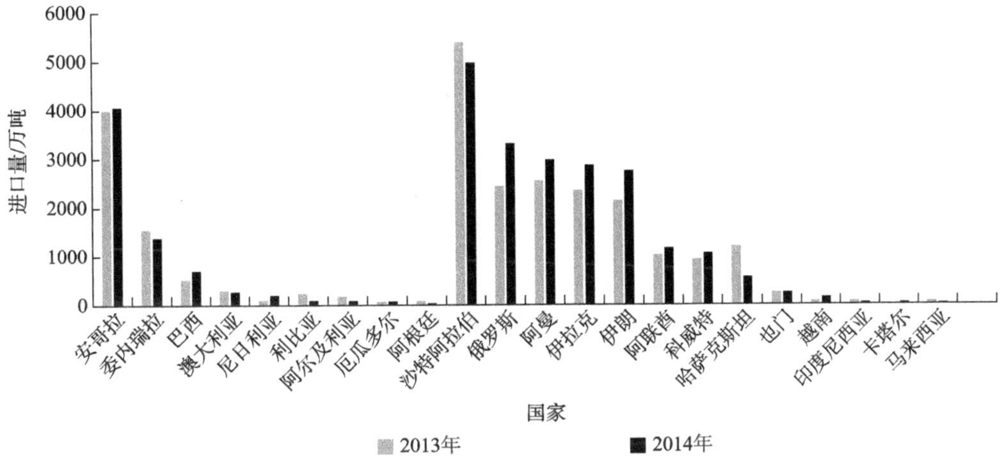

（b）实际进口组合

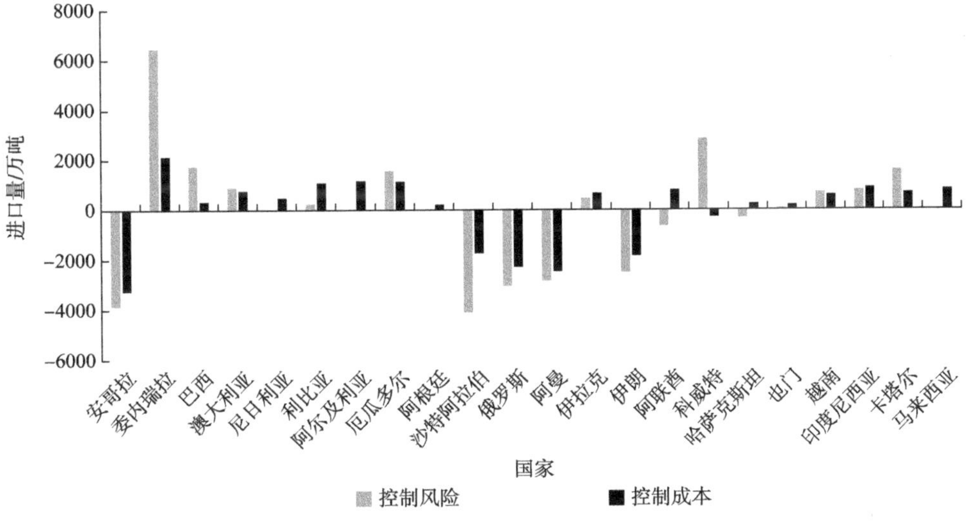

（c）2014 年两种策略下进口组合与实际进口组合之差

图 9-10　2014 年进口优化效果对比

通过对比分析，实际进口决策和优化结果存在较大偏差，这种偏差主要表现在安哥拉、沙特阿拉伯、俄罗斯、阿曼、伊朗和伊拉克。出现这种偏差的原因可能在于，本节多目标优化模型对于我国与主要资源国之间的贸易政策因素未加以考虑。这里通过计算一国对某一贸易伙伴国的出口占该国出口总额的比重与该贸易伙伴国进口总额占世界进口总额的比重之比即石油贸易结合度指数，来反映两国石油贸易关系（郝俊等，2019）。石油贸易结合度指数如下式所示：

$$\sigma_i = \mathrm{TCD}_i = \left(\exp_i / \exp_i^{\mathrm{T}}\right) \Big/ \left(\sum_i x_i \Big/ X_w\right)$$

其中，$\exp_i$ 表示资源国 i 对我国石油出口量；$\exp_i^{\mathrm{T}}$ 表示资源国 i 石油出口总量；$\sum_i x_i$ 表示我国石油进口总量；X_w 表示世界石油总进口量。

图 9-11 为 2014 年中国与各资源国石油贸易结合度指数，如果该指数大于 1，表明两国在贸易方面的联系紧密，反之，则表示两国在贸易方面的联系松散。从图 9-11 可以看出，我国与安哥拉、委内瑞拉、巴西、沙特阿拉伯、俄罗斯、阿曼、伊拉克、伊朗等国家保持着较高的贸易结合度，表现为在石油进口组合中，来自这些国家的进口量占有较大的比重。因此，在我国的石油进口实际决策中，对与资源国的贸易结合度的考虑也是十分必要的。

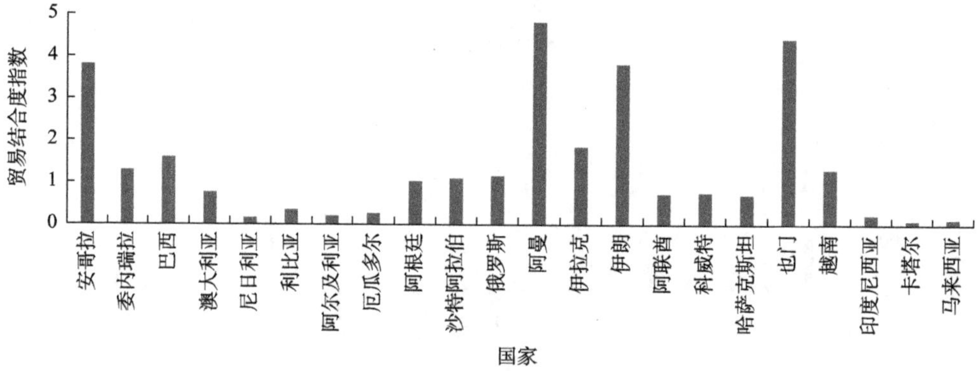

图 9-11　2014 年中国与各资源国石油贸易结合度指数

9.3.5　中国实际石油进口策略驱动因素分析

针对石油进口风险，本节以 2014 年为例，通过设置不同的情景，进一步考察中国石油进口实际策略的驱动因素，主要分为以下三种情景：情景 1，考虑资源国国家风险；情景 2，考虑资源国国家风险、与我国石油贸易关系；情景 3，考虑资源国国家风险、与我国石油贸易关系及进口多元化。

三种情景下优化模型分别为

$$\text{情景 1：}\begin{cases}\min f_{\text{cost}} = \sum_i p_i \cdot x_i \\ \min f_{\text{risk}} = \sum_i \mathrm{CR}_i \cdot x_i\end{cases}，\quad \mathrm{CR}_i = \ln\frac{100 - \mathrm{icrg}_i}{10}$$

情景 2：$\begin{cases}\min f_{\text{cost}} = \sum\limits_i p_i \cdot x_i \\ \min f_{\text{risk}} = \sum\limits_i (\text{CR}_i/\sigma_i)\cdot x_i\end{cases}$，$\sigma_i = \text{TCD}_i = \left(\exp_i/\exp_i^{\text{T}}\right) \Big/ \left(\sum\limits_i x_i \Big/ X_w\right)$

情景 3：$\begin{cases}\min f_{\text{cost}} = \sum\limits_i p_i \cdot x_i \\ \min f_{\text{risk}} = \sum\limits_i (\text{CR}_i/\sigma_i)\cdot \left(x_i \Big/ \sum\limits_i x_i\right)^2\end{cases}$

三种情景下得到的优化结果如图 9-12 所示。其中 A1 点、A2 点和 A3 点分别为三种情景下控制石油进口成本的优化结果，B1 点、B2 点和 B3 点分别为三种情景下控制石油进口风险的优化结果。从图中可以看出，三种情景下，石油进口双目标优化的进口风险与进口成本之间均呈现负相关关系，即降低石油进口风险会提高进口成本，而要降低成本则会提高进口风险。不同的是，在情景 1 下，由于目标函数均为线性，所以优化结果中风险与成本的负相关关系基本呈现一种线性趋势；而在情景 2 下，由于加入贸易结合度指数这一参数作为除数，优化结果中风险与成本的负相关关系不再呈现单纯的线性趋势，而是呈现一种分段性的线性关系；在情景 3 的优化结果中，由于目标函数中平方项的设置，风险与成本的负相关关系完全是非线性相关。

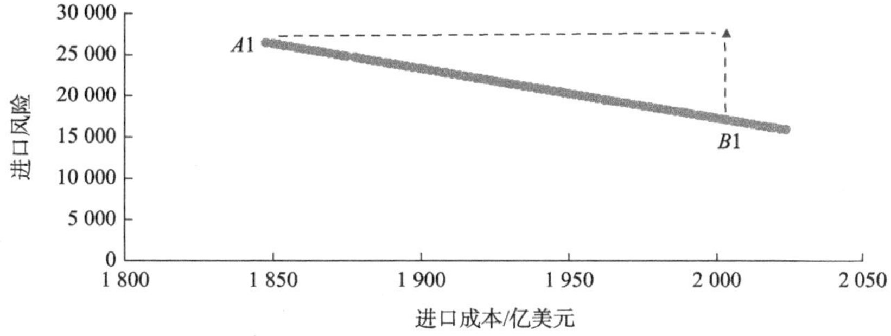

（a）情景 1

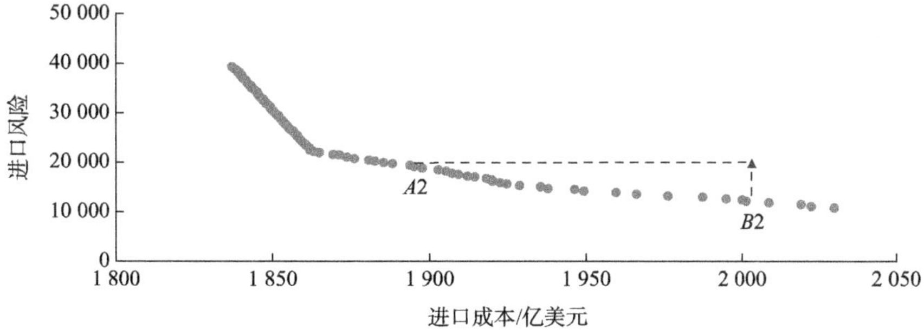

（b）情景 2

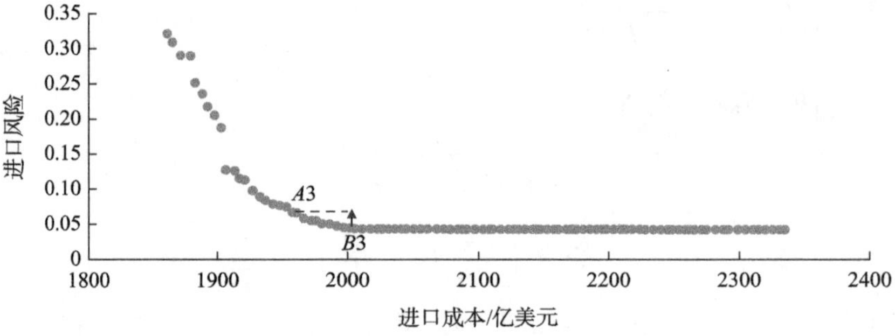

（c）情景 3

图 9-12　三种情景下进口组合优化结果

对三种情景优化结果中的 *A* 点和 *B* 点取平均，作为最终优化策略，其对应的各石油进口组合变量值与实际进口量对比如图 9-13 所示。

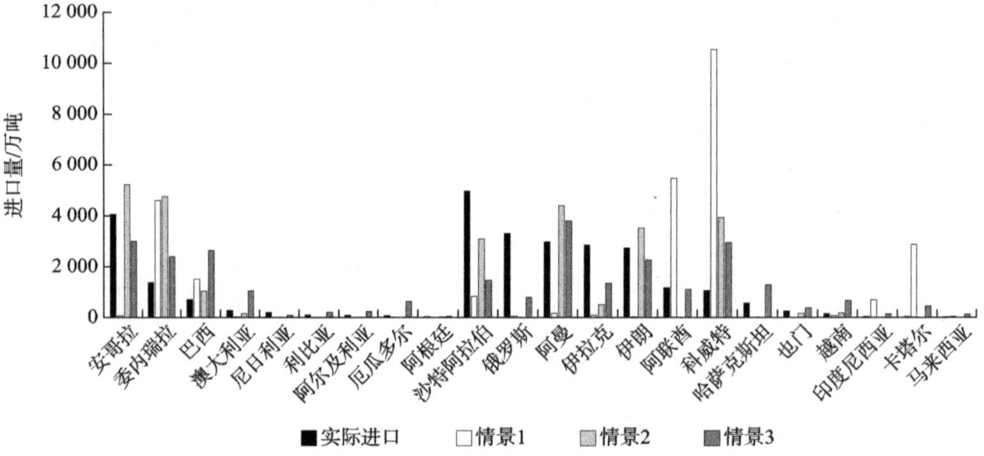

图 9-13　三种情景下各石油进口组合变量值与实际进口量对比

从图 9-13 可以看出，在情景 1 下只考虑国家风险要素时，进口优化组合主要集中在委内瑞拉、巴西、阿联酋、科威特和卡塔尔，来自这五个国家的进口量占进口总量的 92.4%（实际进口中这五个国家进口份额仅为 16.1%）；进口来源多元化指数为 0.237（实际进口来源多元化指数为 0.112），进口组合分布极度不均衡，且进口来源多是与我国石油贸易结合度不高的国家。可见在只考虑资源国国家风险情景下，优化结果与实际偏差最大。

在情景 2 下考虑资源国国家风险及与我国石油贸易关系时，进口优化组合主要集中在安哥拉、委内瑞拉、沙特阿拉伯、阿曼、伊朗和科威特，而除科威特外，这些国家均与我国石油贸易关系联系紧密；来自这六个国家的进口量占进口总量的 92.2%（实际进口中这六个国家石油进口份额为 63.5%），进口来源多元化指数为 0.148。相比情景 1，考虑与我国贸易关系能够缓解进口集中度过高的问题，同时与进口来源国家的稳定贸易关系也能增强石油的进口安全。由此可见，我国石油实际进口策略的制定不仅考虑资源国国家风险状况，同时考虑了与资源国石油贸易关系因素。

在情景 3 下，考虑国家风险、与我国贸易关系和进口多元化，优化结果中进口来源得以进一步分散，进口来源多元化指数仅为 0.082，进口来源主要是安哥拉、委内瑞拉、巴西、沙特阿拉伯、阿曼、伊拉克、伊朗、阿联酋、科威特和哈萨克斯坦，且进口来源国均与我国石油贸易关系较为紧密；来自这些国家的石油进口份额为 82.2%（实际进口中为 83.1%），该情景下与实际进口偏差最小，这说明了我国实际进口策略对风险的考虑是多方面的，不只关注资源国国家风险状况，也关注与资源国的贸易关系，同时有出于多元化进口来源的考虑。

9.4　小　结

中国石油进口安全是石油进口优化的根本目标，而石油进口安全包括两层含义：一是要保证供给的持续性，持续的供给不仅需要保证进口源的稳定供给和运输安全，还需要在发生供给或运输中断时有充足的补充；二是保证石油进口的经济性。因此，综合考虑进口的经济性、进口源的分散化、资源国的国家风险状况、资源潜力及贸易关系因素，本章通过构建石油进口多目标优化模型，明确石油进口优化方向，找出石油进口的最优组合，获得尽可能大的收益，而尽量回避风险。通过对中国石油进口优化的实证研究发现以下几点。

（1）考虑进口源分散化状况、资源潜力和国家风险状况，构建资源国整体风险指标，根据该指标，样本资源国可以分为三类：Ⅰ类高风险国家，包括安哥拉和伊朗；Ⅱ类中等风险国家，包括沙特阿拉伯、俄罗斯和阿曼；其余为低风险国家。

（2）根据成本、风险最小化的进口多目标优化结果，石油进口风险与成本之间呈现非线性的负相关关系，即降低石油进口风险将会提高石油进口成本，而降低进口成本则会增加石油进口风险。因此，决策者可以根据风险和成本的承受能力更好地确定石油进口组合，而国民经济安全是在大多数情况下限制中国进口组合的重要因素。

（3）根据 2005～2014 年的石油进口优化结果发现，2009 年实际进口决策与优化结果最为接近，但 2009 年之后，实际进口决策与优化结果的偏差越来越大，存在较大优化空间。尽管中国的石油进口仍有改善的空间，但我们应该认识到，石油贸易中的路径依赖对采用最佳战略施加了限制。因此，中国应促进与主要石油输出国的政治、经贸关系，争取进口成本与风险之间的最佳匹配，以确保中国的能源安全。

（4）控制石油进口风险或进口成本的优化方向均是要求大幅度降低从安哥拉、沙特阿拉伯、俄罗斯、伊朗、阿曼和伊拉克的石油进口量，大幅提升从委内瑞拉的进口量。以 2014 年为例，在控制进口风险不变时，成本将得到最大程度的优化，在控制进口成本不变时，风险将得到最大程度的优化，而这两种策略的优化机制都是通过调整进口来源结构而实现的，通过分散进口源，均衡分配从各资源国进口石油量，增加低风险、高资源潜力国家石油进口量，减少高风险国家石油进口量，明确石油进口优化方向。

（5）我国实际进口策略对风险的考虑是多方面的，不只关注资源国国家风险状况，也关注与资源国的贸易关系，同时有出于多元化进口来源的考虑。尽管与出口国的贸易关系是实际石油进口决策中的关键决定因素之一，但在现有的多目标规划模型中并未考虑到这一点。因此，为了解决路径依赖的限制，需要进一步研究将双边贸易关系引入优化过程。

第 10 章　总结与展望

国家风险研究目前已成为国际风险管理领域的重要议题之一，对于规避国际资本运作中可能遇到的国家层面风险有着至关重要的意义。本书在对现有文献进行深入研究分析的基础上，以贯穿国家风险研究的关键点即相关性为切入点，全面分析国家风险内在机理及相关评价问题，具有重要的理论意义和应用价值。

10.1　本书主要研究工作

本书主要研究工作及结论如下。

考虑国家风险的复杂系统特征，提出了“多尺度-多要素-多主体”国家风险相关性的研究框架，将国家风险宏观、中观、微观层面的相关性纳入统一框架进行研究。基于“分而治之”的思想，利用分解重构方法对国家风险进行多尺度分解，分别从相关系数、方差贡献率、Shapley 值出发刻画国家风险在不同尺度上的模态相关性特征、波动特征及全局重要度特征。

在“多尺度-多要素-多主体”研究框架下对多种表现形式的国家风险相关性进行建模研究。首先，基于信息熵理论提出全局相关系数方法对国家风险联动进行测度，刻画了风险要素间相关、国家间风险相关及国家间风险要素交叉相关。其次，利用转移熵在多尺度框架下研究了风险要素的跨国信息传导，在度量了相关性程度的基础上进一步识别出传导方向。绘制区域传导网络，并进行区域性重要风险传导国家的识别。最后，引入油价变量，考察了国家风险与外部特定经济变量的相关性，研究了资源国国家风险是否显著受到油价波动的影响、其国家风险是否能够被理性预期，以及考虑油价波动下，资源国国家风险变动是否具有相对稳定的统计特征。

引入模糊测度对风险评价中的国家风险要素“冗余”或“互补”交互作用进行全面刻画，提出考虑风险要素交互作用的国家风险评价方法。对方法稳健性进行评估，并与不考虑风险要素交互作用的国家风险评价结果进行分析比较。基于决策者对风险的容忍度提出新的模糊测度识别方法。在此基础上，考虑决策者风险容忍度下风险要素交互作用并进行国家风险评价。

结合国家风险应用实践，考虑国家风险冲击进行石油进口组合优化及策略研究。综合考虑资源国国家风险、进口多元化及与我国贸易关系，通过多目标优化算法进行实证分析，研究我国石油进口组合的优化空间演化，并依据优化结果对原油进口组合与我国实际进口决策进行对比分析，进而识别影响我国实际进口决策的驱动因素。

10.2　本书主要结论

根据全书的主要研究工作，得到的主要结论如下。

（1）通过分解重构方法获得国家风险在不同时间尺度上的变化，可以有效识别国家风险在时域及频域上的演化过程。通过多角度提取不同时间尺度演化特征，加深了对国家风险内在机理的认识与理解。实证选取 OPEC 国家作为样本国，基于多尺度的国家特征能够有效识别国家风险的一致性与异质性。一方面，从不同尺度对国家风险的全局重要度来看，长期趋势项是最重要的尺度，但不同国家高频项及低频项表现略有不同，体现了国家风险的一致性。另一方面，依据国家风险多尺度模态相关性特征和波动特征可以将国家分为不同类别：A 类国家如阿联酋，国家风险基本模态及波动主要受国家风险长期趋势的影响；其余国家主要受两个尺度共同影响。B 类国家如沙特阿拉伯，国家风险基本走势及波动变化受两个尺度共同影响，长期趋势辅之以短期波动；而 C 类国家如科威特主要受短期波动和长期趋势共同作用；D 类国家如尼日利亚、伊拉克、利比亚、委内瑞拉、伊朗、安哥拉、卡塔尔等的国家风险的基本走势及波动变化则主要受长期趋势及中长期脉冲影响；E 类国家如厄瓜多尔和阿尔及利亚同样受长期基本面及中长期脉冲影响，但中长期脉冲影响更为明显。

（2）基于全局相关系数对国家风险进行“多尺度-多要素-多主体”相关性建模，以 BRICS 为例，可以发现国家风险相关性呈现出显著的多尺度特征，长期趋势上风险相关性最强，其次为中长期脉冲尺度，短期波动上风险相关性相对较弱。从多主体、多要素层面看，BRICS 间政治风险关联性最为显著，其次为经济风险，金融风险国家间相关性最弱。综合来看，BRICS 目前在发展战略层面政治互信程度高，经贸联系日益密切，但受国内金融市场发展等因素制约，BRICS 间金融风险关联性比较薄弱，相对比较独立。

（3）通过对 14 个 MENA 地区国家进行政治风险跨国信息传导研究可以发现，区域政治风险信息传导普遍存在。一些国家在信息传导网络中起着更为重要的作用，是该地区风险监控及管理的重点国家。MENA 地区国家之间的政治风险传导具有多尺度性，短期波动尺度上的信息传导比中长期脉冲尺度上更为明显，对于长期脉冲尺度则几乎没有信息传导。对于单个国家来讲在不同尺度上的传导机制也各不相同，如叙利亚在短期波动尺度上倾向于为信息传导的“驱动”型国家，而在中长期脉冲尺度上则倾向于为“跟随”型国家。埃及在短期波动和中长期脉冲尺度上均可视为该地区的重要性国家，而伊朗则在短期波动尺度上被识别为重要国家。

（4）考虑风险要素间交互作用的国家风险评级更能刻画真实的风险状况，可以识别危机爆发前被“掩盖”的风险。尤其在非危机时期，风险要素之间的交互作用难以被识别。在这种情况下，采用常见的可加测度方法不能有效地对交互作用进行刻画，会导致评价结果一定程度上的“不准确性”，但模糊测度在刻画交互作用方面体现出一定的优越性。此外，风险要素间交互作用对风险评价的影响对于不同国家而言各不相同。一般来讲，风险要素间的交互作用对于政治、经济等不稳定国家的风险评价影响更为明显，因此更加重要；相对的，对于政治、经济、社会状况更加稳定的国家，风险评级更加稳定，是否考虑风险要素间交互作用影响并不明显。

（5）提出基于决策者对属性容忍度的模糊测度识别方法，考察决策者容忍度对属性模糊测度及内在交互作用的影响机理。在进行投资决策时，投资者或企业考虑母国环境及自身风险应对能力等，会对东道国风险状况有不同的接受或“容忍”程度。因此在统一框架下针对自身不同需求对国家风险进行差异化评价更具实际指导意义。鉴于此，选取几种投资者容忍度情景重新对国家风险进行评价，并得到有意义的结论，如当对政治风险有较高要求时，政治环境比较稳定国家的评级整体会倾向于上升，而国内环境相对不稳定国家的评级会进一步降低；当对经济风险有较高要求时，经济发展较快的新兴经济体排名相对会上升，而一些发达国家则会相对降低。结合决策者容忍度的确可以在一定程度上帮助决策者形成更满足自身需求的投资决策。

（6）考虑油价冲击对国家风险评级变动的影响结果表明，对于国家风险非常高或非常低，尤其是对国家风险非常低的油气输出国而言，其国家风险评级往往相对稳定；而对于国家风险低和一般的国家，尤其是对国家风险一般的油气输出国而言，其国家风险评级是最容易发生波动的。在油价冲击下，资源国国家风险波动呈现出显著性增强的现象，因此在海外油气资源投资过程中，油气输出国的国家风险与油价波动的关联是需要引起注意的。

（7）考虑进口成本和进口风险构建石油进口多目标优化模型结果发现，石油进口风险与进口成本之间呈现非线性的负相关关系，即在石油进口优化策略选择时，需要在进口成本与进口风险之间进行权衡。在不同的年度石油进口情况下，优化结果与实际决策不一致，尽管中国的石油进口仍有改善的空间，但应该认识到，石油贸易中的路径依赖对采用最佳战略施加了限制。因此，中国应促进与主要石油输出国的政治、贸易关系，争取进口成本与进口风险之间的最佳匹配，以确保中国的能源安全。

10.3　未来研究展望

本书构建了“多尺度-多要素-多主体”国家风险相关性的研究框架，将国家风险作为一个内在相互关联、动态变化的复杂系统进行分析。各阶段实证部分选取的样本区间有所差别，未来将实现在“多主体-多要素-多尺度”研究框架下对统一样本及时间区间内的国家风险相关性进行系统分析、对比。此外，未来将从以下方面开展进一步研究。

（1）本书在“多尺度-多要素-多主体”国家风险相关性的研究框架下，基于信息熵理论对国家风险相关性进行了多层次刻画描述。然而，在越来越复杂的国际环境下极端风险事件，如金融危机、战争、政治局势紧张等时有发生。对极端风险通常更加难以进行测度分析。此外由于经济社会环境的复杂关联，危机传染不再局限于基于经济趋势的传染，基于“羊群效应”等的净传染理论应运而生。信息熵理论对极端风险刻画能力有限，同时目前仍未有研究能有效对内在传染机制进行区分研究，是未来的研究重点之一。

（2）分解重构是目前研究国家风险类似复杂系统的常见方法之一，可以“分而治之”对复杂系统进行有效的信息挖掘、提取、利用，但目前在经济金融等社会科学领域中的应用仍然缺乏统一的理论基础，与不同分解算法所得到的频率特征有所差异，如何确保特征相似的频率被重构到同一尺度下，是“重构准则”必须解决的核心问题，也是准确提取尺度特征和选择相关性测度模型的重要前提，直接影响到不同时间尺度下风险传染网络经济含义与解释力。因此，如何在充分理解分解、重构机理的前提下，构建适用于不同研究对象的方法或规则，尽可能使多尺度信息准确、客观地刻画实际问题、富有实际研究意义，是今后的研究方向之一。

（3）国家风险的时间序列演化过程可以有效刻画其整体发展演变轨迹，且蕴藏着丰富的动力学信息。但国家风险是一个复杂系统，风险要素复杂多变且演化尺度各异。如何通过国家风险时间序列中的动力学特性来认识国家风险本质特征是一个难点。因此，在本书提出国家风险相关性研究初步框架的基础上，如何进一步关联复杂网络等系统动力学模型来分析国家风险的内在网络拓扑特征，如风险时间序列自演化网络、风险要素动态交互结构、地区风险传导网络等，是今后的研究方向之一。

（4）模糊测度及积分在多属性评价中可以有效刻画属性间复杂的交互作用，如“冗余”“互补”等，相较于可加测度有显著的优势，可以更灵活地反映决策者的需求，同时将之建模并纳入实际决策问题。目前基于模糊测度的多属性评价过程与决策者的互动性不足，对决策者态度的刻画仍非常不全面，不能灵活地反映决策者的自身实际需求。而本书中分别就决策者对属性重要度偏好及风险容忍度偏好进行了刻画，而未同时考虑决策者的这两种甚至更多偏好形式及各种偏好之间可能出现的一致性问题。因此，如何对决策者偏好实现有效且一致的识别并将之纳入基于模糊测度的多属性评价问题是目前面临的难点之一，也是未来的主要研究方向。

（5）除一国内部影响因素及决策者自身风险管理能力外，在国家风险管理实践中，重大国际事件如全球疫情、国际油价大幅波动等同样会给特定国家的国家风险带来一定的冲击。如何将外部冲击与国家风险的相关性更加科学全面地纳入国家风险管理框架，将国家风险各种相关性考虑到风险评价并应用于风险管理实践，也是未来的研究重点之一。

参 考 文 献

安晓亭，张梓琪. 2019. 基于改进蚁群优化的多目标资源受限项目调度方法[J]. 系统工程理论与实践，39（2）：509-519.
公茂果，焦李成，杨咚咚，等. 2009. 进化多目标优化算法研究[J]. 软件学报，20（2）：271-289.
郝俊，孙晓蕾，李建平. 2019. 基于双边贸易关系的中国原油进口组合多目标优化研究[J]. 中国石油大学学报（社会科学版），35（6）：1-9.
贺书锋. 2010. "金砖四国"经济周期互动与中国核心地位——基于 SVAR 的实证分析[J]. 世界经济研究，(4)：80-86，89.
李福胜. 2006. 国家风险：分析・评估・监控[M]. 北京：社会科学文献出版社.
李建军，宗良，甄峰. 2012. 主权信用评级与国家风险的逻辑关系与实证研究[J]. 国际金融研究，（12）：41-46.
李建平，何琬，孙晓蕾. 2010. 我国主要石油进口国国家风险预测模型与应用[J]. 数学的实践与认识，40（7）：53-62.
李建平，孙晓蕾，范英，等. 2011. 国家风险评级的问题分析与战略思考[J]. 中国科学院院刊，26：245-251.
李建平，孙晓蕾，何琬，等. 2014. 资源国国家风险：理论、评估方法与实证[M]. 北京：科学出版社.
刘畅，陈建明，孙晓蕾. 2016. "一带一路"沿线资源国国家风险与出口潜力区位选择[J]. 中国能源，38（3）：19-24.
马旭平，王军，孙晓蕾，等. 2019. 主权风险溢出网络动态特征研究：以"一带一路"国家为例[J]. 系统工程理论与实践，39（6）：1363-1372.
马永杰，云文霞. 2012. 遗传算法研究进展[J]. 计算机应用研究，29（4）：1201-1206，1210.
裴胜玉，周永权. 2010. 基于 Pareto 最优解集的多目标粒子群优化算法[J]. 计算机工程与科学，32（11）：85-88.
阮连法，包洪洁. 2012. 基于经验模态分解的房价周期波动实证分析[J]. 中国管理科学，20：41-46.
沈书立，李祥飞. 2018. TEI@I 框架下的交通道路脆性预测模型研究[J]. 管理工程学报，32（2）：240-247.
孙晓蕾，何琬. 2011. 我国海外油气利用的战略选择研究[J]. 中国能源，33（12）：14-18，42.
孙晓蕾，杨玉英，李建平. 2014. 系统性风险动态特征与国家风险评级差异性——以金砖五国为例[J]. 管理科学学报，17（11）：57-68.
孙晓蕾，姚晓阳，杨玉英，等. 2015. 国家风险动态性的多尺度特征提取与识别：以 OPEC 国家为例[J]. 中国管理科学，23（4）：1-10.
汤铃，李建平，孙晓蕾，等. 2012. 基于模态分解的国家风险多尺度特征分析[J]. 管理评论，24：3-10.
王书平，胡爱梅，吴振信. 2014. 基于多尺度组合模型的铜价预测研究[J]. 中国管理科学，22：21-28.
王巍，张金杰. 2007. 国家风险：中国企业的国际化黑洞[M]. 南京：江苏人民出版社.
王稳，张阳，石腾超，等. 2017. 国家风险分析框架重塑与评级研究[J]. 国际金融研究，366（10）：34-43.
伍伟烨. 1992. 国际银行信贷中的国家风险及对策[J]. 国际金融研究，（11）：28-32.
武建章，张强. 2010. 基于 2-可加模糊测度的多准则决策方法[J]. 系统工程理论与实践，30：1229-1237.
肖晓伟，肖迪，林锦国，等. 2011. 多目标优化问题的研究概述[J]. 计算机应用研究，（3）：805-808，827.
新华社. 2019. 习近平：提高防控能力着力防范化解重大风险 保持经济持续健康发展社会大局稳定[EB/OL]. http://jhsjk.people.cn/article/30582574[2019-01-21].
姚晓阳. 2017. 国家风险相关性测度方法与实证分析[D]. 北京：中国科学院大学.
姚晓阳，孙晓蕾，吴登生，等. 2015. 基于互信息熵的国家风险相关性研究[J]. 系统工程理论与实践，35（7）：1657-1665.
余乐安，汪寿阳，黎建强. 2006. 外汇汇率与国际原油价格波动预测：TEI@I 方法论[M]. 长沙：湖南大学出版社.
Aboura S，Chevallier J. 2015. A cross-volatility index for hedging the country risk[J]. Journal of International Financial Markets，Institutions and Money，38：25-41.
Agliardi E，Agliardi R，Pinar M，et al. 2012. A new country risk index for emerging markets：a stochastic dominance approach[J]. Journal of Empirical Finance，19：741-761.
Akhtaruzzaman M，Berg N，Hajzler C. 2017. Expropriation risk and FDI in developing countries：does return of capital dominate return on capital？[J]. European Journal of Political Economy，49：84-107.
Aloui C，Hkiri B. 2014. Co-movements of GCC emerging stock markets：New evidence from wavelet coherence analysis[J]. Economic Modelling，36：421-431.
Altman E I，Saunders A. 1997. Credit risk measurement：Developments over the last 20 years[J]. Journal of Banking and Finance，21（11/12）：1721-1742.
Ang B W. 2005. The LMDI approach to decomposition analysis：a practical guide[J]. Energy Policy，33（7）：867-871.
Angilella S，Greco S，Lamantia F，et al. 2004. Assessing non-additive utility for multicriteria decision aid[J]. European Journal of Operational Research，158：734-744.
Asgharian H，Hess W，Liu L. 2013. A spatial analysis of international stock market linkages[J]. Journal of Banking and Finance，37：4738-4754.

Asgharian H，Nossman M. 2011. Risk contagion among international stock markets[J]. Journal of International Money and Finance，30：22-38.

Baig T，Goldfajn I. 1999. Financial market contagion in the Asian crisis[R]. IMF Working Papers，98/155.

Batten J A，Gannon G L，Thuraisamy K S. 2017. Sovereign risk and the impact of crisis：evidence from Latin America[J]. Journal of Banking and Finance，77：328-350.

Beirne J，Fratzscher M. 2013. The pricing of sovereign risk and contagion during the European sovereign debt crisis[J]. Journal of International Money and Finance，34：60-82.

Borio C，Packer F. 2004. Assessing new perspectives on country risk[J]. BIS Quarterly Review，12：47-65.

Bouchet M H，Clark E，Groslambert B. 2003. Country risk assessment：a guide to global investment strategy[J]. International Industrial Marketing，10：120-125.

Branke J，Corrente S，Greco S，et al. 2016. Using Choquet integral as preference model in interactive evolutionary multiobjective optimization[J]. European Journal of Operational Research，250：884-901.

Bremmer I，Keat P. 2009. The Fat Tail：The Power of Political Knowledge for Strategic Investing[M]. New York：Oxford University Press.

Brockmann D，Helbing D. 2013. The hidden geometry of complex，network-driven contagion phenomena[J]. Science，342：1337-1342.

Brown S P A，Yücel M K. 2002. Energy prices and aggregate economic activity：an interpretative survey[J]. The Quarterly Review of Economics and Finance，42（2）：193-208.

Brückner M，Gradstein M. 2015. Income growth，ethnic polarization，and political risk：evidence from international oil price shocks[J]. Journal of Comparative Economics，43（3）：575-594.

Buckley P J，Chen L，Clegg L J，et al. 2016. Experience and FDI risk-taking：a microfoundational reconceptualization[J]. Journal of International Management，22：131-146.

Butler K C，Joaquin D C. 1998. A note on political risk and the required return on foreign direct investment[J]. Journal of International Business Studies，29：599-607.

Cantor R，Packer F. 1996. Determinants and impact of sovereign credit ratings[J]. Journal of Fixed Income，6（3）：76-91.

Caselli F，Michaels G. 2013. Do oil windfalls improve living standards? Evidence from Brazil[J]. American Economic Journal：Applied Economics，5（1）：208-238.

Chau F，Deesomsak R，Wang J. 2014. Political uncertainty and stock market volatility in the Middle East and North African（MENA）countries[J]. Journal of International Financial Markets，Institutions and Money，28：1-19.

Chen Q，van Dam T，Sneeuw N，et al. 2013. Singular spectrum analysis for modeling seasonal signals from GPS time series[J]. Journal of Geodynamics，72：25-35.

Chiu Y B，Lee C C. 2020. Effects of financial development on energy consumption：the role of country risks[J]. Energy Economics，90：104833.

Chuang H W，Ho H C. 2013. Measuring the default risk of sovereign debt from the perspective of network[J]. Physica A：Statistical Mechanics and its Applications，392：2235-2239.

Church K W，Hanks P. 2002. Word association norms，mutual information，and lexicography[J]. Computational Linguistics，16：22-29.

Cipollini A，Mikaliunaite I. 2020. Macro-uncertainty and financial stress spillovers in the Eurozone[J]. Economic Modelling，89：546-558.

Cohen G，Joutz F，Loungani P. 2011. Measuring energy security：trends in the diversification of oil and natural gas supplies [J]. Energy Policy，39（9）：4860-4869.

Coplin W D，O'Leary M K. 1994. Political Risk Services：The Handbook of Country and Political Risk Analysis[M]. New York：Political Risk Services，International Business Communications.

Correljé A，van der Linde C. 2006. Energy supply security and geopolitics：a European perspective[J]. Energy Policy，34：532-543.

Cosset J C，Roy J. 1991. The determinants of country risk ratings[J]. Journal of International Business Studies，22：135-142.

Cruces J J. 2006. Statistical properties of country credit ratings[J]. Emerging Markets Review，7（1）：27-51.

Cunado J，de Gracia F P. 2005. Oil prices，economic activity and inflation：evidence for some Asian countries[J]. The Quarterly Review of Economics and Finance，45（1）：65-83.

Damodaran A. 2003. Country risk and company exposure：Theory and practice[J]. Journal of Applied Finance，13：63-76.

Darbellay G A，Wuertz D. 2000. The entropy as a tool for analysing statistical dependences in financial time series[J]. Physica A：Statistical Mechanics and Its Applications，287：429-439.

Daugherty M S，Jithendranathan T. 2015. A study of linkages between frontier markets and the U.S. equity markets using multivariate GARCH and transfer entropy[J]. Journal of Multinational Financial Management，32/33：95-115.

de Almeida A T. 2013. Additive-veto models for choice and ranking multicriteria decision problems[J]. Asia-Pacific Journal of Operational Research，30：1350026.

de Gooijer J G，Hyndman R J. 2006. 25 years of time series forecasting[J]. International Journal of Forecasting，22：443-473.

Deligonul S Z. 2020. Multinational country risk：Exposure to asset holding risk and operating risk in international business[J]. Journal of World Business，55（2）：101041.

Diamonte R L，Liew J M，Stevens R L. 1996. Political risk in emerging and developed markets[J]. Financial Analysts Journal 52（3）：71-76.

Dima B，Dima Ş M，Barna F. 2014. The signaling effect of tax rates under fiscal competition：a（Shannonian）transfer entropy approach[J]. Economic Modelling，42：373-381.

Dionisio A，Menezes R，Mendes D A. 2004. Mutual information：a measure of dependency for nonlinear time series[J]. Physica A：Statistical Mechanics and its Applications，344：326-329.

Dovern J，van Roye B. 2014. International transmission and business-cycle effects of financial stress. Journal of Financial Stability 13：1-17.

Drury A C，Krieckhaus J，Lusztig M. 2006. Corruption，democracy，and economic growth[J].

International Political Science Review，27：121-136.

Dujmović J. 2015. Weighted compensative logic with adjustable threshold andness and orness[J]. IEEE Transactions on Fuzzy Systems，23：270-290.

Duyvesteyn J，Martens M，Verwijmeren P. 2016. Political risk and expected government bond returns[J]. Journal of Empirical Finance，38：498-512.

Eichengreen B，Rose A K，Wyplosz C. 1996. Contagious currency crises[R]. NBER Working Paper，5681.

Eichler S，Plaga T. 2017. The political determinants of government bond holdings[J]. Journal of International Money and Finance，73：1-21.

Engle R. 2009. Anticipating Correlations：A New Paradigm for Risk Management[M]. Princeton：Princeton University Press.

Erb C B，Harvey C R，Viskanta T E. 1995. Country risk and global equity selection[J]. Journal of Portfolio Management，21：74-83.

Erb C B，Harvey C R，Viskanta T E. 1996. Political risk，economic risk，and financial risk[J]. Financial Analysts Journal，52：29-46.

Ewing B T，Thompson M A. 2007. Dynamic cyclical comovements of oil prices with industrial production，consumer prices，unemployment，and stock prices[J]. Energy Policy，35（11）：5535-5540.

Favero C A. 2013. Modelling and forecasting government bond spreads in the Euro area：a GVAR model[J]. Journal of Econometrics，177：343-356.

Feinberg S E，Gupta A K. 2009. MNC subsidiaries and country risk：internalization as a safeguard against weak external institutions[J]. Academy of Management Journal，52：381-399.

Felix R. 1994. Relationships between goals in multiple attribute decision making[J]. Fuzzy Sets and Systems，67：47-52.

Fernández-Rodríguez F，Gómez-Puig M，Sosvilla-Rivero S. 2015. Volatility spillovers in EMU sovereign bond markets[J]. International Review of Economics and Finance，39：337-352.

Fischer G W. 1977. Convergent validation of decomposed multi-attribute utility assessment procedures for risky and riskless decisions[J]. Organizational Behavior and Human Performance，18：295-315.

Forbes K J，Rigobon R. 2002. No contagion，only interdependence：measuring stock market comovements[J]. Journal of Finance，57：2223-2261.

Giudici P，Parisi L. 2017. Sovereign risk in the Euro area：a multivariate stochastic process approach[J]. Quantitative Finance，17：1995-2008.

Grabisch M. 1997. Alternative representations of discrete fuzzy measures for decision making[J]. International Journal of Uncertainty，Fuzziness and Knowledge-Based Systems，5：587-607.

Grabisch M. 2000. A graphical interpretation of the Choquet integral[J]. IEEE Transactions on Fuzzy Systems，8：627-631.

Granger C W J，Maasoumi E，Racine J S. 2004. A dependence metric for possibly nonlinear processes[J]. Journal of Time Series Analysis，25：649-669.

Gray D F. 2009. Modeling financial crises and sovereign risks[J]. Annual Review of Financial Economics，1（1）：117-144.

Gray D F，Jobst A A. 2011. Modelling systemic financial sector and sovereign risk[J]. Sveriges Riksbank Economic Review，2：68-106.

Gregorio D D. 2005. Re-thinking country risk：Insights from entrepreneurship theory[J]. International Business Review，14：209-226.

Hadjikhani A，Johanson J. 2002. Special issue on the internationalization process of the firm[J]. International Business Review，11：253-255.

Hammoudeh S，Sari R，Uzunkaya M，et al. 2013. The dynamics of BRICS's country risk ratings and domestic stock markets，U.S. stock market and oil price[J]. Mathematics and Computers in Simulation，94：277-294.

He W，Sun X L，Li J P. 2009. Modeling the main oil-producing country risk assessment：based on the perspective of overseas investment[J]. Journal of Data Analysis，4（6）：81-92.

Helfat C E，Peteraf M A. 2015. Managerial cognitive capabilities and the microfoundations of dynamic capabilities[J]. Strategic Management Journal，36（6）：831-850.

Hlaváčková-Schindler K，Paluš M L，Vejmelka M，et al. 2007. Causality detection based on information-theoretic approaches in time series analysis[J]. Physics Reports，441：1-46.

Hodler R. 2006. The curse of natural resources in fractionalized countries[J]. European Economic Review，50（6）：1367-1386.

Hoti S. 2005. Modelling country spillover effects in country risk ratings[J]. Emerging Markets Review，6：324-345.

Hoti S，McAleer M. 2005. Modelling the riskiness in country risk ratings[M]. Bradford：Emerald Group Publishing Limited.

Hoti S，McAleer M. 2006. How does country risk affect innovation? An application to foreign patents registered in the USA[J]. Journal of Economic Surveys，20：691-714.

Hoti S，McAleer M，Shareef R. 2007. Modelling international tourism and country risk spillovers for Cyprus and Malta[J]. Tourism Management，28：1472-1484.

Hsiao C. 2003. Analysis of Panel Data[M]. Cambridge：Cambridge University Press.

Hsu C C，Liou J J H，Chuang Y C. 2013. Integrating DANP and modified grey relation theory for the selection of an outsourcing provider[J]. Expert Systems with Applications，40：2297-2304.

Huang N E，Shen Z，Long S R，et al. 1998. The empirical mode decomposition and the Hilbert spectrum for nonlinear and non-stationary time series analysis[J]. Proceedings：Mathematical，Physical and Engineering Sciences，454：903-995.

Huang T，Wu F，Yu J，et al. 2015. International political risk and government bond pricing[J]. Journal of Banking and Finance，55：393-405.

Imbierowicz B，Rauch C. 2014. The relationship between liquidity risk and credit risk in banks[J]. Journal of Banking and Finance，40：242-256.

Jaffe A M，Manning R A. 2000. The shocks of a world of cheap oil[J]. Foreign Affairs，79（1）：16-29.

Jaynes E T. 1957. Information theory and statistical mechanics[J]. Physical Review，106：620-630.

Kaminsky G L, Schmukler S L. 1999. What triggers market jitters? A chronicle of the Asian crisis[J]. Journal of International Money and Finance，18：537-560.

Kang S H, Uddin G S, Troster V, et al. 2019. Directional spillover effects between ASEAN and world stock markets[J]. Journal of Multinational Financial Management，52/53：100592.

Kaphahn L，Brennan L. 2017. Reassessing the risk conditions for political instability in the light of the Arab Spring[J]. Journal of Risk Research，20（11）：1497-1515.

Klir G J，Wang Z Y，Harmanec D. 1997. Constructing fuzzy measures in expert systems[J]. Fuzzy Sets and Systems，92：251-264.

Kočenda E，Moravcová M. 2019. Exchange rate comovements，hedging and volatility spillovers on new EU forex markets[J]. Journal of International Financial Markets，Institutions and Money，58：42-64.

Kojadinovic I. 2004. Estimation of the weights of interacting criteria from the set of profiles by means of information-theoretic functionals[J]. European Journal of Operational Research，155：741-751.

Kojadinovic I. 2007. Minimum variance capacity identification[J]. European Journal of Operational Research，177：498-514.

Korhonen I，Ledyaeva S. 2010. Trade linkages and macroeconomic effects of the price of oil[J]. Energy Economics，32（4）：848-856.

Lee C C，Lee C C，Ning S L. 2017. Dynamic relationship of oil price shocks and country risks[J]. Energy Economics，66：571-581.

Lee C C，Lee C C. 2019. Oil price shocks and Chinese banking performance：do country risks matter? [J]. Energy Economics，77：46-53.

León C，Leiton K，Pérez J. 2014. Extracting the sovereigns' CDS market hierarchy：a correlation-filtering approach[J]. Physica A：Statistical Mechanics and Its Applications，415：407-420.

Li J P，Liang C Z，Zhu X Q，et al. 2013. Risk contagion in Chinese banking industry：a transfer entropy-based analysis[J]. Entropy，15：5549-5564.

Li J P，Sun X L，He W，et al. 2009. Modeling dynamic correlations and spillover effects of country risk：evidence from Russia and Kazakhstan[J]. International Journal of Information Technology and Decision Making，8：803-818.

Li J P，Sun X L，Wang F，et al. 2015. Risk integration and optimization of oil-importing maritime system：a multi-objective programming approach[J]. Annals of Operations Research，234（1）：57-76.

Li J P，Tang L，Sun X L，et al. 2012. Country risk forecasting for major oil exporting countries：a decomposition hybrid approach[J]. Computers and Industrial Engineering，63：641-651.

Li J P，Tang L，Sun X L，et al. 2014a. Oil-importing optimal decision considering country risk with extreme events：a multi-objective programming approach[J]. Computers & Operations Research，42（2）：108-115.

Li J P，Yao X Y，Sun X L，et al. 2018. Determining the fuzzy measures in multiple criteria decision aiding from the tolerance perspective[J]. European Journal of Operational Research，264（2）：428-439.

Li J P，Zhu X Q，Xie Y J，et al. 2014b. The mutual-information-based variance-covariance approach：an application to operational risk aggregation in Chinese banking[J]. Journal of Operational Risk，9：3-19.

Liesch P W，Welch L S，Buckley P J. 2011. Risk and uncertainty in internationalisation and international entrepreneurship studies[J]. Management International Review，51：851-873.

Liginlal D，Ow T T. 2005. On policy capturing with fuzzy measures[J]. European Journal of Operational Research，167：461-474.

Liginlal D，Ow T T. 2006. Modeling attitude to risk in human decision processes：an application of fuzzy measures[J]. Fuzzy Sets and Systems，157：3040-3054.

Liu C，Sun X L，Chen J M，et al. 2016. Statistical properties of country risk ratings under oil price volatility：evidence from selected oil-exporting countries[J]. Energy Policy，92：234-245.

Liu J，Wei W，Shi Y B，et al. 2020. The nexus between country risk and exchange rate regimes：a global investigation[J]. North American Journal of Economics and Finance，51：100842.

Liu T D，Hammoudeh S，Thompson M A. 2013. A momentum threshold model of stock prices and country risk ratings：evidence from BRICS countries[J]. Journal of International Financial Markets Institutions and Money，27：99-112.

Lorde T，Jackman M，Thomas C. 2009. The macroeconomic effects of oil price fluctuations on a small open oil-producing country：The case of Trinidad and Tobago[J]. Energy Policy，37（7）：2708-2716.

Marichal J L. 2004. Tolerant or intolerant character of interacting criteria in aggregation by the Choquet integral[J]. European Journal of Operational Research，155：771-791.

Marichal J L，Roubens M. 2000. Determination of weights of interacting criteria from a reference set[J]. European Journal of Operational Research，124：641-650.

Marschinski R，Kantz H. 2002. Analysing the information flow between financial time series[J]. The European Physical Journal B：Condensed Matter and Complex Systems，30：275-281.

Mayag B，Grabisch M，Labreuche C. 2011. A characterization of the 2-additive Choquet integral through cardinal information[J]. Fuzzy Sets and Systems，184：84-105.

McIver R P，Kang S H. 2020. Financial crises and the dynamics of the spillovers between the U.S. and BRICS stock markets[J]. Research in International Business and Finance，54：101276.

Merad M，Dechy N，Serir L，et al. 2013. Using a multi-criteria decision aid methodology to implement sustainable development principles within an organization[J]. European Journal of Operational Research，224：603-613.

Metiu N. 2012. Sovereign risk contagion in the Eurozone[J]. Economics Letters，117：35-38.

Moddemeijer R. 1999. A statistic to estimate the variance of the histogram-based mutual information estimator based on dependent pairs of observations[J]. Signal Processing，75：51-63.

Moerman G A，van Dijk M A. 2010. Inflation risk and international asset returns[J]. Journal of Banking and Finance，34：840-855.

Montalto A, Faes L, Marinazzo D. 2014. MuTE: a MATLAB toolbox to compare established and novel estimators of the multivariate transfer entropy[J]. PLoS One, 9 (10): e109462.

Nagy. 1979. Country risk: How to Assess, Quantify, and Monitor It[M]. London: Euromoney.

Oetzel J M, Bettis R A, Zenner M. 2001. Country risk measures: how risky are they? [J]. Journal of World Business, 36: 128-145.

Oshiro N, Saruwatari Y. 2005. Quantification of sovereign risk: using the information in equity market prices[J]. Emerging Markets Review, 6: 346-362.

Pástor Ľ, Veronesi P. 2013. Political uncertainty and risk premia[J]. Journal of Financial Economics, 110: 520-545.

Pluim J P W, Maintz J B A, Viergever M A. 2003. Mutual-information-based registration of medical images: a survey[J]. IEEE Transactions on Medical Imaging, 22: 986-1004.

Puente-Ajovín M, Sanso-Navarro M. 2015. Granger causality between debt and growth: Evidence from OECD countries[J]. International Review of Economics and Finance, 35: 66-77.

Raquel C R, Naval Jr P C. 2005. An effective use of crowding distance in multiobjective particle swarm optimization [C]. Proceedings of the 7th Genetic and Evolutionary Computation Conference, Washington DC, USA, June 25-29.

Rowley H V, Geschke A, Lenzen M. 2015. A practical approach for estimating weights of interacting criteria from profile sets[J]. Fuzzy Sets and Systems, 272: 70-88.

Salido J M F, Murakami S. 2003. Extending Yager's orness concept for the OWA aggregators to other mean operators[J]. Fuzzy Sets and Systems, 139: 515-542.

Sargen N. 1977. Economic indicators and country risk appraisal[R]. Economic Review, Federal Reserve Bank of San Francisco, 19-35.

Sari R, Uzunkaya M, Hammoudeh S. 2013. The relationship between disaggregated country risk ratings and stock market movements: an ARDL approach[J]. Emerging Markets Finance and Trade, 49: 4-16.

Schreiber T. 2000. Measuring information transfer[J]. Physical Review Letters, 85: 461-464.

Segoviano Basurto M A, Caceres C, Guzzo V. 2010. Sovereign spreads: global risk aversion, contagion or fundamentals? [R]. IMF Working Papers, 10/120.

Shahbaz M, Shabbir M S, Malik M N, et al. 2013. An analysis of a causal relationship between economic growth and terrorism in Pakistan[J]. Economic Modelling, 35: 21-29.

Shannon C E. 1948. A mathematical theory of communication[J]. Bell System Technical Journal, 27: 623-656.

Shapley L. 1953. A value for n-person games[J]. Annals of Mathematics Studies, 28: 307-317.

Shareef R, Hoti S. 2005. Small island tourism economies and country risk ratings[J]. Mathematics and Computers in Simulation, 68: 553-566.

Shi Y, Liu H C, Gao L, et al. 2011. Cellular particle swarm optimization[J]. Information Sciences, 181: 4460-4493.

Shieh J I, Wu H H, Liu H C. 2009. Applying a complexity-based Choquet integral to evaluate students' performance[J]. Expert Systems with Applications, 36: 5100-5106.

Stevens C E, Xie E, Peng M W. 2016. Toward a legitimacy-based view of political risk: The case of Google and Yahoo in China[J]. Strategic Management Journal, 37: 945-963.

Su X F. 2020. Measuring extreme risk spillovers across international stock markets: a quantile variance decomposition analysis[J]. The North American Journal of Economics and Finance, 51: 101098.

Suárez-de Vivero J L, Rodríguez Mateos J C. 2017. Forecasting geopolitical risks: oceans as source of instability[J]. Marine Policy, 75: 19-28.

Suh S. 2015. Measuring sovereign risk contagion in the Eurozone[J]. International Review of Economics and Finance, 35: 45-65.

Suleman T, Gupta R, Balcilar M. 2017. Does country risks predict stock returns and volatility? Evidence from a nonparametric approach[J]. Research in International Business and Finance, 42: 1173-1195.

Sun X L, Li J P, Tang L, et al. 2012. Identifying the risk-return tradeoff and exploring the dynamic risk exposure of country portfolio of the FSU's oil economies[J]. Economic Modelling, 29: 2494-2503.

Sun X L, Yao X Y, Wang J. 2017. Dynamic interaction between economic policy uncertainty and financial stress: a multi-scale correlation framework[J]. Finance Research Letters, 21: 214-221.

Syriopoulos T, Makram B, Boubaker A. 2015. Stock market volatility spillovers and portfolio hedging: BRICS and the financial crisis[J]. International Review of Financial Analysis, 39: 7-18.

Takahagi E. 2008. A fuzzy measure identification method by diamond pairwise comparisons and Østransformation[J]. Fuzzy Optimization and Decision Making, 7: 219-232.

Tamakoshi G, Hamori S. 2014. Co-movements among major European exchange rates: a multivariate time-varying asymmetric approach[J]. International Review of Economics & Finance, 31: 105-113.

Tang R W, Buckley P J. 2020. Host country risk and foreign ownership strategy: Meta-analysis and theory on the moderating role of home country institutions[J]. International Business Review, 29 (4): 101666.

Tang L, Yu L A, Wang S, et al. 2012. A novel hybrid ensemble learning paradigm for nuclear energy consumption forecasting[J]. Applied Energy, 93: 432-443.

Telesca L, Lovallo M, Shaban A, et al. 2013. Singular spectrum analysis and Fisher—Shannon analysis of spring flow time series: an application to Anjar Spring, Lebanon[J]. Physica A: Statistical Mechanics and Its Applications, 392: 3789-3797.

Torrence C, Compo G P. 1998. A practical guide to wavelet analysis[J]. Bulletin of the American Meteorological Society, 79: 61-78.

Ueda K, di Mauro B W. 2013. Quantifying structural subsidy values for systemically important financial institutions[J]. Journal of Banking & Finance, 37: 3830-3842.

Umbach F. 2010. Global energy security and the implications for the EU[J]. Energy Policy, 38 (3): 1229-1240.

Vacha L, Janda K, Kristoufek L, et al. 2013. Time-frequency dynamics of biofuel-fuel-food system[J].

Energy Economics，40：233-241.

Vautard R，Yiou P，Ghil M. 1992. Singular-spectrum analysis：a toolkit for short，noisy chaotic signals[J]. Physica D：Nonlinear Phenomena，58：95-126.

Vivoda V. 2009. Diversification of oil import sources and energy security：a key strategy or an elusive objective? [J]. Energy Policy，37（11）：4615-4623.

Vlachos I，Kugiumtzis D. 2010. Nonuniform state-space reconstruction and coupling detection[J]. Physical Review E，82：016207.

Wang A T. 2019. The information transmissions between the European sovereign CDS and the sovereign debt markets of emerging countries[J]. Asia Pacific Management Review，24：176-189.

Wang J，Sun X L，Li J P，et al. 2018. Has China's oil-import portfolio been optimized from 2005 to 2014? A perspective of cost-risk tradeoff[J]. Computers & Industrial Engineering，126：451-464.

Wang J，Sun X L，Li J P. 2020. How do sovereign credit default swap spreads behave under extreme oil price movements? Evidence from G7 and BRICS countries[J]. Finance Research Letters，34：101350.

Wang S Y，Yu L A，Lai K K. 2005. Crude oil price forecasting with TEI@I[J]. Journal of Systems Science & Complexity，（2）：145-166.

Wang S Y，Yu L A，Tang L，et al. 2011a. A novel seasonal decomposition based least squares support vector regression ensemble learning approach for hydropower consumption forecasting in China[J]. Energy，36：6542-6554.

Wang X Z，He Y L，Dong L C，et al. 2011b. Particle swarm optimization for determining fuzzy measures from data[J]. Information Sciences，181：4230-4252.

Wang Y M，Parkan C. 2005. A minimax disparity approach for obtaining OWA operator weights[J]. Information Sciences，175：20-29.

Warnes I，Warnes P E. 2014. Country risk and the cost of equity in emerging markets[J]. Journal of Multinational Financial Management，28：15-27.

Wiener N. 1956. The theory of prediction[M]//Beckenbach E. Modern Mathematics for the Engineer. New York：McGraw-Hill.

Wu B，Knott A M. 2006. Entrepreneurial risk and market entry[J]. Management Science，52：1315-1330.

Wu E，Erdem M，Kalotychou E，et al. 2016. The anatomy of sovereign risk contagion[J]. Journal of International Money and Finance，69：264-286.

Wu G，Wei Y M，Fan Y，et al. 2007. An empirical analysis of the risk of crude oil imports in China using improved portfolio approach [J]. Energy Policy，35（8）：4190-4199.

Wu J Z，Yang S L，Zhang Q，et al. 2015. 2-additive capacity identification methods from multicriteria correlation preference information[J]. IEEE Transactions on Fuzzy Systems，23：2094-2106.

Wu Z H，Huang N E. 2009. Ensemble empirical mode decomposition：a noise-assisted data analysis method[J]. Advances in Adaptive Data Analysis，1：1-41.

Yager R R. 1993. Families of OWA operators[J]. Fuzzy Sets and Systems，59：125-148.

Yager R R，Alajlan N. 2015. On the consistency of fuzzy measures in multi-criteria aggregation[J]. Fuzzy Optimization and Decision Making，14：121-137.

Yang C X，Zhu X S，Jiang L L，et al. 2016. Study on the contagion among American industries[J]. Physica A：Statistical Mechanics and Its Applications，444：601-612.

Yang J，Guo H，Wang Z J. 2006. International transmission of inflation among G-7 countries：a data-determined VAR analysis[J]. Journal of Banking and Finance，30：2681-2700.

Yang Y Y，Li J P，Sun X L，et al. 2014. Measuring external oil supply risk：a modified diversification index with country risk and potential oil exports[J]. Energy，68：930-938.

Yang Z J，Ling B W K，Bingham C. 2013. Trend extraction based on separations of consecutive empirical mode decomposition components in Hilbert marginal spectrum[J]. Measurement：Journal of the International Measurement Confederation，46：2481-2491.

Yao X Y，Li J P，Sun X L，et al. 2018. Insights into tolerability constraints in multi-criteria decision making：Description and modeling[J]. Knowledge Based Systems，162：136-146.

Zhang N，Choi Y，Wang W. 2019. Does energy research funding work？Evidence from the Natural Science Foundation of China using TEI@I method[J]. Technological Forecasting and Social Change，144：369-380.

Zhang X，Lai K K，Wang S Y. 2008. A new approach for crude oil price analysis based on Empirical Mode Decomposition[J]. Energy Economics，30：905-918.

附　　录

附表 1　国家层面风险评级梳理：国际

机构	评价对象	简要介绍
标准普尔公司（Standard & Poor's）	主权评级	提供全球 126 个国家的主权风险评级。评级主要考虑 5 个关键风险因子，即政治、经济、外部、财政、货币。不同主权信用等级用 AAA、AA+反映
穆迪公司（Moody's Corporation）	主权评级	主权信用评级主要重点考虑国家经济弹性及政府财政稳健程度，不同主权信用等级用 Aaa、Aa1 反映
惠誉国际信用评级有限公司（Fitch Ratings）	主权评级	主权信用评级涵盖全球 70 多个国家，主要考虑五大影响因素：宏观经济状况及预期、结构性特征、金融部门和银行系统、公共财政、外部金融状况
政治风险服务机构（Political Risk Services，PRS）	国家风险、政治风险、经济风险、金融风险	涵盖全球 140 多个国家的月度风险评估。基于风险因子加权集成得到政治风险、经济风险、金融风险，最终以权重 2∶1∶1 集成得到综合国家风险
经济学人智库（Economist Intelligence Unit，EIU）	国家风险、政治风险、经济风险、结构风险	涵盖全球 186 个国家，风险评级主要基于 10 个基本维度（安全、政治稳定、政府有效性、法律与监管环境、宏观经济、金融、劳动力市场、国外贸易及支付、财税政策、基础设施建设），用 66 个定性或定量指标，来刻画未来风险状况
欧洲货币机构投资者集团（Euromoney Institutional Investor PLC）	国家风险	采用一种新型网络工具，用于分析国家风险及相关专家观点。涵盖全球 186 个国家，具体涉及政治风险、经济风险及结构风险得分
Maplecroft	全球风险组合	度量政治风险、经济风险、社会风险及环境风险。该风险评级涉及全球 200 多个国家，选取 1500 个风险因子构建 200 个风险指标。该评级并未将风险指标集成为综合风险，但提供定制服务
商业环境风险情报公司（Business Environment Risk Intelligence，BERI）	操作风险、政治风险	提供全球 50 多个国家的国家风险预测，主要涉及 3 个方面因素：商业环境、货币及支付风险、政治稳定性。对风险指数每年评估 3 次
鲁宾尼环球经济咨询公司（Roubini Global Economics，RGE）	社会风险、制度风险、监管风险	提供全球 174 个国家的社会、制度及监管风险指数。风险评级涉及 155 个具体风险因子变量

附表 2　国家层面风险评级梳理：国内

机构	评价对象	简要介绍
中国社会科学院世界经济与政治研究所	国家风险	2016 年提供全球 57 个国家的国家风险评级。评级结果从 AAA 到 C 共 9 个等级。指标体系包括五大指标模块：政治风险、社会弹性、偿债能力、经济基础、对华关系，具体有 37 个子指标
中国出口信用保险公司	国家风险、主权风险、行业风险	从 2005 年开始发布《国家风险分析报告》，2016 年提供全球 192 个主权国家的国家风险参考评级、主权信用风险评级及相关评级报告。主权信用风险评级为该公司首次对外发布。指标体系包括“政治风险”、“经济风险”、“商业环境风险”和“法律风险”4 个维度，国家风险划分为 9 类
大公国际资信评估有限公司	主权信用	主权信用评级已覆盖 100 个主要国家和地区，包括 G20 及“一带一路”沿线国家。评级结果从 AAA 到 D 共 10 个等级。指标体系包括管理能力、经济实力、金融能力、财政实力、外汇实力五大指标模块
中诚信国际信用评级有限责任公司	主权信用	指标体系包括宏观经济实力、政府财政实力、对外偿付能力、事件风险敏感性四大指标模块。评级结果从 AAA 到 C 共 9 个等级
联合资信评估有限公司	主权信用	长期外币信用等级和长期本币信用等级均用 AAA、AA、A、BBB、BB、B、CCC、CC、C 和 D 表示。主要考虑因素：主权国家（或地区）基本情况、宏观经济、结构特征、公共财政和外部融资 5 个方面

附表 3　ICRG 风险评价指标体系

分类	输入	权重	类型	评级输入来源
经济风险指数	人均 GDP	10%	定量	基于国家人均本地生产总值，以美元计算
	实际 GDP 年均增长	20%	定量	基于 GDP 年均变化率，以 1990 年价格为基准
	年通货膨胀率	20%	定量	基于加权平均消费物价指数的通货膨胀率，并计算百分比变动
	建设余额占本地生产总值的百分比	20%	定量	基于政府总预算余额（不包括赠款）除以 GDP 得到的百分比
	经常账户占本地生产总值的百分比	30%	定量	基于经常账户（以美元计算）的收支平衡占估计 GDP（以美元计算）的百分比
金融风险指数	总外债占 GDP 的百分比	20%	定量	基于外债总值的估计值（以美元计算）占 GDP（以美元计算）的百分比
	外债服务占货物服务出口的百分比	20%	定量	基于外债服务的估计值（以美元计算）占出口的商品和服务总值（以美元计算）的百分比
	经常账户占货物及服务出口的百分比	30%	定量	基于平衡经常账户的收支平衡（以美元计算）占货物及服务出口总值（以美元计算）的百分比
	净国际流动资金中进口支付的月份	10%	定量	基于官方储备总量估计值（以美元计算），包括官方持有的黄金，但不包括使用货币基金组织信贷和对外负债的货币当局，除以每月平均商品的进口成本（以美元计算）
	汇率稳定性的百分比变化	20%	定量	基于货币对美元升值或者贬值 1 年变化的比例

续表

分类	输入	权重	类型	评级输入来源
政治风险指数	政府稳定性	12%	定性	评价政府的执政能力、履行申报程序和执政持续性，并考虑政府和执政党的凝聚力，下次选举连任可能性
	社会经济条件	12%	定性	评价社会经济中存在的压力，这些压力可以在一定程度上限制政府行为或刺激社会整体不满意程度
	投资概况	12%	定性	评价政府对外来投资的态度，参照各种变量，如操作风险、征税、遣返及人力成本
	内部冲突	12%	定性	评价国家政治暴力事件的程度及其对管制的实际或潜在影响
	外部冲突	12%	定性	评价外部势力对政府当局的压力，以及由非暴力（外交压力、贸易限制、经济制裁）向暴力（战争）形式转换的风险
	腐败	6%	定性	评价政府贪污腐败程度，考虑当局执政时间及任何一党或非民选政府的性质
	军事政治	6%	定性	评价军方在政治上的参与程度
	宗教间紧张关系	6%	定性	评价宗教紧张局势，考虑社会或政府通过任何宗教组织形成的垄断程度，宗教自由被压制的程度或任何宗教想从所属国分离的欲望
	法律和秩序	6%	定性	法律是衡量法律制度的公正，秩序是守法程度
	种族关系紧张	6%	定性	评价由种族、国籍或语言差异所导致的局势紧张，考察群体间不宽容和不妥协的行为程度
	民主问责制	6%	定性	评价政府是否向人民负责，政府是否遵循协商一致的公众利益
	官僚主义质量	4%	定性	评价官僚体系中制度的强度和质量，考察专业知识水平、自主性、政策的改变和行政的一致性

资料来源：http://www.prsgroup.com